IMPLANTACIÓN DE UN PLAN DE IGUALDAD

Guía paso a paso de cómo implementar
un plan de igualdad en la empresa

IMPLANTACIÓN DE UN PLAN DE IGUALDAD

Guía paso a paso de cómo implementar un plan de igualdad en la empresa

3.ª EDICIÓN 2024

Obra realizada por el Departamento de Documentación de Iberley

COLEX 2024

Calle Costa Rica, número 5, 3.º B (local comercial)
A Coruña, 15004, A Coruña (Galicia)
info@colex.es
www.colex.es

I.S.B.N.: 978-84-1194-786-2
Depósito legal: C 1813-2024

SUMARIO

0.
INTRODUCCIÓN

La **igualdad y la no discriminación en las relaciones laborales** son principios fundamentales que se encuentran profundamente arraigados en el marco normativo español e internacional. Este libro tiene como objetivo proporcionar una visión exhaustiva y actualizada sobre los planes de igualdad en las empresas, abordando tanto su entorno normativo como las cuestiones prácticas para su implementación y seguimiento. Para ello, nuestra obra aborda:

Entorno normativo de los planes de igualdad y sus novedades

El **marco normativo** que sustenta estos principios es amplio y diverso, abarcando desde normativas internacionales hasta leyes específicas del ordenamiento jurídico español. A nivel internacional, la **Declaración Universal de Derechos Humanos de 1948** establece en su artículo 2.1 que «(...) toda persona tiene todos los derechos y libertades proclamados en esta Declaración, sin distinción alguna de raza, color, sexo, idioma, religión, opinión política o de cualquier otra índole, origen nacional o social, posición económica, nacimiento o cualquier otra condición».

En el ámbito europeo, el **Tratado de Ámsterdam de 1999 y las Directivas 2006/54/CE** y 2004/113/CE refuerzan la integración de la igualdad de género en todas las políticas y acciones de la Unión Europea.

A nivel estatal, la **Constitución Española** en sus artículos 9.2, 14 y 35.1, garantiza la igualdad y no discriminación, promoviendo las condiciones para que la libertad y la igualdad del individuo y de los grupos en que se integra sean reales y efectivas. La **Ley Orgánica 3/2007, de 22 de marzo, para la igualdad efectiva de mujeres y hombres**, establece el marco para la elaboración y aplicación de planes de igualdad en las empresas, con el objetivo de eliminar la discriminación por razón de sexo y promover la igualdad de oportunidades.

Además, el **Estatuto de los Trabajadores, la Ley 15/2022, la Ley 4/2023** y la Ley Orgánica 2/2024 refuerzan las obligaciones de las empresas en materia de igualdad y no discriminación, estableciéndose sanciones para aquellos que incumplan estas normativas en la **Ley sobre Infracciones y Sanciones en el Orden Social (LISOS)**.

Con el fin de impulsar el desarrollo de políticas de igualdad y responder a las responsabilidades que tienen todas las empresas en esta materia, la metodología específica para la elaboración e implementación de los planes de igualdad en consonancia con la normativa citada la encontramos en el **Real Decreto-ley 6/2019, de 1 de marzo, de medidas urgentes para garantía de la igualdad de trato y de oportunidades entre mujeres y hombres en el empleo y la ocupación, el Real Decreto 901/2020, de 13 de octubre, por el que se regulan los planes de igualdad, el Real Decreto 902/2020, de 13 de octubre, de igualdad retributiva entre mujeres y hombres y el Real Decreto 713/2010, de 28 de mayo, sobre su registro y depósito.**

Cuestiones generales

Un plan de igualdad es un conjunto ordenado de medidas adoptadas tras realizar un diagnóstico de situación, con el objetivo de alcanzar la igualdad de trato y oportunidades entre mujeres y hombres en la empresa y eliminar la discriminación por razón de sexo. La elaboración de estos planes puede ser obligatoria en función del número de trabajadores, por disposición del convenio colectivo aplicable, por acuerdo de la autoridad laboral o en el caso de las administraciones públicas.

Los beneficios de implementar un plan de igualdad son múltiples, incluyendo la mejora del clima laboral, el aumento de la productividad y la atracción de talento. Además, la negociación del plan de igualdad debe ser llevada a cabo con la representación de los trabajadores, asegurando un proceso participativo y transparente.

Fases para la elaboración y aplicación del plan de igualdad de empresa

La elaboración de un plan de igualdad sigue varias fases, comenzando con la constitución de una comisión negociadora y la realización de un diagnóstico de la situación actual en la empresa. Este diagnóstico debe incluir un análisis detallado de diversas áreas, como la selección y contratación, la formación, la promoción profesional, las condiciones de trabajo, la retribución y la prevención del acoso sexual y por razón de sexo.

Una vez elaborado el diagnóstico, se procede al diseño, aprobación y registro del plan de igualdad, que debe incluir objetivos claros, acciones específicas, un cronograma y un presupuesto. La implementación y seguimiento del plan son cruciales para asegurar su efectividad, así como la evaluación y revisión periódica para adaptarlo a las necesidades cambiantes de la empresa.

Contenido y materias a tratar en el plan de igualdad de empresa

El contenido de un plan de igualdad debe abordar diversas áreas clave, como la corresponsabilidad, las condiciones de trabajo, el acceso al empleo, la clasificación profesional, la promoción y formación, las retribuciones, la prevención del acoso sexual y por razón de sexo, la infrarrepresentación femenina, la salud laboral, el lenguaje y comunicación no sexista, y las medidas contra la violencia de género. Además, es importante incluir medidas específicas para el personal perteneciente al colectivo LGTBI.

Distintivo «Igualdad en la Empresa»

El distintivo «Igualdad en la Empresa» es una certificación otorgada por el Ministerio de Igualdad a aquellas empresas que destacan por la aplicación de políticas de igualdad. Obtener este distintivo implica cumplir con ciertos requisitos y criterios de valoración, así como asumir obligaciones derivadas de su obtención

Consecuencias del incumplimiento

El incumplimiento de los planes de igualdad puede acarrear diversas consecuencias, incluyendo infracciones y sanciones. Es fundamental que las empresas comprendan la importancia de cumplir con estas normativas para evitar posibles sanciones y promover un entorno laboral justo y equitativo.

Nuestra tercera edición de esta **guía paso a paso no solo se centra en el cambiante marco normativo en la materia, sino que también proporciona una guía práctica para la elaboración, implementación y seguimiento de los planes de igualdad**, asegurando que las medidas adoptadas sean efectivas y sostenibles en el tiempo. La finalidad última es crear un entorno laboral más justo y equitativo, donde todas las personas, independientemente de su sexo, tengan las mismas oportunidades de desarrollo y crecimiento profesional.

1.
ENTORNO NORMATIVO DE LOS PLANES DE IGUALDAD

La regulación normativa actual incluye distintas normas donde se desarrollan el diagnóstico, los contenidos, las materias, las auditorías salariales, los sistemas de seguimiento y evaluación de los planes de igualdad, así como el registro de planes de igualdad.

Ley Orgánica 3/2007 de 22 de marzo, para la igualdad efectiva de mujeres y hombres

La LOI, conforme a su propia Exposición de Motivos, explica que «además del deber general de las empresas de respetar el principio de igualdad en el ámbito laboral, se contempla, específicamente, el deber de negociar planes de igualdad en las empresas de más de doscientos cincuenta trabajadores o trabajadoras».

A lo largo de la obra nos referiremos en múltiples ocasiones a su art. 45 rubricado como «Elaboración y aplicación de los planes de igualdad» y 46 rubricado como «Concepto y contenido de los planes de igualdad de las empresas.

Respeto a la igualdad	Las empresas están obligadas a garantizar la igualdad de trato y de oportunidades entre mujeres y hombres en el ámbito laboral.
Negociación de PI	Las empresas con 50 o más trabajadores deberán elaborar y aplicar un plan de igualdad, el cual debe ser objeto de negociación con los representantes legales de los trabajadores.
Contenido de los PI	Los planes de igualdad deben incluir: – Diagnóstico de la situación de igualdad en la empresa. – Objetivos concretos de igualdad. – Estrategias y medidas a adoptar para alcanzar la igualdad. – Sistemas de seguimiento y evaluación de los objetivos fijados. – Aspectos como selección, contratación, promoción, formación, condiciones de trabajo y auditoría salarial.

Inscripción de los PI	Las empresas deben inscribir sus planes de igualdad en un registro específico.
Procedimientos y plazo para la adaptación de los PI	Se establecerán plazos para que las distintas empresas adapten sus planes de igualdad según su tamaño, con un periodo de uno a tres años dependiendo del número de trabajadores.
Medidas de acción positiva	Las empresas podrán establecer medidas de acción positiva en el marco de la negociación colectiva para favorecer el acceso de las mujeres al empleo en condiciones de igualdad.

Real Decreto-ley 6/2019, de 1 de marzo, de medidas urgentes para garantía de la igualdad de trato y de oportunidades entre mujeres y hombres en el empleo y la ocupación

Esta norma incorpora cambios muy significativos en materia de planes de igualdad:

- Alteró el art. 45.2 de la LOI, estableciendo la **obligatoriedad de modo paulatino de que todas las empresas con cincuenta o más personas trabajadoras elaborarán y aplicarán un plan de igualdad**.
- Estableció importantes **precisiones con respecto al contenido del diagnóstico y el plan de igualdad**. De un lado, enumeró las materias que debían obligatoriamente ser tratadas en el diagnóstico; de otro lado, estableció también que el plan debía contener los siguientes elementos:
  - » Diagnóstico de situación, que debía ser negociado, en su caso.
  - » Objetivos a alcanzar en conexión con las estrategias y prácticas dirigidas a su consecución, debiendo estas medidas ser evaluables.
  - » Conforme a la redacción original no modificada del art. 46.1 de la LOI, sistemas eficaces de seguimiento y evaluación de los objetivos fijados.
- Estableció un **registro** en el que debían quedar inscritos todos los planes de igualdad.

Se ordena al Gobierno (por medio del art. 46.6 de la LOI) llevar a cabo el **desarrollo reglamentario del diagnóstico, los contenidos, las materias, las auditorías salariales, los sistemas de seguimiento y evaluación de los planes de igualdad, así como el Registro de Planes de Igualdad, en lo relativo a su constitución, características y condiciones para la inscripción y acceso**.

La prohibición de cualquier trato discriminatorio directo, para lo que se **introduce un nuevo concepto en el ordenamiento jurídico denominado «trabajo de igual valor»**, definido como la situación que se da cuando la naturaleza de las funciones o tareas efectivamente encomendadas, las condiciones educativas, profesionales o de formación exigidas para su ejercicio, los factores estrictamente relacionados con su desempeño y las condiciones laborales en las que dichas actividades se llevan a cabo en realidad sean equivalentes:

- El empresario está obligado a pagar por la prestación de un trabajo de igual valor la misma retribución, satisfecha directa o indirectamente, y cualquiera que sea la naturaleza de esta, salarial o extrasalarial, sin que pueda producirse discriminación alguna por razón de sexo en ninguno de los elementos o condiciones de aquella. Un trabajo tendrá igual valor que otro cuando la naturaleza de las funciones o tareas efectivamente encomendadas, las condiciones educativas, profesionales o de formación exigidas para su ejercicio, los factores estrictamente relacionados con su desempeño y las condiciones laborales en las que dichas actividades se llevan a cabo en realidad sean equivalentes.
- El empresario está obligado a llevar un registro con los valores medios de los salarios, los complementos salariales y las percepciones extrasalariales de su plantilla, desagregados por sexo y distribuidos por grupos profesionales, categorías profesionales o puestos de trabajo iguales o de igual valor. Las personas trabajadoras tienen derecho a acceder, a través de la representación legal de los trabajadores en la empresa, al registro salarial de su empresa.
- Cuando en una empresa con al menos cincuenta trabajadores, el promedio de las retribuciones a los trabajadores de un sexo sea superior a los del otro en un veinticinco por ciento o más, tomando el conjunto de la masa salarial o la media de las percepciones satisfechas, el empresario deberá incluir en el Registro salarial una justificación de que dicha diferencia responde a motivos no relacionados con el sexo de las personas trabajadoras.

Real Decreto 901/2020, de 13 de octubre, por el que se regulan los planes de igualdad y su registro

El Reglamento sobre planes de igualdad, desarrolla el art. 46.6 de la LOI con relación a las materias y temas a las que hace referencia este precepto, junto con otros aspectos para mejorar la eficacia de los planes de igualdad y también para incrementar la seguridad jurídica al ayudar a clarificar algunos aspectos, incluyendo otro de los aspectos más comprometidos, la legitimación para negociar los planes de igualdad, lo que resuelve cuestiones como las que se plantean cuando la empresa tiene varios centros de trabajo con representación legal de las personas trabajadoras o cuando no existe tal representación legal, situaciones que, dada la extensión de la obligación de elaborar planes de igualdad, se verán incrementadas de manera significativa.

El real decreto se articula en torno a cuatro capítulos, doce artículos, cuatro disposiciones adicionales, una disposición transitoria única y tres disposiciones finales, de los que podemos destacar los siguientes extremos. (Entrada en vigor el 14 de enero de 2021, a los tres meses de su publicación en el BOE).

Este real decreto **fija el procedimiento de elaboración de los planes a través de una comisión negociadora, su contenido mínimo (que debe incluir la auditoría retributiva) y su vigencia.** Como principales aspectos podemos citar:

- En el caso de **empresas de cincuenta o más personas trabajadoras** la elaboración y aplicación de un plan de igualdad será obligatoria, salvo que —con independencia de la plantilla— la obligación venga impuesta por convenio. La elaboración e implantación de planes de igualdad será voluntaria para las demás empresas.
- Las empresas **deberán iniciar el procedimiento de negociación de sus planes de igualdad** mediante la constitución de una comisión negociadora, dentro del plazo máximo de los tres meses siguientes al momento en que hubiesen alcanzado las personas de plantilla que lo hacen obligatorio y como máximo en el plazo de un año debe estar aprobado y presentada la solicitud de registro.
- El diagnóstico obligatorio ha de partir del **proceso de selección y cumplir con un contenido mínimo**.
- El plan deberá ser **registrado** e incluir los salarios desglosados de toda la plantilla, incluido el personal directivo y los altos cargos, desglosada y promediada por clasificación profesional y por trabajos de igual valor, e incluyendo salario base, complementos salariales y percepciones extrasalariales.
  - » En la solicitud de inscripción de los planes de igualdad, estos tendrán que ir acompañados de la hoja estadística recogida en el correspondiente modelo establecido en el Real Decreto 713/2010, de 28 de mayo.
  - » **Será voluntario** el depósito de medidas y protocolos para **prevenir el acoso sexual** y por razón de sexo.
- Los planes de igualdad vigentes antes de la publicación de este RD deberán **adaptarse** (previo proceso negociador) en un plazo máximo de un año (desde el 14/01/2021).
- El **periodo de vigencia o duración de los planes de igualdad**, que será determinado, en su caso, por las partes negociadoras, no podrá ser superior a **cuatro años**.

CUESTIÓN

¿A qué empresas se aplicará este RD?

Todas las **empresas comprendidas en el art. 1.2 del ET, con independencia del número de personas trabajadoras en plantilla, están obligadas a respetar la igualdad de trato y de oportunidades** en el ámbito laboral. En el caso de **empresas de cincuenta o más personas trabajadoras,** las medidas de igualdad, deberán dirigirse a la elaboración y aplicación de un plan de igualdad, con el alcance y contenido previsto en el nuevo real decreto (art. 45.2 de la LOI).

A las empresas incluidas en el art. 45.3 y 4 de la LOI, **les será de aplicación lo establecido en este real decreto, salvo en lo que expresamente se prevea en el convenio colectivo** que establezca su adopción o en el acuerdo sancionador, respectivamente.

La elaboración e implantación de planes de igualdad será **voluntaria** para las demás empresas, previa consulta o negociación con la representación legal de las personas trabajadoras, salvo obligación impuesta por convenio.

Las empresas que componen un **grupo de empresas podrán elaborar un plan único para todas o parte de las empresas del grupo**, negociado conforme a las reglas establecidas en el artículo 87 del Estatuto de los Trabajadores para este tipo de convenios, si así se acuerda por las organizaciones legitimadas para ello. Esta posibilidad no afecta a la obligación, en su caso, de las empresas no incluidas en el plan de grupo de disponer de su propio plan de igualdad.

El plan de igualdad de grupo deberá tener en cuenta la actividad de cada una de las empresas que lo componen y los convenios colectivos que les resultan de aplicación, e incluir información de los diagnósticos de situación de cada una de estas. Deberá, asimismo, justificar la conveniencia de disponer de un único plan de igualdad para varias empresas de un mismo grupo.

JURISPRUDENCIA

STS n.º 832/2018, de 13 de septiembre de 2018, ECLI:ES:TS:2018:3231

Nulidad del plan de igualdad impuesto unilateralmente por la empresa ante vulneración de la libertad sindical.

STS n.º 126/2017, de 14 de febrero de 2017, ECLI: ES:TS:2017:815

Analizando la validez de la constitución de la comisión negociadora del plan de igualdad, el TS entiende que el **RD 901/2020, de 13 de octubre** atiende a los dos criterios jurisprudenciales indicados, relativos tanto a la propia transparencia del proceso negociador, como al derecho a la negociación de todos aquellos sujetos llamados a formar parte de la comisión negociadora de los planes de igualdad de las empresas, de manera que la obligación de contar con un plan de igualdad corresponde a la empresa, pero aquel «por las características de la empresa» debe ser fruto de la negociación con la representación de las personas trabajadoras, con la intervención de aquella en la elaboración del plan, incluido el diagnóstico.

STS n.º 778/2019, de 13 de noviembre de 2019, ECLI: ES:TS:2019:3703

El PI de la empresa usuaria se aplica a los trabajadores de ETT. Se confirma SAN n.º 177/2017, de 11 de diciembre de 2017, ECLI:ES:AN:2017:4587.

Real Decreto 902/2020, de 13 de octubre, de igualdad retributiva entre mujeres y hombres

El RD 902/2020, de 13 de octubre, complementa la regulación contenida en el Real Decreto 901/2020, de 13 de octubre, por el que se regulan los planes de igualdad y su registro y desarrolla lo establecido en los arts. 22.3 y 12.4.d) del Estatuto de los Trabajadores, modificados en su momento por el RD-ley 6/2019 y que establecen, respectivamente, la obligación de que la clasificación profesional se realice conforme a criterios libres de discriminación, y la garantía de ausencia de discriminación, tanto directa como indirecta, entre mujeres y hombres en el caso de los contratos a tiempo parcial.

El objeto de este real decreto es **establecer medidas específicas para hacer efectivo el derecho a la igualdad de trato y a la no discriminación entre**

mujeres y hombres en materia retributiva, desarrollando los mecanismos para identificar y corregir la discriminación en este ámbito y luchar contra la misma.

Esta norma **se aplicará en el ámbito de las relaciones laborales reguladas en el texto refundido de la Ley del Estatuto de los Trabajadores.**

Real Decreto 713/2010, de 28 de mayo, sobre registro y depósito de convenios y acuerdos colectivos de trabajo

El Real Decreto 713/2010, de 28 de mayo, tras su modificación por el citado RD 901/2020, regula el registro y depósito de convenios colectivos, acuerdos colectivos de trabajo y planes de igualdad.

Su art. 2.1.f) prescribe que serán objeto de inscripción en los registros de convenios y acuerdos colectivos de trabajo de las autoridades laborales competentes «Los planes de igualdad cuya elaboración resulte conforme a los artículos 45 y 46 de la Ley Orgánica 3/2007, de 22 de marzo».

Su art. 6 regula detalladamente el contenido de «la solicitud de inscripción correspondiente».

El art. 8 se ocupa de la tramitación del procedimiento de inscripción, por cuanto ahora interesa, en los siguientes términos:

> «2. Si, presentada la solicitud, se comprobara que la misma no reúne los requisitos exigidos por la normativa vigente, se requerirá por medios electrónicos al solicitante para que, en un plazo de diez días hábiles, subsane la falta o acompañe los documentos preceptivos, con indicación de que, si así no lo hiciera, se le tendrá por desistido de su petición, previa resolución que deberá ser dictada en los términos previstos en el artículo 42 de la Ley 30/1992, de 26 de noviembre, de Régimen Jurídico de las Administraciones Públicas y del Procedimiento Administrativo Común [actual art. 21 de la Ley 39/2015, de 1 de octubre].
>
> 3. Comprobado que el convenio o acuerdo colectivo no vulnera la legalidad vigente ni lesiona gravemente el interés de terceros, la autoridad laboral competente, procederá a dictar resolución ordenando su registro, depósito y publicación en el boletín oficial correspondiente».

Asimismo, el art. 11 («Comunicaciones de oficio») dispone lo siguiente

> «En el supuesto de que la autoridad laboral efectuase la comunicación de oficio a que se refiere el artículo 90.5 del Estatuto de los Trabajadores, al hacer constar tal hecho en el correspondiente asiento electrónico se hará mención expresa de las normas que se estimen conculcadas o los intereses de terceros presuntamente lesionados, debiendo constar estas circunstancias asimismo en la notificación que se practique a la comisión negociadora. En lo referente al registro definitivo y publicación del convenio o acuerdo colectivo, se estará a lo que disponga la sentencia del órgano judicial, cuyo contenido se reflejará asimismo en el registro».

Ley 15/2022, de 12 de julio, integral para la igualdad de trato y la no discriminación

La Ley 15/2022, de 12 de julio, integral para la igualdad de trato y la no discriminación, establece un marco normativo que promueve la igualdad en todos los ámbitos de la vida, lo que incluye los planes de igualdad en las empresas y organizaciones. Aunque la Ley no menciona directamente planes de igualdad, sí se inferiría que en el marco del artículo 4, el derecho a la igualdad de trato y no discriminación debe ser implementado a través de políticas adecuadas y efectivas.

Específicamente, la ley fomenta la creación de condiciones que aseguren la aplicación de la igualdad en el empleo y en la promoción en el lugar de trabajo, alineándose con las directrices de igualdad ya establecidas en anteriores legislaciones como la LOI.

Asimismo, los arts. 9 a 11, que se refieren a la igualdad de trato en el empleo por cuenta ajena y la negociación colectiva, sugieren la posibilidad de que los planes de igualdad en las empresas deban ser contemplados para garantizar que no existan limitaciones ni discriminaciones por razón de las causas establecidas en la Ley.

De este modo, las organizaciones y empresas están instadas a formular planes que garanticen un entorno laboral donde se respete la igualdad de oportunidades y no discriminación, contribuyendo también a la elaboración de planes estratégicos que valoren y promuevan la igualdad.

Ley 4/2023, de 28 de febrero, para la igualdad real y efectiva de las personas trans y para la garantía de los derechos de las personas LGTBI

Esta norma promueve un diseño e implantación de las políticas de igualdad considerando las especificidades de las personas LGTBI y, en particular, de las personas trans al recoger medidas para promover la igualdad de trato y no discriminación por razón de orientación e identidad sexual, expresión de género o características sexuales en todos los aspectos de la vida pública y privada. Específicamente no se hace referencia a la consideración o implantación de medidas para este colectivo en los planes de igualdad, no obstante, estos documentos pueden utilizarse para implementar medidas para la igualdad y no discriminación de las personas LGTBI en las empresas o puede establecer la obligación de contar con un protocolo de actuación frente al acoso y la violencia contra las personas LGTBI.

Ley Orgánica 2/2024, de 1 de agosto, de representación paritaria y presencia equilibrada de mujeres y hombres

La denominada Ley de Paridad establece la obligación de las entidades y organizaciones de adoptar medidas para garantizar la igualdad de género en sus estructuras y en los órganos de gobierno. Su regulación supone implicaciones significativas en relación con las medidas dentro de un plan de igualdad de empresa relativas a la **infrarrepresentación femenina** al exigir que las entidades del sector público y las sociedades cotizadas mantengan una **representación mínima del 40 %** de cada sexo en sus consejos de administración y en los puestos de alta dirección, lo que implica la necesidad de revisar y ajustar sus planes de igualdad para cumplir con esta norma.

Ley 11/2018, de 28 de diciembre, por la que se modifica el Código de Comercio, el texto refundido de la Ley de Sociedades de Capital aprobado por el Real Decreto Legislativo 1/2010, de 2 de julio, y la Ley 22/2015, de 20 de julio, de Auditoría de Cuentas, en materia de información no financiera y diversidad

Entre la información sobre cuestiones sociales y relativas al personal necesarias dentro del estado de información no financiera consolidado (Ley 11/2018, de 28 de diciembre y art. 49.5 Código de Comercio), se establece la obligación de reflejar medidas adoptadas para promover la igualdad de trato y de oportunidades entre mujeres y hombres; planes de igualdad, medidas adoptadas para promover el empleo, protocolos contra el acoso sexual y por razón de sexo, la integración y la accesibilidad universal de las personas con discapacidad; la política contra todo tipo de discriminación y, en su caso, de gestión de la diversidad. Esta obligación se extiende para las sociedades que formulen cuentas consolidadas, en las que concurran los siguientes requisitos:

a) Que el número medio de trabajadores empleados por las sociedades del grupo durante el ejercicio sea superior a 500.

b) Que o bien, tengan la consideración de entidades de interés público de conformidad con la legislación de auditoría de cuentas, o bien, durante dos ejercicios consecutivos reúnan, a la fecha de cierre de cada uno de ellos, al menos dos de las circunstancias siguientes:

   » Que el total de las partidas del activo consolidado sea superior a 20.000.000 de euros.

   » Que el importe neto de la cifra anual de negocios consolidada supere los 40.000.000 de euros.

   » Que el número medio de trabajadores empleados durante el ejercicio sea superior a doscientos cincuenta.

Estatuto de los trabajadores

Como trataremos a lo largo de la obra, el ET incluye múltiples disposiciones sobre igualdad y no discriminación en el ámbito laboral. Las principales regulaciones son:

- **Artículo 4**. Derechos laborales que incluyen el derecho a no ser discriminados directa o indirectamente por diversas razones, como sexo, estado civil, religión, o ideología, entre otras.

- **Artículo 17**. Establece la nulidad de cualquier reglamento, convenio colectivo, o pacto que suponga discriminación por razones de edad, discapacidad, sexo u otras causas enumeradas.
- **Artículo 28**. Sobre la igualdad de remuneración, obligando al empresario a pagar igual por trabajos de igual valor, sin ninguna discriminación por sexo.
- **Artículo 85**. Los convenios colectivos deben contener medidas que promuevan la igualdad de trato y oportunidades entre mujeres y hombres en el ámbito laboral.
- **Artículo 92**. Los convenios pueden incluir cláusulas que faciliten la conciliación de la vida laboral y familiar, fomentando un ambiente de no discriminación.

Además, se subraya que, durante la negociación de convenios, siempre se debe considerar la promoción de la igualdad de trato entre hombres y mujeres, tal como se menciona en el Capítulo IV del título II, así como en la Ley Orgánica 3/2007.

Ley sobre Infracciones y Sanciones en el Orden Social

Cuando la empresa venga obligada a elaborar un plan de igualdad, se incurría en dos posibles incumplimientos que terminarán en la imposición de sanciones siguiendo los criterios de graduación fijados en el art. 39 de la LISOS:

- Infracción grave en materia de relaciones laborales individuales y colectivas, al no cumplir las obligaciones que en materia de planes y medidas de igualdad establecen la Ley Orgánica 3/2007, de 22 de marzo, para la igualdad efectiva de mujeres y hombres, el Estatuto de los Trabajadores o el convenio colectivo que sea de aplicación (art. 7.13 de la LISOS).
- Infracción muy grave en materia de relaciones laborales individuales y colectivas (art. 8.17 de la LISOS), de considerarse que no se ha elaborado o no se aplica el plan de igualdad, o hacerlo incumpliendo manifiestamente los términos previstos, cuando la obligación de realizar dicho plan responda a lo establecido en el apartado 2 del artículo 46 bis de la LISOS (sustitución de sanciones por la elaboración y aplicación de un plan de igualdad en la empresa).

Convenios colectivos

En última instancia, corresponderá a la negociación colectiva, «(...) el deber de negociar medidas dirigidas a promover la igualdad de trato y de oportunidades entre mujeres y hombres en el ámbito laboral o, en su caso, planes de igualdad con el alcance y contenido previsto en el capítulo III del Título IV de la Ley Orgánica para la igualdad efectiva de mujeres y hombres» [art. 85.1 (párrafo segundo) del ET].

Sin perjuicio de lo anterior, la negociación colectiva podrá establecer medidas de acción positiva para favorecer el acceso de las mujeres a todas las profesiones. A tal efecto podrá establecer reservas y preferencias en las condiciones de contratación de modo que, en igualdad de condiciones de idoneidad, tengan preferencia para ser contratadas las personas del sexo menos representado en el grupo profesional de que se trate (art. 17.4 del ET).

Normativa autonómica

Los distintos estatutos de autonomía desarrollan reglamentariamente la normativa en igualdad. Del mismo modo, las distintas leyes autonómicas de igualdad de oportunidades entre mujeres y hombres regulan, en el ámbito de la Comunidad correspondiente, el marco de actuación en orden a fomentar la igualdad de la mujer de conformidad con lo previsto en el Estatuto de Autonomía mediante la adopción de medidas de acción positiva para la corrección de desigualdades por razón de género.

2.
PLAN DE IGUALDAD: CUESTIONES GENERALES

El establecimiento de planes de igualdad en las empresas se ajustará a lo dispuesto en el art. 85 del ET, los arts. 45-49 de la LOI y el convenio colectivo de aplicación.

2.1. Definición de plan de igualdad: ¿qué es un plan de igualdad?

Los planes de igualdad, ya sean de carácter obligatorio o voluntario, constituyen un **conjunto ordenado de medidas adoptadas después de realizar un diagnóstico de situación, tendentes a alcanzar en la empresa la igualdad de trato y de oportunidades entre mujeres y hombres y a eliminar la discriminación por razón de sexo** (arts. 85 del ET; 45-49 de la LOI y 9 del Real Decreto 901/2020, de 13 de octubre).

Partiendo de la definición aportada por el art. 46.1 de la LOI, los planes de igualdad pretenden establecer en las organizaciones la igualdad de trato y oportunidades entre mujeres y hombres mediante la erradicación de cualquier tipo de desigualdad o discriminación que por razón de sexos pueda existir en una empresa, para lo que se hace necesario definir, englobar, especificar y analizar un conjunto de objetivos, medidas y acciones, planificadas para alcanzar la igualdad entre mujeres y hombres.

El art. 46.3 de la LOI concreta: «(...) los planes de igualdad incluirán la totalidad de una empresa, sin perjuicio del establecimiento de acciones especiales adecuadas respecto a determinados centros de trabajo».

JURISPRUDENCIA

STS n.º 832/2018, de 13 de septiembre, ECLI:ES:TS:2018:3231

Analizando la posible nulidad de un plan de igualdad que se negocia con la representación de los trabajadores y que, ante la falta de acuerdo, es impuesto unilateralmente por la empresa, el TS fija conclusiones jurídicas relevantes:

«(...) para la elaboración de un plan de igualdad en el seno de las empresas, resulta imprescindible la elaboración de un diagnóstico de situación relativo a la igualdad entre hombres y mujeres en la empresa en orden a todas las circunstancias laborales que constituirá elemento central para la elaboración del referido plan».

«(...) ***la elaboración del plan de igualdad en la empresa recurrente requería, en virtud de lo previsto legal y, sobre todo, convencionalmente, la negociación y acuerdo con los representantes de los trabajadores****».*

«(...) además, que la obligación de contar con un plan de igualdad corresponde a la empresa, tal como imponen las normas indicadas anteriormente; que el plan —por las características de la empresa— debe ser fruto de la negociación con los representantes de los trabajadores y que la intervención de estos en la elaboración del plan constituye un derecho de negociación colectiva que, como se ha visto, ha sido condicionado y limitado por parte de la empresa que ha ralentizado la negociación al máximo y que ha eludido la entrega puntual de la documentación exigida legalmente y solicitada por los trabajadores, al punto de que ha sido la intervención de la Inspección de Trabajo el verdadero motor de las acciones de la empresa. No puede entenderse que ha habido negociación de buena fe, cuando quien tiene la obligación de tener un plan de igualdad y, por tanto, debe asumir el impulso negociador, no solo no lo asume, sino que adopta una actitud impeditiva del mismo, ralentizando la negociación y retrasando al límite la entrega de documentación. Ninguna duda cabe, por tanto, de que el derecho a la libertad sindical en su vertiente de derecho a la negociación colectiva del sindicato demandante ha sido vulnerado por la entidad recurrente, lo que determina la confirmación de la sentencia recurrida».

2.2. ¿Para qué se elabora el plan de igualdad?

Las empresas mediante la elaboración de un plan refuerzan su compromiso en la eliminación de la discriminación entre mujeres y de hombres y en la promoción de la igualdad, dentro del cumplimiento del principio constitucional de igualdad de oportunidades entre las personas de ambos sexos.

Los motivos para la **elaboración del plan coinciden con los principios de actuación en materia de igualdad**, como son:

- La búsqueda y la eliminación absoluta de las discriminaciones por razones de sexo (directas o indirectas).
- La modificación de los patrones socioculturales de conducta de mujeres y hombres, basadas en la idea de inferioridad o superioridad de cualquiera de los sexos.

- La integración de la dimensión de la igualdad de oportunidades entre mujeres y hombres en la elaboración, ejecución y seguimiento de todas las acciones desarrolladas en el ámbito de una organización pública o privada.
- Prevenir el acoso sexual, acoso por razón de sexo, acoso de orientación sexual, identidad de género y/o expresión de género.
- Implantar un código de conducta que proteja a empleados y empresa.
- Promover la igualdad de oportunidades en todos los niveles organizativos.
- Potenciar la conciliación de la vida profesional, personal y familiar a todas las empleadas y empleados de la empresa.

Todo ello siempre teniendo en cuenta la **obligación fijada normativamente** en determinados casos que analizaremos.

2.3. ¿Es obligatorio implementar un plan de Igualdad?

Actualmente existe una ampliación generalizada en la obligación de implantación de un PI a las empresas con más de 50 trabajadores (art. 85 del ET; arts. 45-49 de la LOI y art. 1 y D.T. 12.ª del Real Decreto-ley 6/2019, de 1 de marzo y Real Decreto 901/2020, de 13 de octubre). De esta forma, existirá obligación de implementar un PI:

En función del número de personas trabajadoras en plantilla

Según el número de personas trabajadoras en plantilla, la empresa estará obligada a tener un plan de igualdad incorporado a un registro público.

Para el cálculo del número de personas que dan lugar a la obligación de elaborar un plan de igualdad, se tendrá en cuenta la plantilla total de la empresa, cualquiera que sea el número de centros de trabajo de aquella y cualquiera que sea la forma de contratación laboral, incluidas las personas con contratos fijos discontinuos, con contratos de duración determinada y personas con contratos de puesta a disposición (arts. 45.2 de la LOI y 3 del Real Decreto 901/2020, de 13 de octubre). En cualquier caso:

- Cada persona con contrato a tiempo parcial se computará, con independencia del número de horas de trabajo, como una persona más.

- Los trabajadores y trabajadoras cedidos por empresas de trabajo temporal serán también incorporados en el cómputo.
- Se incluirá el personal de alta dirección.
- A este número de personas deberán sumarse los contratos de duración determinada, cualquiera que sea su modalidad que, habiendo estado vigentes en la empresa durante los seis meses anteriores, se hayan extinguido en el momento de efectuar el cómputo. En este caso, cada cien días trabajados o fracción se computará como una persona trabajadora más.

No obstante, se excluirán del cómputo numérico de la plantilla quienes no tengan una relación laboral con la mercantil como pudiera ser el caso de las socias y socios trabajadores o becarios y becarias.

A TENER EN CUENTA. Deberá efectuarse el cómputo a efectos de comprobar que se alcanza el umbral de personas de plantilla que hace obligatorio el plan de igualdad, al menos, el último día de los meses de junio y diciembre de cada año.

CUESTIONES

1. Una vez alcanzado el umbral obligatorio para tener que negociar un plan de igualdad ¿cuándo se inicia el proceso?

Una vez alcanzado el umbral que hace obligatorio el plan de igualdad, cualquiera que sea el momento en que esto se produzca, nacerá la obligación de negociar, elaborar y aplicar el plan de igualdad. Esta obligación se mantendrá aun cuando el número de personas trabajadoras se sitúe por debajo de cincuenta, una vez constituida la comisión negociadora y hasta que concluya el periodo de vigencia del plan acordado en el mismo, o en su caso, durante cuatro años.

2. ¿Las empresas de menos de 50 trabajadores qué obligaciones deben cumplir?

Salvo que se encuentren en uno de los supuestos que analizaremos con posterioridad, deberán contar con el registro retributivo obligatorio desde el 14 abril de 2021.

Cuando lo establezca el convenio colectivo de aplicación

Sin perjuicio del número de personas trabajadoras, las empresas deberán elaborar y aplicar un plan de igualdad cuando así se establezca en el convenio colectivo que sea aplicable, en los términos previstos en el mismo. A este respecto, la STS n.º 403/2017, de 9 de mayo, ECLI:ES:TS:2017:2092, **ha analizado el número 3 del art. 45 LOI el TS matiza la obligación de realización de un plan de igualdad no solo en las empresas de más de 50 trabajadores, sino también en aquellas obligadas por convenio**:

> «(...) debe señalarse que el número 3 del artículo 45 de la Ley 3/2007 no establece la opción que dice la empresa recurrente: negociar un 'plan

> de igualdad' o implantarlo unilateralmente si la negociación colectiva fracasa. No sólo porque una interpretación lógico-sistemática del citado precepto nos muestra que es obligatoria la negociación del plan de igualdad en el supuesto de empresas de más de 250 trabajadores, sino, también que el citado nº 3 lo que viene a establecer es que la elaboración y negociación de ese plan será, igualmente, obligatoria cuando lo establezca el convenio colectivo de aplicación, aunque la empresa tenga menos de 250 empleados [esta referencia debe entender actualmente como realizada a 50 empleados]. Por tanto, debe concluirse que la empresa recurrente incumplió con la obligación de negociar que le imponían la ley y el convenio colectivo».

Como precisión en este punto, matizar la necesidad de un análisis del convenio colectivo dado que en la práctica podemos encontrar mejoras sobre materias concretas que el plan podrá respetar o implementar, pero nunca disminuir.

Cuando la autoridad laboral hubiera acordado en un procedimiento sancionador la sustitución de las sanciones accesorias por la elaboración y aplicación de dicho plan

Las empresas también elaborarán y aplicarán un plan de igualdad, previa negociación o consulta, en su caso, con la representación legal de los trabajadores y trabajadoras, cuando la autoridad laboral hubiera acordado en un procedimiento sancionador la sustitución de las sanciones accesorias por la elaboración y aplicación de dicho plan, en los términos que se fijen en el indicado acuerdo.

En el caso de las Administraciones públicas

Por su parte, la D.A.7.ª del Real Decreto Legislativo 5/2015, de 30 de octubre, por el que se aprueba el texto refundido de la Ley del Estatuto Básico del Empleado Público, establece, para todas las Administraciones públicas, la obligación de adoptar medidas dirigidas a evitar cualquier tipo de discriminación laboral entre mujeres y hombres, para lo que «deberán elaborar y aplicar un plan de igualdad a desarrollar en el convenio colectivo o acuerdo de condiciones de trabajo del personal funcionario que sea aplicable, en los términos previstos en el mismo».

Del mismo modo, al personal laboral al servicio de las administraciones públicas le resultará de aplicación lo previsto en el Real Decreto 902/2020, de 13 de octubre, de acuerdo con las peculiaridades establecidas en su legislación específica.

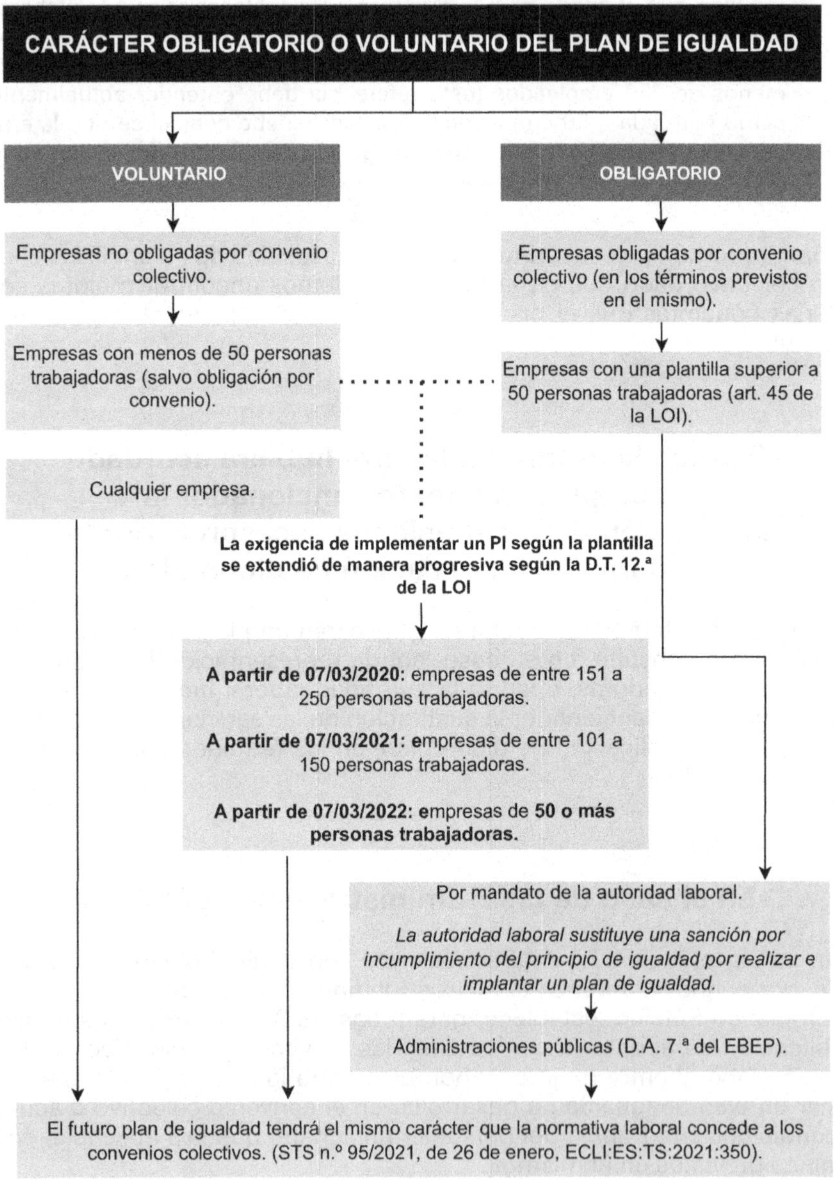
CARÁCTER OBLIGATORIO O VOLUNTARIO DEL PLAN DE IGUALDAD
VOLUNTARIO
OBLIGATORIO
Empresas no obligadas por convenio colectivo.
Empresas con menos de 50 personas trabajadoras (salvo obligación por convenio).
Cualquier empresa.
Empresas obligadas por convenio colectivo (en los términos previstos en el mismo).
Empresas con una plantilla superior a 50 personas trabajadoras (art. 45 de la LOI).
La exigencia de implementar un PI según la plantilla se extendió de manera progresiva según la D.T. 12.ª de la LOI
A partir de 07/03/2020: empresas de entre 151 a 250 personas trabajadoras.
A partir de 07/03/2021: empresas de entre 101 a 150 personas trabajadoras.
A partir de 07/03/2022: empresas de 50 o más personas trabajadoras.
Por mandato de la autoridad laboral.
La autoridad laboral sustituye una sanción por incumplimiento del principio de igualdad por realizar e implantar un plan de igualdad.
Administraciones públicas (D.A. 7.ª del EBEP).
El futuro plan de igualdad tendrá el mismo carácter que la normativa laboral concede a los convenios colectivos. (STS n.º 95/2021, de 26 de enero, ECLI:ES:TS:2021:350).

2.4. ¿Qué beneficios supone tener un plan de igualdad para la empresa?

La elaboración y posterior puesta en marcha de un plan de igualdad —al margen del cumplimiento por parte de la organización de la imposición legal de su existencia en los casos que hemos visto—, supone beneficios entre los que pueden destacarse:

- Mejora de la imagen de la empresa o corporación, al proyectar una imagen más actual, comprometida con la igualdad.
- Mejora del ambiente laboral, mediante la promulgación de mensajes de no discriminación, implantación de medidas para la conciliación.
- Eliminación de costes generados por la discriminación de género ante eventuales demandas de los trabajadores.
- Mayores oportunidades para seleccionar y retener personas con talento.
- Aprovechamiento de la formación aportada a los trabajadores/as dentro de una política de no discriminación en esta materia.
- En aquellos casos que sea obligatorio se evitará la imposición de sanciones por la Autoridad laboral.
- Cumplimiento de los requisitos sobre implementación de políticas de igualdad que se puedan fijar en las bases reguladoras de subvenciones a las que se pueda optar.
- Cumplimiento de los requisitos sobre políticas sociales que se incorporen en la licitación de los contratos públicos con administraciones (art. 71 de la Ley 9/2017, de 8 de noviembre).
- Credibilidad de la responsabilidad social, etc.

Entre las información sobre cuestiones sociales y relativas al personal necesarias dentro del estado de información no financiera consolidado, el art. 49.5 del Código de Comercio, establece la obligación de reflejar medidas adoptadas para promover la igualdad de trato y de oportunidades entre mujeres y hombres; planes de igualdad (capítulo III de la Ley Orgánica 3/2007, de 22 de marzo, para la igualdad efectiva de mujeres y hombres), medidas adoptadas para promover el empleo, protocolos contra el acoso sexual y por razón de sexo, la integración y la accesibilidad universal de las personas con discapacidad; la política contra todo tipo de discriminación y, en su caso, de gestión de la diversidad.

Esta obligación se extiende para las sociedades que formulen cuentas consolidadas, en las que concurran los siguientes requisitos:

- Que el número medio de trabajadores empleados por las sociedades del grupo durante el ejercicio sea superior a 500.

- Que o bien, tengan la consideración de entidades de interés público de conformidad con la legislación de auditoría de cuentas, o bien, durante dos ejercicios consecutivos reúnan, a la fecha de cierre de cada uno de ellos, al menos dos de las circunstancias siguientes:
  - » Que el total de las partidas del activo consolidado sea superior a 20.000.000 de euros.
  - » Que el importe neto de la cifra anual de negocios consolidada supere los 40.000.000 de euros.
- Que el número medio de trabajadores empleados durante el ejercicio sea superior a doscientos cincuenta.

2.5. Antecedentes y negociación del plan de igualdad en la empresa

Antes de comenzar la implantación de un plan de igualdad en la empresa, como analizaremos, será necesario definir los contenidos de este, los objetivos a alcanzar, una planificación temporal de las estrategias y prácticas a realizar, y concretar una serie de sistemas de seguimiento y control. No obstante, en primera instancia debemos conocer quién lo negociará y en qué condiciones.

2.5.1. ¿Qué debemos tener en cuenta antes de empezar la negociación de los planes de igualdad?

Con las salvedades especificadas por negociación colectiva, el art. 45 de la LOI se limita a especificar:

> «1. Las empresas están obligadas a respetar la igualdad de trato y de oportunidades en el ámbito laboral y, con esta finalidad, deberán adoptar medidas dirigidas a evitar cualquier tipo de discriminación laboral entre mujeres y hombres, medidas que deberán negociar, y en su caso acordar, con los representantes legales de los trabajadores en la forma que se determine en la legislación laboral.
>
> 2. En el caso de las empresas de cincuenta o más trabajadores, las medidas de igualdad a que se refiere el apartado anterior deberán dirigirse a la elaboración y aplicación de un plan de igualdad, con el alcance y contenido establecidos en este capítulo, que deberá ser asimismo objeto de negociación en la forma que se determine en la legislación laboral.
>
> 3. Sin perjuicio de lo dispuesto en el apartado anterior, las empresas deberán elaborar y aplicar un plan de igualdad cuando así se establezca en el convenio colectivo que sea aplicable, en los términos previstos en el mismo.

4. Las empresas también elaborarán y aplicarán un plan de igualdad, previa negociación o consulta, en su caso, con la representación legal de los trabajadores y trabajadoras, cuando la autoridad laboral hubiera acordado en un procedimiento sancionador la sustitución de las sanciones accesorias por la elaboración y aplicación de dicho plan, en los términos que se fijen en el indicado acuerdo.

5. La elaboración e implantación de planes de igualdad será voluntaria para las demás empresas, previa consulta a la representación legal de los trabajadores y trabajadoras».

2.5.2. ¿Quiénes negociarán el plan de igualdad?

La iniciativa de aprobar y promulgar un plan de igualdad debe ser de las empresas obligadas, cualquier tipo de empresa que así lo quiera, o las Administraciones Públicas.

El art. 45 de la LOI establece la obligación de las empresas de respetar la igualdad de trato y de oportunidades en el ámbito laboral, para lo cual deberán adoptar medidas dirigidas a evitar cualquier tipo de discriminación laboral entre mujeres y hombres, medidas que deberán negociar, y en su caso acordar, con los representantes legales de los trabajadores en la forma que se determine en la legislación laboral.

Asimismo, en el caso de las empresas de cincuenta o más trabajadores, las medidas de igualdad a que se refiere el apartado anterior deberán dirigirse a la elaboración y aplicación de un plan de igualdad, con el alcance y contenido establecidos en el Capítulo III de la LOI, que deberá ser asimismo objeto de negociación en la forma que se determine en la legislación laboral.

Es el caso de los aspectos relacionados con los **sujetos llamados a negociar los planes de igualdad**, incluidos el diagnóstico y la constitución de la comisión negociadora, y con el desarrollo del procedimiento de negociación, el Real Decreto 901/2020, de 13 de octubre, ha resuelto cuestiones como las que se plantean cuando la empresa tiene varios centros de trabajo con representación legal de las personas trabajadoras o cuando no existe tal representación legal, situaciones que, dada la extensión de la obligación de elaborar planes de igualdad, se ven incrementadas con el nuevo reglamento de manera significativa.

JURISPRUDENCIA

STS n.º 832/2018, de 13 de septiembre, ECLI:ES:TS:2018:3231 y STS n.º 126/2017, de 14 de febrero, ECLIES:TS:2017:815

La obligación de contar con un plan de igualdad corresponde a la empresa, pero el plan de igualdad —por las características de la empresa— debe ser fruto de la negociación con la representación de las personas trabajadoras, incluido el diagnóstico.

STS n.º 403/2017, de 8 mayo, ECLI:ES:TS:2017:2092

Deja claro que en estas empresas es obligatorio negociar el plan de igualdad con arreglo a las normas del ET que regulan la negociación colectiva, lo que implica constituir la comisión negociadora conforme a los arts. 87 a 89 del ET, así como adoptar los acuerdos del modo contemplado en el art. 89.3 del ET.

Sin perjuicio de previsiones distintas acordadas en **convenio colectivo**, los planes de igualdad, incluidos los diagnósticos previos, deberán ser **objeto de negociación** con la representación legal de las personas trabajadoras, para lo que será necesario **constituir una comisión negociadora paritaria entre la representación de la empresa y la de las personas trabajadoras** (art. 5 del Real Decreto 901/2020, de 13 de octubre).

a) **En caso de existencia de representación legal de las personas trabajadoras**:

Por parte de las personas trabajadoras, el **comité de empresa, las delegadas y los delegados de personal, en su caso, o las secciones sindicales** si las hubiere que, en su conjunto, sumen la mayoría de los miembros del comité. La intervención en la negociación corresponderá a las secciones sindicales cuando éstas así lo acuerden, siempre que sumen la mayoría de los miembros del comité de empresa o entre las delegadas y delegados de personal.

La composición de la parte social en la comisión negociadora será **proporcional a su representatividad**.

Empresas con varios centros de trabajo: negociará el comité intercentros si existe y tiene establecidas competencias para la negociación.

Grupos de empresa: se seguirá lo establecido en el art. 87 del Estatuto de los Trabajadores para los convenios de ese ámbito.

b) **En las empresas donde no existan las representaciones legales**:

Se creará una **comisión negociadora** constituida, de un lado, por la representación de la empresa y, de otro lado, por una representación de las personas trabajadoras, integrada por los sindicatos más representativos y por los sindicatos representativos del sector al que pertenezca la empresa y con legitimación para formar parte de la comisión negociadora del convenio colectivo de aplicación.

La comisión negociadora contará con un **máximo de seis miembros por cada parte**.

La representación sindical se conformará en **proporción a la representatividad en el sector** y garantizando la participación de todos los sindicatos legitimados. No obstante, esta comisión sindical estará válidamente integrada por aquella organización u organizaciones que respondan a la convocatoria de la empresa en el **plazo de diez días**.

c) **En caso de empresas con centros de trabajo representados y centros de trabajo donde no existan las representaciones legales**:

La parte social de la comisión negociadora estará integrada, por un lado, por los representantes legales de las personas trabajadoras de los centros que cuentan con dicha representación en los términos establecidos anteriormente y, por otro lado, por la comisión sindical constituida conforme al párrafo anterior en representación de las personas trabajadoras de los centros que no cuenten con la representación referida.

En este caso la comisión negociadora se compondrá de un **máximo de trece miembros** por cada una de las partes

La comisión negociadora creada podrá contar con apoyo y **asesoramiento externo especializado en materia de igualdad** entre mujeres y hombres en el ámbito laboral, quienes intervendrán con voz, pero sin voto.

A TENER EN CUENTA. El procedimiento de negociación en aquellos aspectos no expresamente tratados en el presente reglamento será el establecido en el art. 89 del Estatuto de los Trabajadores.

JURISPRUDENCIA

STS n.º 507/2023 de 12 julio, ECLIES:TS:2023:3441

Explica que, si el PIE se ha suscrito por los representantes de la parte social con legitimación suficiente, la ratificación de la RLT que exista en cada centro de trabajo es innecesaria.

Como regla general a la hora de definir este aspecto la norma fija una serie de **reglas**:

- **Composición equilibrada entre mujeres y hombres de cada una de ambas partes de la comisión negociadora**. Deberá promoverse la composición equilibrada entre mujeres y hombres de cada una de ambas partes de la comisión negociadora, así como que sus integrantes tengan formación o experiencia en materia de igualdad en el ámbito laboral.
- **Necesidad de levantar acta**. Durante el proceso de negociación, se levantará acta de cada una de las reuniones de la negociación, que deberán ser aprobadas y firmadas con manifestaciones de parte, si fuera necesario.
- **Deber de negociación de buena fe**. Las partes deberán negociar de buena fe, con vistas a la consecución de un acuerdo. Dicho acuerdo requerirá la conformidad de la empresa y de la mayoría de la representación de las personas trabajadoras que componen la comisión.
- **Posibilidad de acudir a los procedimientos y órganos de solución autónoma de conflictos**. En caso de desacuerdo, la comisión negociadora podrá acudir a los procedimientos y órganos de solución autónoma de conflictos, si así se acuerda, previa intervención de la comisión paritaria del convenio correspondiente, si así se ha previsto en el mismo para estos casos.
- **Remisión a la autoridad laboral competente, a los efectos de registro y depósito**. El resultado de las negociaciones deberá plasmarse por escrito y firmarse por las partes negociadoras para su posterior remisión a la autoridad laboral competente, a los efectos de registro y depósito y publicidad en los términos previstos reglamentariamente.

- **Obligación de facilitar información**. Constituida la comisión negociadora, y a los efectos de elaborar el diagnóstico de situación, las personas que la integran tendrán derecho a acceder a cuanta documentación e información resulte necesaria a los fines previstos, estando la empresa obligada a facilitarla en los términos establecidos en el art. 46.2 de la LOI.
- **Derechos y obligaciones de los negociadores**. Las personas que intervengan en la negociación de los planes de igualdad tendrán los mismos derechos y obligaciones que las personas que intervinieran en la negociación de convenios y acuerdos colectivos.
- **Deber de sigilo**. Las personas que integran la comisión negociadora, así como, en su caso, las personas expertas que la asistan deberán observar en todo momento el deber de sigilo con respecto a aquella información que les haya sido expresamente comunicada con carácter reservado. En todo caso, ningún tipo de documento entregado por la empresa a la comisión podrá ser utilizado fuera del estricto ámbito de aquella ni para fines distintos de los que motivaron su entrega.

JURISPRUDENCIA

STS n.° 545/2024, de 11 de abril de 2024, ECLI:ES:TS:2024:2073

El Tribunal Supremo ha validado la elaboración unilateral de planes de igualdad por parte de las empresas en casos de ausencia de representación sindical. La sentencia resuelve el caso de ASSECO SPAIN, SA, donde la empresa procedió a elaborar su plan de igualdad sin la participación de representantes legales de los trabajadores ni de sindicatos, debido a su incomparecencia reiterada. Este fallo subraya la obligación de las empresas de contar con un plan de igualdad, incluso en ausencia de acuerdo sindical, y establece que la falta de una comisión negociadora por causas ajenas a la voluntad empresarial no puede ser motivo para la inexistencia de dicho plan.

STS n.° 95/2021, de 26 de enero de 2021, ECLI:ES:TS:2021:350

Los planes de igualdad constituyen materia propia de la negociación colectiva y deben negociarse «necesariamente» con los representantes unitarios o sindicales de los trabajadores, sin que quepa su negociación con una comisión ad hoc que la norma reserva para situaciones concretas de carácter excepcional.

RESOLUCIONES RELEVANTES

STSJ de Andalucía n.° 180/2023, de 25 de enero de 2023, ECLI:ES:TSJAND:2023:206

La empresa no tiene obligación de remitir sucesivos requerimientos a los sindicatos hasta que estos admitan formar parte de la comisión negociadora, pues esta obligación no se encuentra previsto ni legal ni reglamentariamente y valida que, una vez efectuado el requerimiento por parte de la empresa a los sindicatos con legitimación para negociar el plan de igualdad y finalizado el plazo de diez días sin respuesta por parte de los sindicatos requeridos, la empresa puede continuar con el proceso de elaboración del plan de igualdad.

STSJ de Madrid, rec. 709/2023, de 17 de octubre de 2023, ECLI:ES:TSJM:2023:11114

En casos excepcionales, cuando la empresa acredite que ha intentado contactar con los sindicatos más representativos sin resultado, el TSJ considera que el empleador puede elaborar unilateralmente el plan de igualdad y que se debe inscribir ante el RECGON. Esto se debe a que se trata de una situación excepcional en la que el empleador no puede remover obstáculos incontrolables, y no se puede condenar a él y a sus trabajadores a carecer indefinidamente de un plan de igualdad.

SAN n.º 38/2006, de 28 de abril de 2006, ECLI:ES:AN:2006:2117

El Estatuto de los Trabajadores establece, con carácter general, la prohibición de que los representantes utilicen la información suministrada por la empresa «(...) para distintos fines de los que motivaron la entrega (...)», debiendo señalarse, que este mandato además no puede considerarse privado de sanción.

CUESTIÓN

¿Qué se entiende por sistemas de Solución Autónoma de Conflictos?

En caso de desacuerdo, la comisión negociadora podrá acudir a los procedimientos y órganos de solución autónoma de conflictos, si así se acuerda, previa intervención de la comisión paritaria del convenio correspondiente, si así se ha previsto en el mismo para estos casos.

El Servicio Interconfederal de Mediación y Arbitraje (SIMA) elaborará una lista de mediadores y árbitros que facilitará a los demandantes de sus servicios.

Los procedimientos que se establecen en el presente Acuerdo para la solución de los conflictos son:

a) La **mediación**, que será obligatoria en los supuestos que posteriormente se determinan y siempre que la demande una de las partes del conflicto, salvo en los casos en que se exija acuerdo entre ambas partes. La mediación ante el SIMA sustituye a la conciliación administrativa previa a los efectos previstos en los artículos 63 y 156 de la Ley Reguladora de la Jurisdicción Social.

b) El **arbitraje**, que sólo será posible cuando ambas partes, de mutuo acuerdo, lo soliciten por escrito.

2.5.3. ¿Cuándo se inicia la negociación del plan de igualdad? ¿Qué plazo existe para la creación de la comisión negociadora? ¿y para negociar?

Con carácter general las empresas deben iniciar el procedimiento de negociación dentro de los tres meses siguientes al momento en que alcancen el umbral de plantilla que hace obligatorio el plan de igualdad. El plan debe estar aprobado y registrado en un plazo máximo de un año (art. 4 del Real Decreto 901/2020, de 13 de octubre).

CUÁNDO SE INICIA LA NEGOCIACIÓN DEL PLAN DE IGUALDAD Y DIAGNÓSTCO PREVIO AL MISMO.

Art. 4 Real Decreto 901/2020, de 13 de octubre

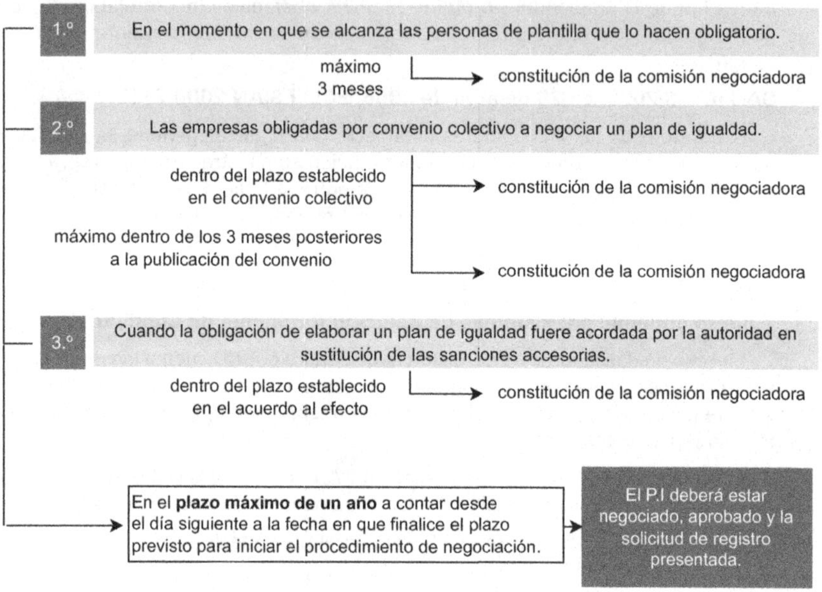

2.5.4. ¿Cómo se inicia la negociación del plan de igualdad?

La parte que promueva la negociación del del plan de igualdad (representación de las personas trabajadoras o empresa), deberá solicitar la constitución de la comisión de igualdad. Lo que comunicará por escrito a la otra parte, expresando detalladamente:

- Legitimación que ostenta (de conformidad con los arts. 87-88 del ET).
- Los ámbitos del convenio.
- Las materias objeto de negociación.

La parte receptora de la comunicación solo podrá negarse a la iniciación de las negociaciones por causa legal o convencionalmente establecida, por lo que, de no recibir respuesta [o manifestar la otra parte su negativa a la negociación] ha de denunciarse esta situación a la Inspección de Trabajo.

Si se contesta afirmativamente a la solicitud de negociaciones, se ha de constituir la comisión negociadora, a la que corresponde la deliberación y conclusión del plan de igualdad. La comisión se ha de constituirse siguiendo los plazos del art. 4 del RD 901/2020, de 13 de octubre.

2.5.5. ¿Cómo se negociarán los aspectos no tratados expresamente en el Real Decreto 901/2020, de 13 de octubre?

El procedimiento de negociación en aquellos aspectos no expresamente tratados en el reglamento los planes de igualdad y su registro será el establecido en el art. 89 del Estatuto los Trabajadores:

a) **La representación de los trabajadores, o de los empresarios, que promueva la negociación, lo comunicará a la otra parte**, expresando detalladamente en la comunicación, que deberá hacerse por escrito, la legitimación que ostenta (de conformidad con los arts. 87-88 del ET), los ámbitos del convenio y las materias objeto de negociación.

b) La parte receptora de la comunicación solo podrá negarse a la iniciación de las negociaciones por causa legal o convencionalmente establecida.

c) Ambas partes estarán obligadas a negociar bajo el principio de la buena fe.

d) En los supuestos de que se produjera violencia, tanto sobre las personas como sobre los bienes y ambas partes comprobaran su existencia, quedará suspendida de inmediato la negociación en curso hasta la desaparición de aquella.

e) En el plazo máximo de un mes a partir de la recepción de la comunicación, se procederá a constituir la comisión negociadora **(en el caso de los planes de igualdad la denominada «comisión de igualdad»)**.

f) La parte receptora de la comunicación **deberá responder a la propuesta de negociación y ambas partes establecerán un calendario o plan de negociación**.

g) Los acuerdos de la comisión requerirán, en cualquier caso, **el voto favorable de la mayoría de cada una de las dos representaciones**.

h) En cualquier momento de las deliberaciones, las partes podrán acordar la **intervención de un mediador** designado por ellas.

JURISPRUDENCIA

SAN n.º 143/2015, de 16 de septiembre 2015, ECLI:ES:AN:2015:3101

La elaboración de los planes de igualdad es una manifestación propia de la negociación colectiva, que debe realizarse necesariamente con los representantes unitarios o sindicales de los trabajadores, puesto que las reglas de legitimación de la negociación colectiva, reguladas en los arts. 87-89 del ET, constituyen normas de derecho necesario absoluto, sin que quepa su imposición unilateral por parte de la empresa, aunque la misma haya intentado negociar con los representantes de los trabajadores, sin que ello fuera posible.

2.5.6. ¿Cuál es el ámbito personal, funcional, temporal y geográfico de un plan de igualdad?

El plan de igualdad es variable y dinámico, y sus medidas atenderán a principios de razonabilidad y proporcionalidad, procurando ajustarse a la concreta situación de la empresa en cada momento. A tal efecto, las partes negociadoras podrán establecer la vigencia que consideren, bien ligada a la del convenio colectivo, o, bien por periodos concretos priorizando y concretando en el tiempo el orden en la aplicación de las distintas medidas previstas.

En base a lo dispuesto en el art. 46.3 de la LOI, el plan se aplica a la totalidad de la empresa, abarcando, por tanto, no sólo a los centros de trabajo que la integran sino también a aquellos otros que puedan integrarla en un futuro, sin perjuicio del establecimiento de acciones especiales adecuadas respecto a alguno de ellos en concreto.

Lo dispuesto en un plan de igualdad es de obligada y general observancia para todas las personas trabajadoras de la mercantil, cualquiera que sea su modalidad contractual o cargo que ostenten.

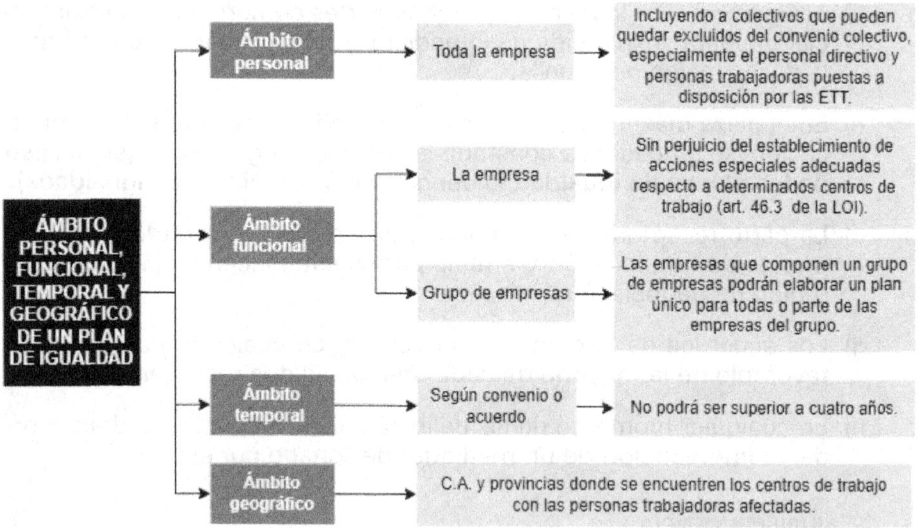

El art. 10.2 del Real Decreto 901/2020, de 13 de octubre, de acuerdo con el art. 11.1 (párrafo cuarto) de la Ley 14/1994, de 1 de junio, ha atendido a los criterios jurisprudenciales y doctrinales (SAN n.º 177/2017, de 11 de diciembre de 2017, ECLI:SAN 4587:2017), y contempla la **aplicación de las medidas que se contengan en el plan de igualdad de la empresa usuaria a las personas trabajadoras cedidas por empresas de trabajo temporal durante los períodos de prestación de servicios.**

Como novedad en este punto, hay que destacar:

- En la solicitud de **inscripción** del convenio colectivo, plan de igualdad o en su caso, de los acuerdos señalados en el art. 2.1 del RD 901/2020, se deberán facilitar todos aquellos datos relativos a las partes firmantes del acuerdo o acto para el que se solicita la inscripción y la fecha de la firma, así como, en su caso, los relativos a su ámbito personal, funcional, territorial y temporal y la actividad o actividades económicas cubiertas por los mismos (art. 6 del Real Decreto 713/2010, de 28 de mayo).
- Dentro del **contenido mínimo de los planes de igualdad**, se fija la necesidad de especificar su ámbito personal, territorial y temporal (art. 8 del Real Decreto 901/2020, de 13 de octubre).

2.5.7. ¿Qué información debe proporcionarse a los representantes de los trabajadores?

La empresa está obligada a proporcionar toda la documentación e información necesaria para la elaboración del diagnóstico y el plan de igualdad a la comisión negociadora

En aplicación de lo dispuesto en el art. 64.3 del ET, el comité de empresa tendrá derecho a recibir información, al menos anualmente, relativa a la aplicación en la empresa del derecho de igualdad de trato y de oportunidades entre mujeres y hombres, en la que deberá incluirse:

a) El registro previsto en el art. 28.2 del ET.

b) Los datos sobre la proporción de mujeres y hombres en los diferentes niveles profesionales.

c) Los datos sobre las medidas que se hubieran adoptado para fomentar la igualdad entre mujeres y hombres en la empresa y, de haberse establecido un plan de igualdad, sobre la aplicación de este.

En lo que se refiere a la comisión negociadora del PI, una vez constituida, las personas que la integran tendrán derecho a acceder a cuanta documentación e información resulte necesaria a los fines previstos, estando la empresa obligada a facilitarla en los términos establecidos en el art. 46.2 de la LOI (donde se hace referencia a la información necesaria para conocer sobre el contenido mínimo del PI), así como los datos del registro retributivo (art. 28.2 del ET).

3.
FASES PARA LA ELABORACIÓN Y APLICACIÓN DEL PLAN DE IGUALDAD DE EMPRESA

La elaboración y aplicación de los planes de igualdad se regula siguiendo las previsiones establecidas para el diagnóstico previo por la Ley de Igualdad y otras reglas de aplicación en el ámbito privado estandarizadas por los distintos organismos que se han preocupado de desarrollar aspectos prácticos de los planes de igualdad.

Tanto en la redacción original del art. 46 de la LOI, como en la vigente tras las modificaciones de 2019 y la publicación de los posteriores reglamentos de 2020, resulta patente la falta de una serie de reglas o fases diferenciadas para la implementación de un plan de igualdad en las empresas. Esto ha obligado a recurrir **a otras reglas de aplicación en el ámbito privado estandarizas por los distintos organismos que se han preocupado de desarrollar aspectos prácticos de los planes de igualdad, así como a la** *Guía para la elaboración de planes de igualdad en las empresas. Instituto de las Mujeres. 21/01/2021*.

A pesar de que el Real Decreto 901/2020, de 13 de octubre, solo regula el diagnóstico y menciona, dentro del contenido mínimo de los planes de igualdad, la aplicación, seguimiento, evaluación o revisión, hemos de recomendar que la redacción de nuestro plan siga una serie de **etapas secuenciadas, enlazadas de manera lógica unas con otras, previa negociación de todas ellas.** Ello siempre teniendo en cuenta que el contenido que desarrollaremos dentro de cada una de las fases no tiene por qué seguir una línea temporal, dado que en el proceso de mejora continua que caracteriza a los planes de igualdad será necesario, en múltiples ocasiones, la adaptación a las nuevas necesidades detectadas, pensando que, tras la evaluación y finalización de vigencia de cada plan, empezará la puesta en marcha de uno nuevo.

FASES DE ELABORACIÓN Y APLICACIÓN DE LOS PLANES DE IGUALDAD

FASE EN EL DESARROLLO DEL PLAN DE IGUALDAD	CARACTERÍSTICAS

1. Puesta en marcha del proceso de elaboración del plan de igualdad	• Decisión y comunicación a plantilla y RLT.
	• Apertura de la negociación.
	• Constitución de la comisión negociadora:
	  ○ Creación y definición del equipo de trabajo.
	  ○ Constitución de la comisión de igualdad y su reglamento.
	  ○ Determinación del procedimiento de negociación.
	  ○ Determinación de los mecanismos de participación.

2. Realización del diagnóstico	• Planificación. • Recogida de datos cuantitativos y cualitativos. • Análisis y presentación de propuestas.
3. Diseño, aprobación y registro del plan de igualdad	• Planificación del plan (objetivos, acciones, personas destinatarias, calendario, recursos necesarios, indicadores y técnicas de evaluación, seguimiento, etc.). • Elaboración del plan de Igualdad. • Aprobación del plan de Igualdad. • Registro del plan de Igualdad.
4. Implantación y seguimiento	• Ejecución de las acciones previstas. • Seguimiento, mediante la comprobación del grado de desarrollo y cumplimiento de las medidas propuestas. • Valoración de resultados.
5. Evaluación del plan de igualdad	• Análisis de los resultados e impacto obtenidos. • Establecer criterios de seguimiento en función de la vigencia del plan de igualdad.

3.1. Puesta en marcha del proceso de elaboración del plan de igualdad: ¿cómo se manifiesta el compromiso de la empresa con la igualdad?

En primera instancia para la elaboración de un plan de igualdad **ha de ser la dirección de la empresa la que muestre su compromiso con aspectos en la igualdad como**:

- Integrar la igualdad de oportunidades entre mujeres y hombres en la organización como principio básico y transversal.
- Incluir este principio en los objetivos de la política de la empresa y, particularmente, en la política de gestión de recursos humanos.
- Facilitar los recursos necesarios, tanto materiales como humanos, para la elaboración del diagnóstico, definición e implementación del Plan de Igualdad y la inclusión de la igualdad en la negociación colectiva.

Cuando hablamos de compromiso de las empresas con la igualdad hacemos referencia a la concienciación, sensibilización y compromiso de la dirección de la empresa con la igualdad de oportunidades dentro del principio de transparencia. Para ello, la Ley de Igualdad recomienda como situación de partida, marcar objetivos y estrategias para lo que resulta necesario un análisis de situación actual en la corporación con perspectiva de género sobre procedimientos, gestión de personal y recursos, decisiones estratégicas, etc.

En esta fase la dirección de la empresa ha de **declarar su compromiso** en el establecimiento y desarrollo de políticas que integren la igualdad de trato y oportunidades entre mujeres y hombres, sin discriminar directa o indirectamente por razón de sexo, así como en el impuso y fomento de medidas para conseguir la igualdad real en el seno de nuestra organización, estableciendo la igualdad de oportunidades entre mujeres y hombres como un principio estratégico de la política corporativa y de Recursos Humanos, siguiendo lo establecido por la Ley Orgánica 3/2007, de 22 de marzo, para la igualdad efectiva entre mujeres y hombres.

Para ello, **es recomendable comunicar a toda la plantilla la decisión tomada en relación con la igualdad de oportunidades mediante un documento formal,** no obstante, podrá utilizarse **cualquier canal válido** (intranet, comunicados escritos, mails, tablón de anuncio, reuniones, etc.). No en vano, la elaboración del diagnóstico se sustenta, entre otras condiciones generales, en la comunicación corporativa o la información dirigida a la plantilla (Anexo del Real Decreto 901/2020, de 13 de octubre) y puede ser evaluable con posterioridad en función de indicadores como:

- **Recursos económicos destinados** a la implantación de medidas para la igualdad.

- **Cumplimiento de los compromisos adquiridos** según el calendario de implantación de medidas desarrollado en fases posteriores, etc.

Igualmente, de forma paralela al compromiso de la organización conviene constituir el equipo de **trabajo —comité o comisión de igualdad—**, conformado de forma paritaria por personas designadas por la dirección en representación de la empresa y por la representación de las trabajadoras y trabajadores.

CUESTIÓN

¿Qué aspectos implica la comunicación del compromiso de la empresa con la igualdad de oportunidades entre mujeres y hombres?

El compromiso de la empresa implica varios aspectos fundamentales:

1. **Reconocimiento de la igualdad como principio básico**: la empresa debe reconocer la igualdad de oportunidades entre mujeres y hombres como un principio básico y transversal de la organización.

2. **Incorporación en la política de empresa**: este principio debe incluirse en los objetivos de la política de la empresa, especialmente en la política de gestión de recursos humanos.

3. **Facilitación de recursos**: la empresa debe facilitar los recursos necesarios, tanto materiales como humanos, para la elaboración del diagnóstico, definición e implementación del Plan de Igualdad, así como para la inclusión de la igualdad en la negociación colectiva.

4. **Concienciación y sensibilización**: es fundamental la concienciación y sensibilización de la dirección de la empresa con la igualdad de oportunidades, lo que implica un compromiso firme y consciente de iniciar un camino de cambios con perspectiva de género.

5. **Comunicación a la plantilla**: la decisión de comprometerse con la igualdad de oportunidades debe comunicarse a toda la plantilla mediante un documento formal, utilizando todos los canales de comunicación disponibles en la empresa.

6. **Constitución de la comisión negociadora**: paralelamente al compromiso de la organización, es necesario constituir un equipo de trabajo o una Comisión Permanente de Igualdad, conformada de manera paritaria por personas designadas por la dirección en representación de la empresa y por la representación de las trabajadoras y trabajadores.

3.2. Constitución de la comisión negociadora para la elaboración de un plan de igualdad en la empresa

Tras la comunicación del compromiso por parte de la empresa para iniciar la elaboración del plan de igualdad, la constitución de la comisión negociadora del plan de igualdad es el siguiente paso para integrar la igualdad de oportunidades entre mujeres y hombres en la organización como principio básico y transversal e incluir este principio en los objetivos de la política de la empresa y, particularmente, en la política de gestión de recursos humanos.

Desde la fase previa se ha definido un equipo de trabajo, en esta fase debe formalizarse.

Debe conformarse de manera igualitaria entre empresa y representantes de los trabajadores un comité o comisión negociadora del plan de igualdad.

3.2.1. Obligación de negociación y constitución de la comisión negociadora

La constitución de la comisión negociadora del plan de igualdad es el siguiente paso para integrar la igualdad de oportunidades entre mujeres y hombres en la organización como principio básico y transversal e incluir este principio en los objetivos de la política de la empresa y, particularmente, en la política de gestión de recursos humanos.

Previamente habrá sido necesario definir un equipo de trabajo, en esta fase debe formalizarse. La Comisión representa el compromiso de todas las áreas organizativas, representadas en la misma, para lograr los objetivos acordados en el Plan o en sucesivos Planes de Igualdad entre mujeres y hombres.

Tratado dentro de los antecedentes y negociación del plan de igualdad en la empresa, **cómo se inicia la negociación del plan, quiénes y cómo negociarán el plan, y los distintos plazos existentes**, atendiendo al reglamento de planes de igualdad, de existir obligación de implementar un PI, debemos tener presente:

- El cómputo del número de trabajadoras y trabajadores para que exista obligación de negociar PI se realizará sobre la totalidad de las personas trabajadoras de la empresa, con independencia del número de centros de trabajo. Una vez alcanzado el umbral que hace obligatorio el plan de igualdad, cualquiera que sea el momento en que esto se produzca, nacerá la obligación de negociar, elaborar y aplicar el plan de igualdad. Esta obligación se mantendrá aun cuando el número de personas trabajadoras se sitúe por debajo de cincuenta, una vez constituida la comisión negociadora y hasta que concluya el periodo de vigencia del plan acordado en el mismo, o en su caso, durante cuatro años.
- Las empresas deberán iniciar el procedimiento de negociación de sus planes de igualdad mediante la constitución de una **comisión negociadora**, dentro del plazo máximo de los **tres meses siguientes al momento en que hubiesen alcanzado las personas de plantilla que lo hacen obligatorio** y como máximo en el plazo de un año debe estar aprobado y presentada la solicitud de registro.
- **No existe una delimitación estándar de las personas y órganos que intervienen en la negociación por la parte social**. En cada caso ha de atenderse a la existencia de RLT, grupo de empresa, centros de trabajo con/sin representación, etc.

Respecto a la **obligación de negociación**, múltiples pronunciamientos judiciales —en consonancia con los arts. 85.2 del ET, 45 y 46 de la LOI, Real

Decreto-ley 6/2019, de 1 de marzo y Real Decreto 901/2020, de 13 de octubre— conducen a la **consideración como nulo de un plan de igualdad decidido unilateralmente por la empresa**:

- Los planes de igualdad son una manifestación propia de la negociación colectiva, que deben negociarse con los representantes de los trabajadores, sin que quepa su aprobación unilateral por la empresa. **(SAN n.º 143/2019, de 10 de diciembre de 2019, ECLI:ES:AN:2019:4583)**.
- La jurisprudencia ha validado que, se administren y desarrollen los planes de igualdad a través de las comisiones de convenio, en las que participan únicamente los sindicatos firmantes, sin que dicha medida vulnere los derechos de libertad sindical de los demás, salvo que la comisión acometa medidas negociadoras, en cuyo caso deberán participar todos los sujetos legitimados para la negociación. (**STS, rec. 78/2009 de 25 de junio de 2010, ECLI:ES:TS:2010:4004 y confirmando SAN n.º 35/2009, de 6 de mayo de 2009, ECLI:ES:AN:2009:2504**).
- En la misma línea, **STS, rec. 22/2011, de 24 de enero de 2012. ECLI:ES:TS:2012:743**, donde se concluyó que, no se vulneraba la libertad sindical de un sindicato, que no había participado en la negociación del convenio, cuya negociación se realizó con el comité de empresa, siendo esa la razón por la que no formaba parte de la comisión de igualdad del convenio, nombrada por el comité que negoció el convenio.
- Más recientemente, **STS n.º 403/2017, de 9 de mayo. ECLI:ES:TS:2017:2092**, donde se concluyó que el acuerdo, en el que se pacte el plan de igualdad, debe suscribirse por la empresa y por los representantes legales de los trabajadores, ya sean unitarios o sindicales, que acrediten la representatividad de todos los centros de trabajo de la empresa.

CUESTIÓN

¿Cómo se determina la representatividad de las organizaciones sindicales?

La representatividad de un sindicato puede saberse mediante dos vías (audiencia electoral e irradiación) y en dos ámbitos diferenciados (estatal y en la Comunidad Autónoma) siguiendo los arts. 6 y 7 de la LOLS:

Tendrán la consideración de **sindicatos más representativos a nivel estatal**:

a) Los que acrediten una especial audiencia, expresada en la obtención, en dicho ámbito del 10 por 100 o más del total de delegados de personal de los miembros de los comités de empresa y de los correspondientes órganos de las Administraciones públicas.

b) Los sindicatos o entes sindicales, afiliados, federados o confederados a una organización sindical de ámbito estatal que tenga la consideración de más representativa de acuerdo con lo previsto en la letra anterior.

Tendrán la consideración de **sindicatos más representativos a nivel de comunidad autónoma**:

a) Los sindicatos de dicho ámbito que acrediten en el mismo una especial audiencia expresada en la obtención de, al menos, el 15 por 100 de los delegados de personal y de los representantes de los trabajadores en los comités de empresa, y en los órganos correspondientes de las Administraciones públicas, siempre que cuenten con un mínimo de 1.500 representantes y no estén federados o confederados con organizaciones sindicales de ámbito estatal.

b) Los sindicatos o entes sindicales afiliados, federados o confederados a una organización sindical de ámbito de Comunidad Autónoma que tenga la consideración de más representativa de acuerdo con lo previsto en la letra anterior.

Actualmente, y sin que parezcan previsibles cambios al respecto, tienen tal consideración CC. OO. y UGT a nivel estatal, y ELA-STV, LAB y CIG en el ámbito de CA.

3.2.2. Determinación de la composición de la comisión negociadora del plan de igualdad

Las personas que intervengan en la negociación de los planes de igualdad tendrán los mismos derechos y obligaciones que las personas que intervinieran en la negociación de convenios y acuerdos colectivos. Como regla general, en la **comisión negociadora deberán participar de forma paritaria la representación de la empresa y la de las personas trabajadoras**:

- Participarán en la comisión negociadora, por parte de las personas trabajadoras, el comité de empresa, las delegadas y los delegados de personal, en su caso, o las secciones sindicales si las hubiere que, en su conjunto, sumen la mayoría de los miembros del comité.
- La intervención en la negociación corresponderá a las secciones sindicales cuando estas así lo acuerden, siempre que sumen la mayoría de los miembros del comité de empresa o entre las delegadas y delegados de personal.
- La composición de la parte social en la comisión negociadora será proporcional a su representatividad.
- El procedimiento de negociación en aquellos aspectos no expresamente tratados en el presente reglamento será el establecido en el artículo 89 del Estatuto de los Trabajadores.
- En las empresas con varios centros de trabajo negociará el comité intercentros si existe y tiene establecidas competencias para la negociación.

Especificaciones según la existencia o no de RLT

Es difícil concretar **la estructura interna** de estos organismos de forma genérica dadas las distintas posibilidades que en la práctica se configuran. En los términos analizados como «antecedentes y negociación del plan de igualdad en la empresa», en cada caso hemos de atender:

- A la existencia de **comité de empresa y/o las delegadas y delegados de personal**.

- La implicación de los sindicatos más representativos a nivel estatal o autonómico en el caso de **grupos de empresa**. Las empresas que componen un **grupo de empresas** podrán elaborar un plan único para todas o parte de las empresas del grupo, teniendo en cuenta la actividad de cada una de las empresas que lo componen y los convenios colectivos que les resultan de aplicación. En este caso, el P.I se negociará conforme al art. 87 del Estatuto de los Trabajadores. (SAN n.º 1/2024, de 15 de enero del 2024, ECLI:ES:AN:2024:262).
- En los casos donde **no exista representación legal de personas trabajadoras (RLT)**, se creará una comisión negociadora formada por la **representación de la empresa** y por otra integrada por los **sindicatos** más representativos del sector al que pertenezca la empresa. Este aspecto, regulado en el art. 5.3 del RD 901/2020, de 13 de octubre, supone que en la práctica las empresas sin RLT han de negociar sus planes de igualdad con los sindicatos más representativos o los sindicatos representativos del sector al que pertenezca la empresa, sin existir opción de buscar a otros representantes, aunque al final pudiesen optar por los más representativos.
- **Si existen centros de trabajo con RLT o sindical de y otros centros sin ella,** la participación de los RLT o sindical existente y de las propias personas trabajadoras en los centros que no cuentan con representantes.

CUESTIONES

1. En las empresas donde no exista RLT, ¿qué ocurre si los sindicatos más representativos no responden a la llamada empresarial para negociar? ¿Puede el plan de igualdad negociarse con una comisión *ad hoc*?

La STS n.º 95/2021, de 26 de enero de 2021, ECLI:ES:TS:2021:350, **ha avalado los planes de igualdad a la categoría de convenio colectivo de ámbito empresarial**, al considerar obligatoria su negociación con los representantes unitarios o sindicales de los trabajadores, **sin que quepa su negociación con una comisión** *ad hoc*. Aspecto reforzado actualmente por el art. 5.3 del Real Decreto 901/2020, de 13 de octubre.

El fallo entiende que la norma reserva exclusivamente a situaciones concretas de carácter excepcional reguladas en los arts. 40, 41, 47, 51 y 82.3 del ET, la creación de una comisión negociadora ad hoc, dejando como obiter dicta, para un posible despliegue unilateral de un plan de igualdad (siguiendo la STS n.º 832/2018, de 13 de septiembre de 2018, ECLI:ES:TS:2018:3231), supuestos «límite», o «circunstancias excepcionales», como «el bloqueo negociador imputable exclusivamente a la contraparte»; «la negativa de la misma a negociar« o «la ausencia de cualquier tipo de representación». De esta forma, solicitada la creación de la comisión negociadora a los sindicatos más representativos, de no obtener respuesta, parece posible a falta de especificación judicial concreta —siguiendo la citada STS de 13 de septiembre, ECLI:ES:TS:2018:3231— entender la existencia de un supuesto excepcional que permita las negociación vía comisión ad hoc como último recurso.

Por otra parte, las **STSJ de Andalucía n.º 180/2023, de 25 de enero de 2023, ECLI:ES:TSJAND:2023:206 y STSJ de Madrid, rec. 709/2023, de 17 de octubre de 2023, ECLI:ES:TSJM:2023:11114**, han entendido que la empresa no tiene obligación de remitir sucesivos requerimientos a los sindicatos hasta que estos admitan formar parte de la comisión negociadora, pues esta obligación no se encuentra previsto ni legal ni reglamentariamente y valida que, una vez efectuado el requerimiento por parte de la empresa a los sindicatos con legitimación para negociar el plan de igualdad y finalizado el plazo de diez días sin respuesta por parte de los sindicatos requeridos, la empresa puede continuar con el proceso de elaboración del plan de igualdad.

2. ¿Cómo actuar en caso de ausencia de respuesta tras distintos requerimientos para negociar planes de igualdad?

En las empresas de más de 50 trabajadores carentes de órganos unitarios de representación del personal, la normativa (art. 5.3 del Real Decreto 901/2020, de 13 de octubre) establece que serán llamados para sustituirlos en la negociación los sindicatos más representativos del sector al que pertenecen. Del mismo modo, y esto es importante recalcarlo, que los sindicados no accedan a formar parte de la comisión negociadora a pesar de los sucesivos requerimientos realizados no dispensa al empleador de la obligación legal de contar con un plan de igualdad, ni se erige en justo título para eximirle de las consecuencias negativas derivadas de su inexistencia.

En esta tesitura, y cerrada también la vía para que la ausencia de representación unitaria o sindical pueda salvarse mediante la creación de una comisión ad hoc elegida por los trabajadores al carecer esa fórmula de amparo normativo, debemos interpretar que se trata de una situación excepcional.

Como posible modo de actuar recomendamos:

1. Realizar el llamamiento de los sindicatos más representativos para la constitución de la comisión negociadora (Solicitud de creación de la comisión negociadora del plan de igualdad ante ausencia de representación legal de la empresa).

2. Pasados 10 días sin respuesta realizar un segundo llamamiento indicando a los sindicatos más representativos que no ha habido respuesta para la constitución de la comisión negociadora y que de no haberla en el plazo de otros 10 días se continuará con el proceso de elaboración del plan de igualdad. (Segundo llamamiento al sindicato más representativo para la creación de la comisión negociadora del plan de igualdad ante ausencia de representación legal de la empresa).

3. En caso de nueva falta de respuesta, continuar con el proceso de implantación del plan de igualdad de forma unilateral.

Especificaciones según el procedimiento de negociación

Aplicando las especificaciones anteriores a los distintos tipos de obligaciones para la implantación de un plan de igualdad en relación a la determinación del procedimiento de negociación:

- **Cuando el plan de igualdad se adopte en base a la superación del umbral numérico obligatorio**. Como hemos adelantado, una vez alcanzado el umbral que hace obligatorio el plan de igualdad, cualquiera que sea el momento en que esto se produzca, nacerá la obligación de negociar, elaborar y aplicar el plan de igualdad. Esta obligación se mantendrá aun cuando el número de personas trabajadoras se sitúe por debajo de cincuenta, una vez constituida la comisión negociadora y hasta que concluya el periodo de vigencia del plan acordado en el mismo, o en su caso, durante cuatro años.

La comisión negociadora se adaptará a los distintos supuestos fijados por el art. art. 6 del Real Decreto 901/2020, de 13 de octubre.

- Cuando el plan de igualdad se adopte en base a la obligación impuesta por convenio. El art. 85.2 del ET, señala que los planes de igualdad se podrán negociar:
  » En los convenios colectivos de ámbito empresarial, en el marco de la negociación de dichos convenios.
  » En los convenios colectivos de ámbito superior a la empresa, a través de la negociación colectiva que se desarrolle en la empresa en los términos y condiciones que se hubieran establecido en los propios convenios supraempresariales para cumplimentar dicho deber de negociar a través de las oportunas reglas de complementariedad.

Cuando el convenio que impone la obligación de plan de igualdad es de ámbito empresarial, el plan se negociará junto al convenio de empresa. Es decir, el Plan se integrará de forma expresa, como un capítulo específico o como un anexo al convenio negociado.

Cuando no exista convenio colectivo de empresa, o fuese un convenio superior al empresarial el que fijase los términos y las condiciones de la negociación del plan de igualdad en las empresas del sector. Existen dos posibilidades:

- **Pactar en la empresa** un acuerdo «ad hoc» que contenga el plan de igualdad obtenido mediante acuerdo entre las partes.
- **Aprovechar la obligación** de negociar dicho plan para pactar un convenio de empresa que lo contemple.
  » Cuando el plan de igualdad se adopte como sustituto de la sanción. Cuando la obligación de elaborar y aplicar un plan de igualdad fuere acordada por la autoridad laboral en un procedimiento sancionador, en sustitución de las sanciones accesorias, el plazo para iniciar el procedimiento de negociación, en su caso, será el fijado en dicho acuerdo.
- **Será necesario** un periodo de consultas con los representantes de los trabajadores.
- **Las discrepancias en el periodo de consultas** pueden ser objeto de solución extrajudicial (art. 85.1 del ET).
  » **En el supuesto de la adopción del plan de forma voluntaria**. Una vez finalizado el periodo transitorio establecido en la D.T. 12.ª de la LOI, esta opción solo puede ser aplicada por las empresas de menos de 50 trabajadores. En estos casos, a falta de reglamentación concreta, hemos de entender la necesidad de negociación con los representantes de los trabajadores.

Especificaciones para grupos de empresa

La negociación del plan de igualdad en los **grupos de empresa** se regirá por lo establecido en el art. 87 del ET para los convenios de ese ámbito.

El **reparto de miembros con voz y voto** en el seno de la comisión negociadora se efectuará con respeto al derecho de todos los legitimados según el art. 87 del ET y en proporción a su representatividad.

La **comisión negociadora quedará válidamente constituida** cuando los sindicatos, federaciones o confederaciones y las asociaciones empresariales a que se refiere el art. 87 del ET representen como mínimo, respectivamente, a la mayoría absoluta de los miembros de los comités de empresa y delegados de personal, en su caso, y a empresarios que ocupen a la mayoría de los trabajadores afectados por el convenio.

En este punto hemos de tener en cuenta tres precisiones que realiza el texto estatutario:

1. En aquellos sectores en los que no existan órganos de representación de los trabajadores, se entenderá válidamente constituida la comisión negociadora cuando la misma esté integrada por las organizaciones sindicales que ostenten la condición de más representativas en el ámbito estatal o de comunidad autónoma.
2. En aquellos sectores en los que no existan asociaciones empresariales que cuenten con la suficiente representatividad, se entenderá válidamente constituida la comisión negociadora cuando la misma esté integrada por las organizaciones empresariales estatales o autonómicas referidas en el párrafo segundo del art. 87.3.c) del ET.
3. En los supuestos a que se refieren los dos párrafos anteriores, el reparto de los miembros de la comisión negociadora se efectuará en proporción a la representatividad que ostenten las organizaciones sindicales o empresariales en el ámbito territorial de la negociación.

La designación de los componentes de la comisión corresponderá a las partes negociadoras, quienes de mutuo acuerdo podrán designar un presidente y contar con la asistencia en las deliberaciones de asesores, que intervendrán, igual que el presidente, con voz, pero sin voto.

Si la comisión negociadora optara por la no elección de un presidente, las partes deberán consignar en el acta de la sesión constitutiva de la comisión los procedimientos a emplear para moderar las sesiones y deberá firmar las actas que correspondan a las mismas un representante de cada una de ellas, junto con el secretario.

En los convenios sectoriales el número de miembros en representación de cada parte **no excederá de quince**. En el resto de los convenios no se superará el número de **trece**.

3.2.3. Asignación de funciones y competencias a la comisión negociadora

Especial atención merece en este punto el capítulo II del Real Decreto 901/2020, de 13 de octubre, donde desde una perspectiva procedimental se regula el mecanismo negociador que debe conducir a la elaboración del plan de igualdad, procedimiento negociador que pivota en torno a la constitución de la comisión negociadora ya tratada, y los sujetos que, en cada caso, están llamados a formar parte de la misma y el carácter inicial del diagnóstico.

La comisión negociadora tendrá **competencias** en (art. 6 del RD 901/2020, de 13 de octubre):

- Negociación y elaboración del diagnóstico, así como sobre la negociación de las medidas que integrarán el plan de igualdad.
- Elaboración del informe de los resultados del diagnóstico.
- Identificación de las medidas prioritarias, a la luz del diagnóstico, su ámbito de aplicación, los medios materiales y humanos necesarios para su implantación, así como las personas u órganos responsables, incluyendo un cronograma de actuaciones.
- Impulso de la implantación del plan de igualdad en la empresa.
- Definición de los indicadores de medición y los instrumentos de recogida de información necesarios para realizar el seguimiento y evaluación del grado de cumplimiento de las medidas del plan de igualdad implantadas.
- Cuantas **otras funciones pudieran atribuirle la normativa y el convenio colectivo de aplicación, o se acuerden por la propia comisión**, incluida la remisión del plan de igualdad que fuere aprobado ante la autoridad laboral competente a efectos de su registro, depósito y publicación.

En este punto, ante la amplitud de la norma, podemos concretar distintas competencias a lo largo de las diferentes fases de implementación:

a) Velar por el cumplimiento de la organización del principio de igualdad de trato y oportunidades entre mujeres y hombres, junto con la implantación de mecanismos o propuestas para la sensibilización de las personas trabajadoras de la importancia de incorporar la igualdad de oportunidades en la política de la empresa y la necesidad de que participar en el desarrollo de las diferentes fases para arrancar el plan de igualdad.

b) Informar a la plantilla sobre los distintos pasos dados para la elaboración del plan de igualdad.

c) La elaboración de propuestas y acciones dirigidas a erradicar la segregación horizontal y vertical, así como la discriminación directa o indirecta.

d) Recibir toda la información necesaria para realizar el diagnóstico de situación en la empresa, junto con su posterior examen, debate y validación.

e) Impulsar la difusión, conocimiento e implantación del plan de igualdad dentro de la empresa, así como recoger y evaluar sugerencias sobre el mismo.

f) Emitir, recopilar y conocer los informes, estadísticas y/o datos que evalúan la consecución de los objetivos marcados y que aparecen señalados en el plan de igualdad como instrumentos de recogida de información.

g) Conocer el número de casos que se hayan producido por acoso, por acoso sexual o por acoso por orientación e identidad sexual y expresión de género.

h) Realizar el seguimiento y evaluación del plan de igualdad.

i) Constatar la relación o no de las acciones previstas.

j) Constatar el grado de participación de la plantilla en la elaboración y aplicación del plan.

k) Constatar el cumplimiento del calendario de actuaciones previsto.

l) Identificar y buscar soluciones a los problemas que puedan surgir durante el desarrollo del plan de igualdad.

m) Formular recomendaciones para el mejor desarrollo del PI.

n) El asesoramiento, desde la perspectiva de género en cualquier materia.

o) Reaccionar con nuevas acciones ante contingencias no previstas durante la aplicación del PI.

p) Elaboración de una memoria anual, donde se recogerá el trabajo realizado.

q) Etc.

Además, corresponderá a la comisión negociadora el impulso de las primeras acciones de información y sensibilización a la plantilla.

La comisión negociadora del plan podrá dotarse de un reglamento de funcionamiento interno.

CONSTITUCION, COMPOSICIÓN Y COMPETENCIAS DE LA COMISIÓN NEGOCIADORA DEL PLAN DE IGUALDAD

1.º Solicitar la constitución de una comisión negociadora

La parte que promueva la negociación [representación de los trabajadores / empresa], deberá solicitar la constitución de la comisión de igualdad. Lo que comunicará por escrito a la otra parte, expresando detalladamente:

→ Legitimación que ostenta.

→ Ámbito del convenio.

→ materias objeto de negociación.

La parte receptora de la comunicación solo podrá negarse a la iniciación de las negociaciones por causa legal o convencionalmente establecida, por lo que, de no recibir respuesta [o manifestar la otra parte su negativa a la negociación] procedería denuncia a la Inspección de Trabajo.

2.ª Determinar la composición de la comisión de igualdad

Recomendaciones:

- **Por parte de la empresa:** compuesta por personas que ocupen puestos de alta responsabilidad en diversos departamentos y con capacidad de decisión.

- **Por parte de los trabajadores:** personas comprometidas con la igualdad de oportunidades.

- **Igual número de hombres que de mujeres.**

Arts. 4 y 5 del Real Decreto 901/2020, de 13 de octubre

Por parte de las personas trabajadoras, el ***comité de empresa, las delegadas y los delegados de personal, en su caso, o las secciones sindicales*** *si las hubiere que, en su conjunto, sumen la mayoría de los miembros del comité.*

La intervención en la negociación corresponderá a las ***secciones sindicales*** *cuando estas así lo acuerden, siempre que sumen la mayoría de los miembros del comité de empresa o entre las delegadas y delegados de personal. La composición de la parte social en la comisión negociadora será proporcional a su* ***representatividad****.*

En las empresas con ***varios centros*** *de trabajo negociará el comité intercentros si existe y tiene establecidas competencias para la negociación.*

En las empresas ***donde no existan las representaciones legales*** *una comisión negociadora*

3.º Asignar funciones y competencias a la comisión de igualdad

Será necesario realizar un reglamento que regule el funcionamiento de la comisión de igualdad junto con sus competencias correspondiendo, como mínimo, las competencias fijadas en el art. 6 RD 901/2020.

En el acta de constitución de la misma se intentará marcar los plazos para las reuniones, y aquellos aspectos a tener en cuenta en realización con la negociación del plan dentro del citado reglamento.

3.3. Diagnóstico previo al plan de igualdad de empresa

En esta fase se hará un análisis detallado de la situación de igualdad de la empresa, en cuanto a oportunidades y trato entre hombres y mujeres, para lo que será necesario realizar actividades de recogida de información, de análisis, de debate interno, y finalmente, de formulación de propuestas que pueden integrarse en un plan de igualdad.

Las conclusiones y propuestas de mejora extraídas de los cuestionarios respondidos por Dirección, representantes legales de los trabajadores y la propia plantilla mediante los que obtendremos la información necesaria sobre los ejes de actuación del futuro plan de igualdad deberán plasmarse en un informe.

El diagnóstico puede ser realizado de modo interno —o por quien delegue la comisión de igualdad—, o por una consultora o entidad externa a la empresa. Pero siempre ha de ser facilitado a la comisión de igualdad, quien deberá dar su aprobación.

La falta de acuerdo entre las partes negociadoras con respecto al resultado del diagnóstico no invalida la obligación de negociar un plan de igualdad.

3.3.1. Especificaciones generales para la correcta negociación del diagnóstico de un plan de igualdad

Partiendo de los arts. 45 y 46 de la LOI, donde se define el concepto y contenido de los planes de igualdad de las empresas **podemos definir el diagnóstico como un estudio detallado sobre la situación de mujeres y hombres en la empresa u organización basado en la recogida de información cuantitativa y cualitativa que permita detectar desigualdades existentes y formular propuestas correctoras**.

Para este análisis detallado de la situación de igualdad de la empresa resulta imprescindible **recopilar información** de manera selectiva en relación no sólo en relación con el **ámbito interno de la empresa**, sino también en relación a determinados aspectos básicos como la actividad, dimensión, o estructura organizativa de la corporación y **externos** como su actividad económica y social, proveedores, clientes, o usuarios.

El resultado del proceso de toma y recogida de datos en que el diagnóstico consiste, como primera fase de elaboración del plan de igualdad, va dirigido a identificar y a estimar la magnitud, a través de indicadores cuantitativos y cualitativos, de las desigualdades, diferencias, desventajas, dificultades y obstáculos, existentes o que puedan existir en la empresa para conseguir la igualdad efectiva entre mujeres y hombres. Este diagnóstico permitirá obtener la información precisa para diseñar y establecer las medidas evaluables que deben adoptarse, la prioridad en su aplicación y los criterios necesarios para evaluar su cumplimiento.

Un resumen de este análisis y de sus principales conclusiones y propuestas deberá incluirse en un informe que formará parte del plan de igualdad.

El diagnóstico deberá extenderse a **todos los puestos y centros de trabajo de la empresa**, identificando en qué medida la igualdad de trato y oportunidades entre mujeres y hombres está integrada en su sistema general de gestión, y analizando los efectos que para mujeres y hombres tienen el conjunto de las actividades de los procesos técnicos y productivos, la organización del trabajo y las condiciones en que este se presta, incluida la prestación del trabajo habitual, a distancia o no, en centros de trabajo ajenos o mediante la utilización de personas trabajadoras cedidas a través de contratos de puesta a disposición, y las condiciones, profesionales y de prevención de riesgos laborales, en que este se preste.

El análisis deberá extenderse también a **todos los niveles jerárquicos de la empresa y a su sistema de clasificación profesional**, incluyendo datos desagregados por sexo de los diferentes grupos, categorías, niveles y puestos, su valoración, su retribución, así como a los distintos procesos de selección, contratación, promoción y ascensos.

En este punto encontramos algunas de las **obligaciones introducidas** por el Real Decreto-ley 6/2019, de 1 de marzo, como por el reiterado RD 901/2020 [arts. 6 a), 7.1 y 8 c)]:

- La comisión negociadora tendrá competencias en la elaboración del informe de los resultados del diagnóstico.

- Entre las obligaciones relacionadas con el diagnóstico de situación, se fija aportar un resumen de este análisis y de sus principales conclusiones y propuestas mediante un informe que formará parte del plan de igualdad.
- Las empresas que componen un **grupo de empresas** podrán elaborar un **plan único** para todas o parte de las empresas del grupo, teniendo en cuenta la actividad de cada una de las empresas que lo componen y los convenios colectivos que les resultan de aplicación. No obstante, dentro del contenido mínimo de los planes de igualdad en los grupos de empresas ha de constar un informe del diagnóstico de situación de cada una de las empresas del grupo.
- Criterios para la elaboración del diagnóstico en diversas materias.

3.3.2. Criterios específicos señalados en el anexo del Real Decreto 901/2020, de 13 de octubre

Como **condiciones generales** hemos de tener siempre presente:

- Todos los datos e **indicadores** relativos a cada una de las materias que formen parte del diagnóstico estarán desagregados por sexo.
- El diagnóstico contendrá **información básica**, interna y externa, de las características, estructura organizativa y situación de cada empresa individualmente considerada, atendiendo, en su caso, a las peculiaridades de cada centro de trabajo y de la actividad desarrollada.
  - » Información relativa, al menos, al **sector de actividad, dimensión de la empresa, historia, estructura organizativa y dispersión geográfica de la misma**, en su caso.
  - » **Información interna con datos desagregados por sexo** en relación, entre otras, a las siguientes cuestiones:
    - » Distribución de la plantilla por edad, vinculación, tipo de relación laboral, tipo de contratación y jornada, antigüedad, departamento, nivel jerárquico, grupos profesionales, puestos de trabajo y nivel de responsabilidad, nivel de formación, así como su evolución en la promoción en los últimos años.
    - » Distribución por sexo de la representación de las trabajadoras y trabajadores con relación a la plantilla.
  - » **Información interna y externa sobre la publicidad**, imagen, comunicación corporativa y uso del lenguaje no sexista, información dirigida a la clientela, compromiso con la igualdad de empresas proveedoras, suministradoras, o clientes, etc.
- El diagnóstico incluirá una **referencia al proceso y la metodología utilizada para llevarlo a cabo**, los datos analizados, la fecha de recogida de información y de realización del diagnóstico, así como una referencia a las personas físicas o jurídicas que han intervenido en su elaboración.

- En la elaboración del diagnóstico podrán participar, con el objeto de asesorar, a las **personas legitimadas para negociar**, personas con formación o experiencia específica en igualdad de trato y oportunidades entre mujeres y hombres en el ámbito del empleo y las condiciones de trabajo.
- El diagnóstico debe reflejar fielmente en qué medida la igualdad entre mujeres y hombres está integrada en la gestión y estructura de la empresa, así como los **ámbitos prioritarios de actuación**.
- La información contenida en este apartado deberá estar desagregada por sexo, conforme a lo establecido en el apartado 1 Anexo Real Decreto 901/2020, de 13 de octubre.

3.3.3. El diagnóstico: por quién, cómo y cuándo debe realizarse

El art. 46 de la LOI, como se ha señalado anteriormente, indica que para poder adoptar las medidas que sean necesarias para corregir posibles situaciones de discriminación y/o desigualdad es preciso, «realizar un informe de situación» previo, es decir, un diagnóstico negociado de la plantilla que servirá para detectar y valorar en qué aspectos se observan carencias en la empresa en relación con la igualdad con perspectiva de género.

Sin perjuicio de las mejoras que puedan establecer los convenios colectivos, las empresas deberán iniciar el procedimiento de negociación de sus planes de igualdad y de los diagnósticos previos mediante la constitución de la comisión negociadora, dentro del plazo máximo de los tres meses siguientes al momento en que hubiesen alcanzado las personas de plantilla que lo hacen obligatorio.

El diagnóstico puede ser realizado de modo interno —por quien delegue la comisión negociadora del plan de igualdad—, o por una consultora o entidad externa a la empresa. Pero siempre ha de ser facilitado a la comisión de igualdad, quien deberá dar su aprobación.

Lo más importante de esta fase es, como ya hemos tenido oportunidad de recalcar, que la comisión que valore y apruebe los análisis y conclusiones incluidos en el diagnóstico previo, y que posteriormente —no lo olvidemos— configurará en un gran porcentaje el plan de igualdad, sea multidisciplinar y diverso, y esté integrado por representación sindical, personas trabajadoras con distintos cargos y actividades dentro de la organización y órganos de dirección, con las especificaciones analizadas.

No existe ningún plazo establecido normativamente para realizar el diagnóstico de la situación de la empresa por lo que es recomendable:

- Establecer un plazo máximo en las negociaciones.
- Establecer un plazo máximo en las negociaciones tras la aprobación del convenio colectivo para negociar el PI.
- Fijar un calendario de reuniones.

En la elaboración del diagnóstico podrán participar, con el objeto de asesorar, a las personas legitimadas para negociar, personas con formación o experiencia específica en igualdad de trato y oportunidades entre mujeres y hombres en el ámbito del empleo y las condiciones de trabajo.

RESOLUCIÓN RELEVANTE

SAN n.° 134/2019, de 12 de noviembre, ECLI:ES:AN:2019:4380

En base al principio de irretroactividad de las normas, no procede la impugnación de un PI por el simple hecho de que el diagnóstico previo que sirvió de base para la negociación fuese elaborado con anterioridad a la entrada en vigor del Real Decreto-ley 6/2019, de 1 de marzo, que modifica el contenido del art. 46.2 de la LOI. La reforma del art. 46.2 de la LOI no invalida por sí misma —pues nada se dice al respecto— los diagnósticos de situación elaborados conforme a la legislación y normativa convencional vigente en el momento de su elaboración.

3.3.4. Con respecto a la información analizada, ¿qué hemos de indicar?

Junto a los aspectos concretos de cada materia de obligado diagnóstico, el punto 1 del anexo del RD 901/2020 recoge dentro de las condiciones generales para la elaboración del diagnóstico, la obligación de que todos los datos e indicadores relativos a cada una de las materias que formen parte del diagnóstico estarán desagregadas por sexo. Del mismo modo, deberá incluirse una referencia al proceso y metodología utilizada para su realización, con mención expresa de:

- Los datos analizados.
- La fecha de inicio y fin de recogida de información.
- La fecha de inicio y fin de la realización del diagnóstico.
- Las personas físicas o jurídicas que han intervenido en su elaboración.

3.3.5. ¿Es obligatorio llegar a un acuerdo final sobre el diagnóstico?

Atendiendo al art. 8.17 de la LISOS donde se tipifica como infracción muy grave «(...) no elaborar o no aplicar el plan de igualdad, o hacerlo incumpliendo manifiestamente los términos previstos, cuando la obligación de realizar dicho plan responda a lo establecido en el apartado 2 del artículo 46 bis de esta Ley», tratándose de una obligación para la empresa, la adopción de un acuerdo final parece obligada, por lo que de no producirse, la comisión negociadora podrá acudir a los procedimientos y órganos de solución autónoma de conflictos, si así se acuerda, previa intervención de la comisión paritaria del convenio correspondiente, si así se ha previsto en el mismo para estos casos.

3.3.6. Concreción de los objetivos a alcanzar y materias de obligada negociación en el diagnóstico

El diagnóstico puede estructurarse en base a las **distintas áreas temáticas analizadas individualmente como contenido de los planes de igualdad**, y que nos ayuden a ordenar la información y concretar el análisis sobre la situación de la empresa en relación a los principios de igualdad de oportunidades, concretándose reglamentariamente que el diagnóstico se referirá al menos por una serie de materias.

A TENER EN CUENTA. Si el resultado del diagnóstico pusiera de manifiesto la infrarrepresentación de personas de un sexo determinado en determinados puestos o niveles jerárquicos, los planes de igualdad deberán incluir medidas para corregirla, pudiendo establecer medidas de acción positiva con el fin de eliminar la segregación ocupacional de las mujeres tanto horizontal como vertical, cumpliendo así el objetivo de igualdad de la Ley Orgánica 3/2007, de 22 de marzo, de conformidad con lo previsto en su art. 11 y en el art. 17.4 del Estatuto de los Trabajadores (art. 4.7 del Real Decreto 901/2020, de 13 de octubre).

Partiendo del listado mínimo de materias a tratar dentro del diagnóstico previo a un PI (arts. 46.2 de la LOI y 7 y anexo del RD 901/2020, de 13 de octubre), y de la obligación empresarial de facilitar a la Comisión Negociadora «(...) todos los datos e información necesaria para elaborar el mismo en relación con las materias citadas, así como los datos del Registro regulados en el artículo 28, apartado 2 del Estatuto de los Trabajadores», sobre cada área de acción debemos tener una información que nos permita no sólo conocer la situación actual, sino también la evolución de los datos con perspectiva de género para un posterior análisis. **El nuevo desarrollo reglamentario aporta una seria de aspectos cuya diagnosis desagregada por sexo será obligatoria**:

Proceso de selección, contratación, formación y promoción profesional

El diagnóstico contendrá:

- Los ingresos y ceses producidos en el último año con indicación de la causa, especificando la edad, vinculación, tipo de relación laboral, tipo de contratación y jornada nivel jerárquico, grupos profesionales o puestos de trabajo y circunstancias personales y familiares conforme a lo dispuesto en el art. 88 del RIPF.
- Criterios y canales de información y/o comunicación utilizados en los procesos de selección, contratación, formación y promoción profesional.
- Criterios, métodos y/o procesos utilizados para la descripción de perfiles profesionales y puestos de trabajo, así como para la selección de personal, promoción profesional, gestión y retención del talento.

- Lenguaje y contenido de las ofertas de empleo y de los formularios de solicitud para participar en procesos de selección, formación y promoción.
- Perfil de las personas que intervienen en los procesos de selección, gestión y retención del talento y, en su caso, sobre su formación en materia de igualdad y sesgos inconscientes de género.
- Datos desagregados relativos al número de personas que han recibido formación por áreas y/ o departamentos en los últimos años, diferenciando también en función del tipo de contenido de las acciones formativas, horario de impartición, permisos otorgados para la concurrencia exámenes y medidas adoptadas para la adaptación de la jornada ordinaria de trabajo para la asistencia a cursos de formación profesional. Asimismo, se informará sobre la formación necesaria, que habrá de ser proporcionada por la empresa, para la adaptación de la persona trabajadora a las modificaciones operadas en el puesto de trabajo.
- Datos desagregados relativos a las promociones de los últimos años, especificando nivel jerárquico, grupo profesional, puestos de trabajo, responsabilidades familiares y nivel de formación de origen y de los puestos a los que se promocionado, las características de los puestos de trabajo objeto de promoción, indicando si las mismas están vinculadas a movilidad geográfica, dedicación exclusiva, disponibilidad para viajar u otros, e información sobre su difusión y publicidad.

En el diagnóstico se analizará la incidencia en la promoción de la formación, los méritos que se valoran, así como el peso otorgado a la antigüedad de la persona trabajadora, y la adecuación de las capacidades al perfil del puesto de trabajo a cubrir, de conformidad con lo dispuesto en el art. 24 del ET.

Clasificación profesional, retribuciones y auditorías retributivas

El diagnóstico deberá realizar una descripción de los sistemas y criterios de valoración de puestos de trabajo, tareas, funciones, y de los sistemas y/o criterios de clasificación profesional utilizados por grupos profesionales, y/o categorías, analizando la posible existencia de sesgos de género y de discriminación directa e indirecta entre mujeres y hombres, conforme a lo dispuesto en el art. 22 del Estatuto de los Trabajadores. Asimismo, el diagnóstico analizará la distribución de la plantilla conforme al sistema o criterio utilizado para clasificación profesional utilizado en la empresa.

Para realizar el diagnóstico en materia salarial la empresa facilitará todos los datos desagregados por sexo coincidentes con la realidad, relativos tanto al salario base, como complementos, así como a todos y cada uno de los restantes conceptos salariales y extrasalariales, diferenciando las percepciones salariales de las extrasalariales, así como su naturaleza y origen, cruzados a su vez por grupos, categorías profesionales, puesto, tipo de jornada, tipo de contrato y duración, así como cualquier otro indicador que se considere oportuno para el análisis retributivo. El diagnóstico contendrá tanto los datos a los que se refiere el apartado anterior, como su análisis, con el fin de valorar la existencia de desigualdades retributivas y de qué tipo, indicando su posible origen.

Además, deberán ser analizados y recogidos en el diagnóstico los criterios en base a los cuales se establecen los diferentes conceptos salariales.

Los conceptos salariales a los que se refiere el presente apartado incluyen todas y cada una de las percepciones retributivas, sin exclusión alguna, incluidas las retribuciones en especie y cualquiera que sea su naturaleza y origen.

También formarán parte de este diagnóstico el registro y la auditoría retributivos.

Condiciones de trabajo

El diagnóstico recopilará información necesaria para medir y evaluar, a través de indicadores, cuantitativos y cualitativos, las condiciones de trabajo de todo el personal, incluido los trabajadores y trabajadoras puestos a disposición en la empresa usuaria, teniendo en cuenta los aspectos generales que afecten al tiempo de trabajo, la movilidad funcional y geográfica, la estabilidad laboral de mujeres y hombres, y en concreto:

- Jornada de trabajo.
- Horario y distribución del tiempo de trabajo, incluidas las horas extraordinarias y complementarias.
- Régimen de trabajo a turnos.
- Sistema de remuneración y cuantía salarial, incluidos los sistemas de primas e incentivos.
- Sistema de trabajo y rendimiento, incluido, en su caso, el teletrabajo.
- Medidas de prevención de riesgos laborales con perspectiva de género.
- Intimidad en relación con el entorno digital y la desconexión.
- Sistema de clasificación profesional y promoción en el trabajo, detallando el puesto de origen y destino.
- Tipos de suspensiones y extinciones del contrato de trabajo.
- Permisos y excedencias del último año y motivos, por edad, tipo de vinculación con la empresa, antigüedad, departamento, nivel jerárquico, grupos profesionales, puestos de trabajo y nivel de formación.
- Implementación, aplicación y procedimientos resueltos en el marco del protocolo de lucha contra el acoso sexual y/o por razón de sexo implantado en la empresa.
- Ausencias no justificadas, especificando causas, por edad, vinculación con la empresa, tipo de relación laboral, tipo de contratación y

jornada, antigüedad, departamento, nivel jerárquico, grupos profesionales, puestos de trabajo y nivel de formación.

- Régimen de movilidad funcional y geográfica, según lo previsto en los arts. 39 y 40 del Estatuto de los Trabajadores.
- Las modificaciones sustanciales de las condiciones de trabajo, tal como vienen definidas en el art. 41 del Estatuto de los Trabajadores, que hayan podido producirse en los últimos tres años.
- Identificación del número y condiciones de trabajo de las personas trabajadoras cedidas por otra empresa.
- Las inaplicaciones de convenio realizadas conforme a lo previsto en el art. 82.3 del Estatuto de los Trabajadores.

También se tendrá en cuenta la implantación y revisión de sistemas de organización y control del trabajo, estudios de tiempos, y valoración de puestos de trabajo y su posible impacto con perspectiva de género.

Ejercicio corresponsable de los derechos de la vida personal, familiar y laboral

El diagnóstico contendrá:

- Medidas implantadas por la empresa para facilitar la conciliación personal, familiar y laboral y promover el ejercicio corresponsable de dichos derechos.
- Criterios y canales de información y comunicación utilizados para informar a trabajadores y trabajadoras sobre los derechos de conciliación de la vida personal, familiar y laboral.
- Permisos y excedencias del último año y motivos, desagregados por edad, sexo, tipo de vinculación con la empresa, antigüedad, departamento, nivel jerárquico, grupos profesionales, puestos de trabajo, responsabilidades familiares y nivel de formación.
- Análisis del modo en que las prerrogativas empresariales afectan particularmente a las personas con responsabilidades de cuidado (por ejemplo, cambios de funciones, distribución irregular de la jornada, cambios de centro sin cambio de residencia, modificaciones sustanciales de las condiciones de trabajo, traslados, desplazamientos, etc.).

Infrarrepresentación femenina

El diagnóstico deberá informar sobre la distribución de la plantilla en de los puestos de distinto nivel de responsabilidad en función del sexo para identificar la existencia, en su caso, de una infrarrepresentación de mujeres de en los puestos intermedios o superiores (segregación vertical). Para ello se analizará:

- La participación de mujeres y hombres en los distintos niveles jerárquicos, grupos y subgrupos profesionales y su evolución en los cuatro años anteriores a la elaboración del diagnóstico.

- La correspondencia entre los grupos y subgrupos profesionales y el nivel formativo y experiencia de las trabajadoras y trabajadores.
- En su caso, la presencia de mujeres y hombres en la representación legal de las trabajadoras y trabajadores y en el órgano de seguimiento de los planes de igualdad.

En este apartado se analizará también la distribución de la plantilla en la empresa, midiendo el grado de masculinización o feminización que caracteriza a cada departamento o área (segregación horizontal). A estos efectos, se recogerá en el diagnóstico el número total de hombres y mujeres en la empresa, así como en cada grupo profesional, categoría profesional y puestos, con el fin de conocer el grado de infrarrepresentación ocupacional femenina.

Para este análisis se tendrán en cuenta los datos obtenidos de los apdos. b), c), d) y e) del anexo.2 del Real Decreto 901/2020, de 13 de octubre.

Prevención del acoso sexual y por razón de sexo

En el diagnóstico se deberá realizar una descripción de los procedimientos y/o medidas de sensibilización, prevención, detección y actuación contra del acoso sexual y al acoso por razón de sexo, así como de la accesibilidad de estos.

El procedimiento de actuación frente al acoso sexual y al acoso por razón de sexo formará parte de la negociación del plan de igualdad conforme al art. 46.2 de la LOI.

Los procedimientos de actuación contemplarán en todo caso:

- Declaración de principios, definición de acoso sexual y por razón de sexo e identificación de conductas que pudieran ser constitutivas de acoso.
- Procedimiento de actuación frente al acoso para dar cauce a las quejas o denuncias que pudieran producirse, y medidas cautelares y/o correctivas aplicables.
- Identificación de las medidas reactivas frente al acoso y en su caso, el régimen disciplinario.

Además, los procedimientos de actuación responderán a los siguientes principios:

- Prevención y sensibilización del acoso sexual y por razón de sexo. Información y accesibilidad de los procedimientos y medidas.
- Confidencialidad y respeto a la intimidad y dignidad de las personas afectadas.
- Respeto al principio de presunción de inocencia de la supuesta persona acosadora.
- Prohibición de represalias de la supuesta víctima o personas que apoyen la denuncia o denuncien supuestos de acoso sexual y por razón de sexo.

- Diligencia y celeridad del procedimiento.
- Garantía de los derechos laborales y de protección social de las víctimas.

Asimismo, y conforme al art. 48 de la LOI, las medidas deberán negociarse con la representación de las personas trabajadoras, tales como la elaboración y difusión de códigos de buenas prácticas, la realización de campañas informativas o acciones de formación.

A efectos de la adopción, aplicación, seguimiento y evaluación de los procedimientos específicos para la prevención y protección del acoso sexual y acoso por razón de sexo, podrán tenerse en cuenta los manuales, guías o recomendaciones que elabore la Secretaría de Estado de Igualdad y contra la violencia de género.

Tal y como se recoge en el art. 8.2 del RD 901/2020, el plan de igualdad contendrá las medidas que resulten necesarias en virtud de los resultados del diagnóstico, pudiendo incorporar medidas relativas a materias no enumeradas en el art. 46.2 de la LOI, como violencia de género, lenguaje y comunicación no sexista u otras, identificando todos los objetivos y las medidas evaluables por cada objetivo fijado para eliminar posibles desigualdades y cualquier discriminación, directa o indirecta, por razón de sexo en el ámbito de la empresa.

3.4. Diseño, aprobación y registro del plan de igualdad de empresa

En esta fase se dará el contenido al plan de igualdad con el establecimiento objetivos, acciones y plazos concretos.

La elaboración de un plan de igualdad será válida si sus contenidos se basan en los resultados del diagnóstico de la empresa en materia de igualdad y si se legitima en un **proceso negociado entre la empresa y la representación legal de la plantilla**.

En esta fase coincide con la elaboración del plan de igualdad: el diagnóstico realizado nos ha proporcionado información de la situación de las mujeres y de los hombres en la empresa, de su participación en los distintos procesos y sus necesidades, se han identificado los posibles desequilibrios, desigualdades o discriminaciones por razón de género que necesitan corregirse mediante el Plan a corto, medio o largo plazo. De esta forma, los puntos de desigualdad existentes detectados durante la fase de diagnóstico se convertirán en los objetivos del plan, cuyo cumplimiento necesitará de la determinación de acciones o medidas.

Será necesario responder preguntas como:

- **¿Para qué?** Objetivos.
- **¿Cómo se ejecutará?** Acciones.

- **¿Para quién?** Personas Destinatarias.
- **¿Quién será el responsable?** Personas encargadas del desarrollo.
- **¿Con qué?** Recursos necesarios.
- **¿Cuándo se desarrollará?** Calendario.
- **¿Cómo y cuándo lo voy a evaluar?** Criterios de evaluación.

No debemos olvidar, que nuestro plan contendrá la descripción detallada de cada una de las medidas acordadas, reflejando: área de intervención, nombre de la medida, descripción de actividades, persona responsable, calendario de implantación e indicadores de seguimiento.

Las partes —respetando el contenido mínimo establecido por la norma— podrán determinar los ejes de actuación de la empresa en relación a la igualdad de género, así como las áreas fundamentales en las que éste desarrolle su actividad.

En esta fase han de especificarse:

- Objetivos del plan de igualdad: será necesario establecer unos objetivos a largo plazo que puedan servir como referencia durante todo el proceso. A la vez, hay que fijar unos objetivos concretos a corto plazo, progresivos y coherentes con los generales.
- Acciones y medidas del plan de igualdad: han de definirse las acciones concretas a ejecutar. Siendo necesario asegurar la coherencia entre objetivos y acciones y fija un calendario.
- Presupuesto para cada acción o medida planteada del plan de igualdad.
- Personas responsables del cumplimiento de las acciones y medidas del plan de igualdad.
- Redacción del plan de igualdad.
- Aprobación del plan de igualdad.
- El registro del plan de igualdad.

A pesar de que tanto el seguimiento, como la evaluación del PI se tratarán en las siguientes fases, en esta también ha de tenerse presente fijar aspectos de seguimiento continuo de las actividades que se lleven a cabo (antecedido de los indicadores cuantitativos y cualitativos que van a permitir visibilizar los resultados de las acciones y objetivos) y configurar el método de evaluación de los resultados obtenidos por el plan una vez finalizado.

3.4.1. Objetivos (generales y específicos) del plan de igualdad y su definición

Definidos los objetivos —siempre siguiendo los resultados del diagnóstico realizado, en relación con los desequilibrios y/o desigualdades a corregir y mejorar—, a la hora de confeccionar el PI hemos de diferenciar entre aquellos **objetivos generales** (que se cumplirán con el desarrollo del plan en general) de aquellos **objetivos específicos** (que se concretan para actuar sobre parámetros concretos detectados de desigualdad en la organización).

Siempre partiendo de que en el plan se deben fijar los objetivos, estrategias y sistemas de evaluación y seguimiento de este, recordar:

- La representación de la empresa y la representación legal de las personas trabajadoras han de constituir una Comisión de Igualdad, que será la encargada de realizar un diagnóstico, fijará unos objetivos del plan, llevará a cabo la implantación del mismo y su seguimiento.
- El art. 8.e) del Real Decreto 901/2020, de 13 de octubre, obliga dentro del contenido de los planes de igualdad a la definición de objetivos cualitativos y cuantitativos, así como a la identificación de los medios y recursos, tanto materiales como humanos, necesarios para la implantación, seguimiento y evaluación de cada una de las medidas y objetivos.
- Una vez realizado el diagnóstico de situación, se establecerán los objetivos a alcanzar, sobre la base de los datos obtenidos, que incluirán las estrategias y prácticas para su consecución.
- Si se detectara alguna circunstancia que impidiera la implantación del plan de igualdad, empresa y representantes de los trabajadores establecerán las medidas correctoras necesarias para la consecución de los objetivos fijados en el mismo.

Una vez realizado el diagnóstico de situación, se establecerán los objetivos a alcanzar, sobre la base de los datos obtenidos, que incluirán las estrategias y prácticas para su consecución.

Objetivos generales del plan de igualdad

Los objetivos generales se refieren a las líneas maestras del plan de igualdad y a aquellos temas genéricos, respecto de los que es necesario actuar, siendo únicos para cada empresa en función de los datos obtenidos en la fase de diagnóstico y sobre los que se establecerán las medidas a tomar (acciones), las persona y/o departamentos responsables, los recursos humanos y materiales necesarios para su consecución e indicadores de seguimiento para su posterior evaluación.

CUESTIÓN

¿Qué objetivos generales puede tener el plan de igualdad?

- Alcanzar la igualdad de sexo mediante la promoción, el fortalecimiento y el desarrollo de la plena igualdad de trato y oportunidades de mujeres y hombres en el ámbito de la empresa.
- Promover una cultura organizacional sensible al género que difunda los valores de igualdad que la entidad aplica en sus principios.
- Promover procesos de selección y promoción en igualdad que eviten la segregación vertical y horizontal y la utilización del lenguaje sexista.
- Revisar la incidencia de las formas de contratación atípicas en el colectivo de personas trabajadoras infrarrepresentadas y adoptar medidas correctoras en caso de mayor incidencia sobre estas de tales formas de contratación.

- Garantizar el acceso en igualdad de hombres y mujeres a la formación de empresa, tanto interna como externa.
- Información específica al género subrepresentado de los cursos de formación para puestos que tradicionalmente hayan estado ocupados por el otro género.
- Promover y difundir una imagen interna y externa de la entidad comprometida con la igualdad de oportunidades.
- Garantizar igualdad retributiva para trabajos de igual valor y la igualdad retributiva en áreas concretas donde se han detectado desigualdades por cuestiones de género.
- Establecer medidas para detectar y corregir posibles riesgos para la salud de las trabajadoras, en especial de las mujeres embarazadas.
- Facilitar la conciliación de la vida personal, familiar y laboral de las personas que integran la plantilla de la empresa desarrollando políticas de corresponsabilidad, etc.

Objetivos específicos del plan de igualdad

A partir de los objetivos generales se desarrollan unos objetivos específicos y el conjunto de medidas que los integran, incluyendo las referencias a las personas responsables, indicadoras y/o criterios de seguimiento y calendario para cada una de las áreas.

De manera específica, los objetivos asociados al contenido de un Plan de Igualdad podrán ser:

- **Cultura organizacional**: promover una cultura organizacional sensible al género que difunda los valores de igualdad que la entidad aplica en sus principios.
- **Selección y contratación**: garantizar la igualdad de oportunidades en los procesos de selección y contratación, detectando posibles causas de segregación horizontal y estableciendo medidas correctoras para acabar con la masculinización y feminización de determinadas categorías profesionales.
- **Clasificación profesional y promoción**: favorecer el acceso de las trabajadoras a los niveles de mayor responsabilidad de la entidad.
- **Formación**: formar en género a las personas que componen la empresa, con especial incidencia en sensibilizar a los/as profesionales de la entidad que desarrollan funciones de gestión de personal, Comisión de Igualdad y personal de mando.
- **Equilibrio de la vida profesional y personal**: ampliar y protocolizar medidas de compatibilización de la vida personal, familiar y laboral adaptadas a la realidad trabajadores y trabajadoras y de la entidad.
- **Prevención y atención del acoso por razón de sexo y sexual**: garantizar la prevención del acoso sexual o por razón de sexo en la entidad formulando y difundiendo los mecanismos de actuación adecuados.
- **Comunicación**: promover y difundir una imagen interna y externa de la entidad comprometida con la igualdad de oportunidades.

- **Seguimiento y evaluación de las medidas**: definir una serie de indicadores para realizar el seguimiento de la incorporación de la igualdad de oportunidades en la entidad, evaluar y medir el grado de eficacia de las medidas que conforman el plan de igualdad.

CUESTIÓN

¿Qué objetivos específicos puede tener el plan de igualdad?

- Favorecer el acceso e incorporación de mujeres a la empresa o a puestos de responsabilidad.
- Utilizar documentos y formas de comunicación internas y externas no sexistas.
- Garantizar la igualdad retributiva en áreas concretas donde se han detectado desigualdades por cuestiones de género.
- Promover la conciliación de la vida laboral y familiar desarrollando las políticas de corresponsabilidad en aquellas áreas donde el acceso a estas medidas es mayoritariamente femenino, etc.
- Promocionar la salud laboral de las empleadas públicas desde una perspectiva de género.
- Fomentar la evaluación periódica de la efectividad del principio de igualdad en sus respectivos ámbitos de actuación.

Objetivos cualitativos y cuantitativos en un plan de igualdad

El plan es un conjunto de medidas, ordenadas y orientadas a alcanzar los objetivos que se concretan en el mismo, entendiendo que unos objetivos podrán ser alcanzados antes que otros, que la entrada en vigor de las medidas concretas puede ser distinta y progresiva y, que el carácter especial de las acciones positivas hace que las mismas sólo sean de aplicación mientras subsistan las situaciones detectadas en el diagnóstico con necesidad de ser corregidos, dispondría inicialmente de un plazo determinado de vigencia dilatado dada la naturaleza de sus objetivos y de las acciones necesarias para alcanzarlos, entendiendo un periodo necesario de vigencia de cuatro años (art. 9.1 del Real Decreto 901/2020, de 13 de octubre). A su finalización, se realizará un informe de evaluación de la ejecución del plan de igualdad.

El art. 8.e) del Real Decreto 901/2020, de 13 de octubre, obliga dentro del contenido de los planes de igualdad a la definición de objetivos cualitativos y cuantitativos, así como a la identificación de los medios y recursos, tanto materiales como humanos, necesarios para la implantación, seguimiento y evaluación de cada una de las medidas y objetivos. Es fundamental, por tanto, definir los indicadores cuantitativos y cualitativos que van a permitir visibilizar los resultados de las acciones y objetivos, tanto las planteadas a corto, como a largo plazo.

En la práctica, para definir los objetivos de nuestro PI, sobre las materias indicadas en la LOI, y en base a lo detectado en el diagnóstico, estableceremos un objetivo general, una medida o medidas a aplicar, una serie de acciones, un plan de actuación, su temporización, los medios materiales y humanos necesarios, y los indicadores que nos permitan comprobar los resultados obtenidos.

3.4.2. Redacción y aprobación del plan de igualdad de empresa

La comisión negociadora, una vez concluidas las negociaciones al efecto, procederá a la aprobación de las medidas propuestas y a la firma del plan de igualdad. Una vez redactado y aprobado, se dará traslado del acuerdo y texto final, a la autoridad laboral competente a efectos de su registro, depósito y publicidad.

Redacción del plan de igualdad de empresa

El contenido mínimo de los planes de igualdad, desarrollado en el art. 8 del RD 901/2020, coincidirá —en mayor o menor medida— con la estructura final que debemos seguir para la redacción del PI, teniendo presente su posterior registro.

A modo de ejemplo, proponemos la siguiente estructura:

1. INTRODUCCIÓN

Donde se realizará una **breve presentación** con los datos de la empresa y referencia a las distintas normas aplicables.

2. PRINCIPIOS GENERALES DEL PLAN

Se consignarán las características que rigen todo plan de igualdad:

- Transversalidad: integra el principio de igualdad en la empresa de forma transversal.
- Activo y preventivo: se dirige tanto a alcanzar la igualdad de oportunidades entre mujeres y hombres como a mantenerla.
- Colectivo: dirigido al conjunto de la plantilla, mujeres y hombres, no sólo a las primeras.
- Negociado: considera como uno de sus principios básicos la participación a través del diálogo y cooperación de las partes: Dirección de la empresa y conjunto de la plantilla.
- Dinámico: es progresivo y está sometido a cambios constantes.
- Sistemático: el objetivo final (la igualdad real) se consigue por el cumplimiento de objetivos sistemáticos.
- Flexibilidad: se confecciona a medida, en función de las necesidades y posibilidades.
- Temporalidad: termina cuando se ha conseguido la igualdad real entre mujeres y hombres.

3. CONCEPTOS BÁSICOS

Existen una serie de conceptos básicos que es necesario conocer para facilitar la comprensión de las actuaciones propuestas y de lo que significa la igualdad de oportunidades en sí. En este apartado se realizarán las definiciones necesarias.

4. INFORMACIÓN SOBRE LA ORGANIZACIÓN

a) **Datos generales**:
- » Denominación social.
- » Denominación comercial.
- » Forma jurídica.
- » CIF.
- » Representante legal.
- » Dirección.
- » Centros de trabajo.
- » Teléfono.
- » E-mail.
- » Página web.
- » Sector de actividad.
- » Actividad.
- » CNAE.
- » Convenio laboral de aplicación.

b) **Descripción de la actividad y las instalaciones en las que se realiza.**

c) **Organigrama.**

5. AGENTES IMPLICADOS

Determinación de las **partes que lo conciertan**. Se indicarán las partes legitimadas que suscriben el plan de igualdad, en su caso.

- Dirección.
- Comisión Negociadora del plan de igualdad.
- Personas trabajadoras.
- Grupos de interés.
- Organismos Públicos.
- Gestión de RR. HH.

Como Anexo a este apartado podrán consignarse:

- Compromiso de la dirección en materia de igualdad de trato y oportunidades entre mujeres y hombres.
- Acta de constitución y reglamento de la comisión negociadora del plan de igualdad.

6. ÁMBITO DE APLICACIÓN

Ámbito **personal, territorial y temporal**. Se especifica que el plan de igualdad incluye a la totalidad de las personas trabajadoras y, en su caso, a las personas cedidas por empresas de trabajo temporal durante los periodos de prestación de servicios. Se indicará, asimismo, la ubicación de cada uno de los centros de trabajo y el periodo de vigencia del plan.

Se considera necesario plantear una temporalidad del plan de igualdad para cuatro años, a partir del día siguiente a su firma. En relación con el ámbito temporal, dado que se pretende ejecutar una serie de actuaciones que en él se contemplan, es recomendable mostrar la cronología que orientará su desarrollo. A modo de **ejemplo**:

1	Compromiso de la dirección	Septiembre de 2024
2	Constitución comité de igualdad	Noviembre de 2024
3	Diagnóstico de situación	Noviembre - diciembre de 2024
4	Elaboración plan de igualdad	Noviembre - diciembre de 2024
5	Aprobación del plan de igualdad	Diciembre de 2024
6	Registro plan de igualdad	Diciembre de 2024 - enero 2025
7	Comunicación de aprobación del plan de Igualdad a todas las partes interesadas	Enero 2024 - febrero 2025
8	Desarrollo y ejecución	Enero 2024 - diciembre 2025
9	Evaluación final	Diciembre 2024 - enero 2025

7. DIAGNÓSTICO DE SITUACIÓN

Partiendo del informe del diagnóstico, se consignará un resumen que refleje los principales resultados del diagnóstico de la empresa. Como norma general se opta por dividir este apartado en:

a) **Indicar el objetivo del diagnóstico**: el objetivo del diagnóstico es obtener información suficiente y pertinente sobre la organización para detectar las principales deficiencias respecto a la igualdad de oportunidades, con el fin de definir los objetivos generales y metas del plan de igualdad.

b) **Metodología utilizada**: haciendo referencia a la combinación de los distintos tipos de fuentes sobre los que se han recopilado datos desagregados por sexo (documentos cuyas conclusiones pueden adjuntarse como anexo al PI):

- » Documentación previa aportada por la empresa. Se relaciona en los anexos a este plan.
- » Información recopilada y facilitada por la empresa.
- » Encuestas a dirección, representación legal de las personas trabajadoras y plantilla.

c) **Resultado**: por cada área de tratamiento obligatorio se muestran los distintos resultados del diagnóstico junto con las valoraciones realizadas sobre la situación. Hay que destacar, dentro del apartado de retribuciones, la necesidad de indicar los resultados de la **auditoría retributiva**, así como su vigencia y periodicidad de acuerdo con el Real Decreto 902/2020, de 13 de octubre, de igualdad retributiva entre mujeres y hombres.

d) **Gráficos de diagnóstico**. Bien en este punto, bien como anexo al plan es recomendable añadir gráficos explicativos de las distintas situaciones diagnosticadas.

En caso de que se trate de un **grupo de empresas**, resumen del informe diagnóstico de cada una de las empresas del grupo cumpliendo con la normativa.

8. OBJETIVOS Y ÁREAS DE TRABAJO

Objetivos del plan de igualdad. Definición de los objetivos generales y específicos que persigue, tanto si son cuantitativos como cualitativos.

Se consignarán una serie de **objetivos generales** que, a pesar de provenir del diagnóstico previo, podrían estandarizarse a **modo de ejemplo**:

- Elaborar un plan de empresa para la Igualdad, donde se establezca la estrategia que debe orientar la actuación de la empresa. Integrar la perspectiva de género transversalmente en la cultura de la empresa.
- Eliminar cualquier barrera de acceso por razón de sexo a puestos laborales en los que las mujeres estén infrarrepresentadas.
- Promover la igualdad en todas las áreas de la entidad, así como en lo concerniente a retribuciones, condiciones de trabajo, incluida la auditoría salarial entre mujeres y hombres, formación, clasificación profesional y promociones de todas las personas trabajadoras.
- Eliminar cualquier tipo de discriminación, directa o indirecta en el acceso al empleo, la contratación, la formación, la promoción profesional o las retribuciones por razones de sexo.
- Prevenir y actuar con eficiencia en los casos de acoso sexual y acoso por razón de sexo. Velar por un uso inclusivo del lenguaje verbal y visual en pro de ambos sexos, así como la utilización de un lenguaje no sexista.
- Eliminar cualquier barrera de acceso por razón de sexo a puestos laborales en los que las mujeres estén infrarrepresentadas.

Para cada área de trabajo, además del análisis realizado se listarán los **objetivos específicos** que se consideren. Así mismo, se indicará:

- La referencia de las actuaciones que permitirán la consecución de dichos objetivos.
- Descripción de las medidas evaluables para cada área de actuación, identificando para cada una de dichas medidas los objetivos que se pretenden alcanzar, los medios y recursos, tanto materiales como humanos, necesarios para la implantación, los indicadores de seguimiento y el plazo de ejecución, estableciendo de esta forma la prioridad de las actuaciones.

9. SEGUIMIENTO Y REVISIÓN DEL PLAN DE IGUALDAD

Definición del sistema de seguimiento y plazos de revisión periódicos del plan de igualdad.

El plan incluirá el órgano concreto de vigilancia y seguimiento de este, con la composición, funcionamiento y atribuciones que se acuerden por la comisión negociadora.

En este punto también sería lógico consignar todos los indicadores utilizados para el seguimiento del plan.

10. EVALUACIÓN DEL PLAN DE IGUALDAD

Como desarrollaremos, durante el periodo de vigencia del presente plan de igualdad se realizarán dos tipos de evaluación, para cada una de las acciones llevadas a cabo dentro del mismo:

- Intermedia: será realizada durante el desarrollo del plan, con periodicidad anual desde el momento de la implantación. Medirá la eficacia, pertinencia y el impacto real de las actuaciones y contribuirá a aportar mejoras y cambios a los futuros planes y estrategias.
- Final: será realizada una sola vez, al finalizar la vigencia del plan. Medirá el impacto a largo plazo y la durabilidad y contribuirá a tener ejes estratégicos para el próximo plan, objetivos, etc.

Se especificará cómo y cuándo se llevarán a cabo las tareas de evaluación del plan.

11. PROCEDIMIENTO DE MODIFICACIÓN

Se indicará el procedimiento de modificación, incluido el procedimiento para solventar las posibles discrepancias que pudieran surgir en la aplicación, seguimiento, evaluación o revisión, en tanto que la normativa legal o convencional no obligue a su adecuación.

12. CRONOGRAMA O CALENDARIO DE ACTUACIONES

Se concretará el calendario de actuaciones para la implantación, seguimiento, revisión y evaluación del plan de igualdad

13. ANEXOS

Como anexo al plan sería posible añadir cualquier documentación que se considere necesaria. A modo de **ejemplo**:

- Compromiso de la dirección en materia de igualdad de trato y oportunidades entre mujeres y hombres.
- Acta de nombramiento de representantes de trabajadores en la comisión negociadora del plan de igualdad.
- Acta de constitución y reglamento de la comisión negociadora del plan de igualdad.
- Acta de aprobación del plan de igualdad.
- Nombramiento para el registro del plan de igualdad.
- Cualquier documento relacionado con el registro o auditoría retributiva.
- Etc.

Aprobación del plan de igualdad de empresa

La adopción de acuerdos por la comisión negociadora tiene lugar por mayoría de ambas representaciones como hemos analizado, siempre respetando el deber de buena fe negocial.

En caso de desacuerdo, la norma remite a los procedimientos y órganos de solución autónoma de conflictos.

El resultado de las negociaciones deberá:

- Plasmarse por escrito y en un acta.
- Ser firmado por las partes negociadoras.

Una vez redactado y aprobado, se dará traslado del acuerdo y texto final, a la autoridad laboral competente a efectos de su registro, depósito y publicidad.

3.4.3. Acciones y medidas de actuación desarrolladas en el plan de igualdad de empresa

El artículo lo 45.1 de la LOI obliga a las empresas a respetar la igualdad de trato y oportunidades en el ámbito laboral y para ello deberán adoptar medidas dirigidas a evitar cualquier tipo de discriminación laboral entre mujeres y hombres, medidas que deberán negociar, y en su caso, acordar con la representación legal de los trabajadores y trabajadoras (RLT).

Las medidas de actuación se componen de los objetivos generales, los objetivos específicos de cada ámbito y a su vez, las medidas de desarrollo de los objetivos, para lo que será necesario:

- Definir las medidas correctoras contra las desigualdades existentes.
- Aplicar medidas sobre el principio de igualdad entre los sexos.

Las acciones y medidas tomadas por consenso entre las partes negociadoras deberán tener como objetivos prioritarios, como es obvio, mejorar la situación de partida, para lo que deberán ser reales, concretas y medibles, y tendentes a alcanzar en la empresa la igualdad de trato y oportunidades entre mujeres y hombres y a eliminar la discriminación por razón de sexo.

Una vez superada la fase de iniciativa y diagnóstico cada organización debe diseñar e implementar las medidas que considere adecuadas para conseguir los objetivos planificados.

En el plan de igualdad ha de mostrarse un ámbito de actuación, las medidas concretas a desarrollar, un calendario para su aplicación y aquellos indicadores que se han analizado para hacer efectiva la medida desarrollada (diagnóstico).

¿Qué se especifica en una acción o medida de un plan de igualdad?

Las acciones o medidas que se incorporen el plan de igualdad deben especificar *(Monográfico 4. El plan de igualdad: Elaboración, Implantación y Medidas. Instituto Andaluz de la Mujer. Año 2009)*:

1. Nombre de la acción/ medida. Definición de criterios objetivos que faciliten la promoción de mujeres en las categorías profesionales donde tienen escasa representación.
2. Objetivos Generales y específicos de la medida.
3. Descripción y procedimiento de desarrollo: qué actividad o secuencia de actividades se van a realizar para conseguir el objetivo propuesto.
4. Personas, departamento, o área de la empresa a la que se dirige la medida.
5. Persona y/o departamento responsable de su ejecución, determinando el compromiso que se requiere.
6. Calendario. Fecha de inicio y fecha de finalización.
7. Presupuesto necesario para su implementación (de ser necesario).
8. Indicadores de seguimiento y evaluación para medir el cumplimento de la acción/medida y el impacto en relación a los objetivos de igualdad.

A modo de **ejemplo**:

Ámbito de actuación núm. [NÚMERO]. Formación.		
Calendario	**Medidas**	**Indicadores de seguimiento y evaluación**
Año [ESPECIFICAR]	Desarrollar políticas que permitan potenciar aquellas competencias transversales que permita acceder a cualquier puesto de trabajo.	Análisis de datos – Se han organizado acciones formativas en esta línea. – [INDICAR OBSERVACIONES REALIZADAS. A modo de ejemplo: «En el diagnóstico se concluye que se debe incentivar la formación relacionada con aspectos de género»].
Año [ESPECIFICAR]	Elaborar programas de formación que tengan en cuenta las necesidades de las mujeres que trabajan. Temas psicosociales, tratamiento del estrés, autoestima, y desarrollo de las competencias transversales.	Análisis de los programas de formación que se lleven a cabo.
Responsable	Presupuesto	Destinatario
[ESPECIFICAR]	[ESPECIFICAR]	[ESPECIFICAR]

Ámbito de actuación núm. [NÚMERO]. Conciliación.		
Calendario	Medidas	Indicadores
Año [ESPECIFICAR]	Continuar con el desarrollo de las políticas de mejora efectiva de la normativa en términos de conciliación.	Descripción de las medidas. [INDICAR OBSERVACIONES REALIZADAS. A modo de ejemplo: «En el análisis realizado se ha considerado que existen acciones de conciliación y que la cultura de la empresa admite las acciones conciliadoras sin mayores obstáculos. Se prevén acciones de conciliación para casos específicos de la plantilla»].
Año [ESPECIFICAR]	Facilitar información sobre los derechos a la conciliación de la vida laboral, familiar y personal.	Descripción y análisis de las acciones llevadas a cabo.
Año [ESPECIFICAR]	Establecer horarios laborales flexibles y adaptados a las necesidades personales.	Descripción de las medidas adoptas. [INDICAR OBSERVACIONES REALIZADAS. A modo de ejemplo: «En el diagnóstico llevado a cabo se observa que la cultura de la Fundación es respetuosa con los horarios y las necesidades de conciliación de las personas de la plantilla»].
Responsable	Presupuesto	Destinatario
[ESPECIFICAR]	[ESPECIFICAR]	[ESPECIFICAR]

Ámbito de actuación núm. [NÚMERO] Igualdad en el acceso y selección de los puestos de trabajo.		
Calendario	Medidas	Indicadores
Año [ESPECIFICAR]	Continuidad en los procesos de selección para garantizar que no hay discriminación por razón de sexo.	Revisión de cada una de las categorías. [INDICAR OBSERVACIONES REALIZADAS. A modo de ejemplo: «En el diagnóstico se concluye que no existe discriminación en los procesos de selección»].
Responsable	Presupuesto	Destinatario
[ESPECIFICAR]	[ESPECIFICAR]	[ESPECIFICAR]

Ámbito de actuación núm. [NÚMERO] Prevención del acoso sexual.		
Calendario	Medidas	Indicadores
Año [ESPECIFICAR]	Revisión del protocolo de prevención del acoso sexual o por razón de sexo.	Análisis del protocolo de acoso sexual. [INDICAR OBSERVACIONES REALIZADAS. A modo de ejemplo.: «Se ha revisado y elaborado el protocolo para la detección, prevención y penalización del acoso sexual y/o por razón de sexo»].
Responsable	Presupuesto	Destinatario
[ESPECIFICAR]	[ESPECIFICAR]	[ESPECIFICAR]

3.4.4. Cronograma y presupuesto del plan de igualdad de empresa

Resulta recomendable el desarrollo de cronograma de trabajo lo más realista posible en función de la actividad del área o departamento de trabajo al que se pretenda aplicar cada medida. La comisión negociadora tendrá competencias para fijar un cronograma de actuaciones dentro del Plan de Igualdad [art. 6.1.c) del Real Decreto 901/2020, de 13 de octubre].

Será la propia organización durante la elaboración del plan quien deberá valorar y planificar qué tipos de recursos serán aplicados para el desarrollo de cada acción.

Cronograma o programa de trabajo

La comisión negociadora tendrá competencias para fijar un cronograma de actuaciones dentro del plan de igualdad [art. 6.1.c) Real Decreto 901/2020, de 13 de octubre]. Nada establece la norma en relación con el cumplimiento temporal de los objetivos o medidas desarrolladas en materia de igualdad. Sobre este aspecto resulta recomendable el desarrollo de cronograma de trabajo lo más realista posible en función de la actividad del área o departamento de trabajo al que se pretenda aplicar cada medida, sin perder de vista cualquier aspecto abordado en la fase de seguimiento o la posible prioridad aplicativa de alguna medida.

Las previsiones temporales podrán ser ajustadas en función de las necesidades o un posterior incremento en la asignación de recursos materiales y/o humanos.

En este apartado es importante destacar **dos posibles calendarizaciones o cronogramas**:

1. En un primer momento, será especialmente interesante fijar un calendario de actuaciones para elaborar el nuevo plan de igualdad y su diagnóstico inicial.

A modo de **ejemplo**:

FASES	ENE	FEB	MAR	ABR	MAY	JUN	JUL	AGOS	SEPT	OCT	NOV	DIC
Compromiso con la organización		X										
Desarrollo del plan de comunicación		X	X	X	X	X	X	X	X	X	X	X
Diagnóstico previo			X	X	X	X						
Elaboración del informe de diagnóstico						X	X	X	X			
Elaboración 1.ª versión del plan									X	X	X	X
Aprobación del Plan												X
Formación			X		X						X	

CRONOGRAMA								
AÑO	2024		2025		2026		2027	
MESES	1-6	6-12	1-6	6-12	1-6	6-12	1-6	6-12
ACCIONES PREVIAS								
FINALIZACIÓN PLAN		X						
NEGOCIACIÓN PLAN			X	X	X	X	X	
APROBACIÓN PLENO								X

2. Por otro lado, ya dentro del propio plan, es importante **calendarizar los años de implementación de las acciones definidas para cada objetivo y elaborar planes operativos anuales,** teniendo en cuenta cierta flexibilidad para adaptarse a las oportunidades y circunstancias que vayan surgiendo. Del mismo modo, sería posible priorizar (en el primer año de vigencia del PI o en un periodo concreto) ciertas acciones.

A modo de **ejemplo**:

ÁMBITO DE ACTUACIÓN	OBJETIVO	ACCIONES/ MEDIDAS	FECHA DE PUESTA EN MARCHA			
			2024	2025	2026	2027
Formación	1. Incorporar criterios de igualdad en la selección del personal formador.	1.1. Inclusión como criterio de valoración en la selección de personal docente el conocimiento especializado en igualdad y perspectiva de género.	x			
		1.2. Establecer mecanismos para promocionar la presencia equilibrada de mujeres y hombres entre el personal formador (contratación del sexo menos representado a igualdad de currículos...).	x			

A modo de ejemplo:

CRONOGRAMA								
AÑO	2024		2025		2026		2027	
MESES	1-6	6-12	1-6	6-12	1-6	6-12	1-6	6-12
ACCIÓN: Fomento de la presencia de mujeres en puestos de responsabilidad.								
Proceso 1	X							
Proceso 2		X						
Proceso 3			X					

Presupuesto y medios necesarios para la implantación de un plan de igualdad de empresa

En el propio PI ha de detallarse el presupuesto que esté previsto para la realización del plan, indicando los conceptos y la cuantía aproximada. Como es lógico, la temporalización de cualquier acción ha de estar sujeta a las limitaciones que tenga la empresa en sus presupuestos.

No todas las acciones contenidas en el Plan de Igualdad van a necesitar un presupuesto económico para su puesta en marcha; sólo será necesario en aquellas acciones que requieran de una intervención externa al personal de esta, o suponga la ampliación de la inversión en las partidas presupuestarias existentes.

Será la propia organización durante la elaboración del plan quien deberá valorar y planificar qué tipos de recursos serán aplicados para el desarrollo de cada acción. Es posible la existencia de implementación de acciones que no conlleven necesariamente un presupuesto específico, como cuando todo el procedimiento resulte llevado a cabo por el personal de la empresa (por ejemplo: creación de un proceso de valoración objetivo y reglado de méritos para la promoción; información sobre los puestos de dirección a la plantilla para el fomento de presencia de mujeres en puestos de responsabilidad; promover la mayor participación de mujeres en la representación sindical, etc.).

Igualmente, en este apartado puede hacerse constar la existencia o solicitud de algún tipo de subvención para la puesta en marcha del Plan indicando el Organismo al que se ha solicitado y su cuantía. Conocer si los recursos consignados han sido suficientes para dar la cobertura esperada e impulsar las modificaciones necesarias será de gran relevancia durante el seguimiento del Plan.

A modo de **ejemplo**, ligando cada acción con la necesidad presupuestaria, la información podría mostrarse mediante un desarrollo informativo y cuadro similares a los siguientes:

ACCIÓN 1. PRESENTACIÓN DEL PLAN DE IGUALDAD A LA PLANTILLA EN GENERAL.

Para poner en marcha esta acción no se va a necesitar un presupuesto concreto, ya que será realizada por personal de la administración:

- Personas de la Comisión de Igualdad.
- Responsables varios: responsable de personal y responsable de igualdad.
- Representantes sindicales.

Pero sí es cierto que puede conllevar algunos procedimientos que pueden suponer algún coste para la empresa, como el de jornadas formativas.

NECESIDADES PRESUPUESTARIAS PARA EL DESARROLLO Y EJECUCIÓN DEL PLAN			
ACCIONES			
1: Presentación del Plan de Igualdad a la plantilla en general.	RECURSOS PROPIOS	RECURSOS EXTERNOS	AMPLIACIÓN PRESUPUESTO
[ESPECIFICAR]	..	...	...
[ESPECIFICAR]	...	...	...
[ESPECIFICAR]	...	...	...

ACCIÓN 2. ELABORACIÓN DE RELACIÓN DE PUESTOS DE TRABAJO (RPT) CON PERSPECTIVA DE GÉNERO.

La puesta en marcha de esta medida requiere una formación especializada, sobre todo para el análisis exhaustivo de cada puesto de trabajo. Además, durante el proceso se pueden dar lugar a tensiones entre la plantilla, por lo que es aconsejable que dicha valoración la lleve a cabo una empresa externa especializada en este tipo de trabajos, por lo que será necesario presupuestar esta acción concreta.

De la posterior publicación y de su cumplimiento sí se encargará diferente personal y departamentos de la empresa.

NECESIDADES PRESUPUESTARIAS PARA EL DESARROLLO Y EJECUCIÓN DEL PLAN			
ACCIONES			
2: Elaboración de RPT con perspectiva de género.	RECURSOS PROPIOS	RECURSOS EXTERNOS	AMPLIACIÓN PRESUPUESTO
[ESPECIFICAR]	..	...	...
[ESPECIFICAR]	...	...	...
[ESPECIFICAR]	...	...	...

CUESTIÓN

¿Cuánto cuesta un plan de igualdad?

El presupuesto total necesario depende de distintos factores que van desde el tamaño de la empresa a la complejidad o profundidad de los cambios necesarios para eliminar cualquier segregación con razón de género.

En general, se puede afirmar que existen tres tipos de costes asociados a la puesta en marcha de un Plan de Igualdad y convivencia:

- **Costes asociados a las medidas aplicadas**: gastos para cumplir con la adaptación en materia de formación, conciliación laboral, retribución, horarios, etc.
- **Gastos en formación**: costes por el tiempo necesario para que los trabajadores de la empresa se adapten a las modificaciones propuestas.

- **Gastos por servicios externos**: la empresa puede contratar servicios profesionales especializados para agilizar y dinamizar la puesta en marcha del plan.

Actualmente, los principales gastos asociados al PI, se encuentran en las adaptaciones de software o herramientas para permitir medir y evaluar la implantación de las medidas.

3.4.5. Personas responsables para la aplicación del plan de igualdad de empresa

Como se ha analizado, el programa de actuación (plan de igualdad) se estructura en:

Objetivos generales → Objetivos específicos → Medidas → Personas responsables → Plazos de ejecución

A pesar de la existencia de una obligación empresarial, y de una comisión de igualdad, **por cada medida o acción programada se asignará un departamento o persona responsable** que, en posteriores fases, ha de participar en el seguimiento y evaluación del Plan. Es decir, será la persona o personas responsables de cada una de las medidas las encargadas de desarrollar todas las actuaciones incorporadas en el plan.

Tan importante como saber quién negociará el plan de igualdad es conocer quiénes serán los responsables de transmitir al resto de profesionales los contenidos del mismo en las distintas materias. Extremo en el que la normativa guarda silencio y que obliga al propio P.I, y su diagnóstico previo, a indicar la persona o personas responsables, de cada acción concreta que se proyecte.

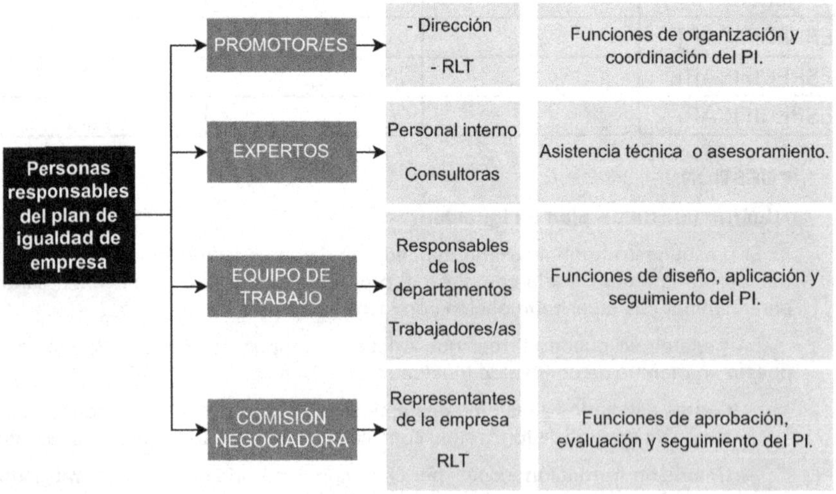

La comisión negociadora tendrá competencias para la identificación de las medidas prioritarias, a la luz del diagnóstico, su ámbito de aplicación, los medios materiales y humanos necesarios para su implantación, así como las personas u órganos responsables, incluyendo un cronograma de actuaciones [art. 6.1.c) del Real Decreto 901/2020, de 13 octubre].

A modo de **ejemplo**:

- **Ámbito de actuación: comunicación**.
- **Acción: mejorar la imagen exterior e interior de la empresa en relación a la igualdad de género**.
- Objetivo: que la empresa proyecte una imagen no sexista de cara al exterior.
- Indicadores: [INDICAR SEGÚN DIAGNÓSTICO].
- Medidas:
  - » Utilizar todos los medios de comunicación interna y externa para fomentar la imagen de no discriminación por sexos.
  - » Utilizar todos los medios de comunicación interna y externa para dar a conocer la aplicación de un Plan de Igualdad.
- Responsables:
  - » **Departamento RR. HH**.
  - » **Departamento comunicación y marketing**.
  - » **Dirección**.
- Recursos: [los que se especifiquen].
- Calendario de implantación: durante la vigencia del plan.
- Evaluación: anual. Analizar el total de las comunicaciones empresariales en relación a aquellas en las que se pueda considerar existencia de contenido sexista.

3.4.6. Registro, depósito y publicidad del plan de igualdad de empresa

El Real Decreto 901/2020, de 13 de octubre, desarrolla la obligación de registro de los planes de igualdad mediante la modificación del Real Decreto 713/2010, de 28 de mayo, sobre registro y depósito de convenios y acuerdos colectivos de trabajo, extendiendo dicha obligación a **todos los planes de igualdad, al margen de su origen y naturaleza, así como el depósito voluntario de las medidas y protocolos de prevención del acoso sexual y por razón de sexo**, que, en defecto de los planes de igualdad, están obligadas todas las empresas a elaborar y aplicar en los términos establecidos en los artículos 45.1 y 48 de la Ley Orgánica 3/2007, de 22 de marzo.

Obligación de registro de los planes de igualdad

El capítulo IV del Real Decreto 901/2020, de 13 de octubre, desarrolla la obligación de registro de los planes de igualdad mediante la modificación del Real Decreto 713/2010, de 28 de mayo, sobre registro y depósito de convenios y acuerdos colectivos de trabajo. **Dicha obligación se extiende a todos los planes de igualdad**, al margen de su origen y naturaleza, así como el depósito voluntario de las medidas y protocolos de prevención del acoso sexual y por razón de sexo, que, en defecto de los planes de igualdad, están obligadas todas las empresas a elaborar y aplicar en los términos establecidos en los arts. 45.1 y 48 de la LOI.

Los planes de igualdad cuya elaboración resulte conforme a los arts. 45 y 46 de la LOI, serán objeto de inscripción obligatoria en registro público, cualquiera que sea su origen o naturaleza, obligatoria o voluntaria, y hayan sido o no adoptados por acuerdo entre las partes. La citada inscripción en el registro permitirá el acceso público al contenido de los planes de igualdad [art. 1.f) del Real Decreto 713/2010, de 28 de mayo].

En todo caso, las empresas deberán tener negociado, aprobado y presentada la solicitud de registro de su plan de igualdad en el plazo máximo de un año a contar desde el día siguiente a la fecha en que finalice el plazo previsto para iniciar el procedimiento de negociación de conformidad con lo establecido en el art. 4 del Real Decreto 901/2020, de 13 de octubre.

La obligación de registro se extiende a todos los planes de igualdad, al margen de su origen y naturaleza, así como el depósito voluntario de las medidas y protocolos de prevención del acoso sexual y por razón de sexo, que, en defecto de los planes de igualdad, están obligadas todas las empresas a elaborar y aplicar en los términos establecidos en los artículos 45.1 y 48 de la Ley Orgánica 3/2007, de 22 de marzo.

CUESTIÓN

¿Qué empresas están obligadas a registrar el plan de igualdad? ¿Los planes de las administraciones públicas como empleadora han de registrarse?

El registro de planes de igualdad es un trámite obligatorio para las empresas de 50 o más personas trabajadoras.

Dado que por mandato legal **dicha obligación se extiende a todos los planes de igualdad**, al margen de su origen y naturaleza, ha de entenderse necesario el registro de los PI de las Administraciones públicas.

Requisitos de los planes de igualdad para su registro

Las distintas autoridades laborales velarán por el respeto al principio de igualdad en los convenios colectivos que pudieran contener discriminaciones, directas o indirectas, por razón de sexo. A tales efectos, podrá recabar el asesoramiento del Instituto de las Mujeres o de los organismos de igualdad de las comunidades autónomas, según proceda por su ámbito territorial (art. 90.3 del ET). A pesar de que la competencia de registro corresponde a la autoridad laboral de cada territorio, podemos generalizar que los planes de igualdad que se presenten para registrar deben cumplir los siguientes requisitos:

a) **Deben estar vigentes**. En caso de que el período de vigencia haya finalizado, la empresa podrá presentar una ampliación y/o modificación del plan de igualdad juntando el plan de igualdad originario y el anexo de ampliación y/o modificación o un nuevo plan de igualdad.

b) **Tendrán que haber sido negociados** con la representación legal de las personas trabajadoras de la forma que determine la legislación laboral. Ante los recientes cambios normativos en este punto ha de considerarse la necesidad de adaptación a las nuevas formalidades impulsadas por los Reales Decretos 901/2020 y 902/2020, de 13 de octubre.

c) **Se debe haber informado a las personas trabajadoras del contenido y objetivos del plan de igualdad** (art. 47 de la LOI).

d) **Deberán incluir**, al menos, el siguiente contenido (art. 8 del Real Decreto 901/2020, de 13 de octubre):

   » Determinación de las partes que los conciertan.

   » Ámbito personal, territorial y temporal.

   » Informe del diagnóstico de situación de la empresa, o en el supuesto a que se refiere el art. 2.6 del Real Decreto 901/2020, de 13 de octubre, un informe de diagnóstico de cada una de las empresas del grupo.

   » Resultados de la auditoría retributiva, así como su vigencia y periodicidad en los términos establecidos en el Real Decreto 902/2020, de 13 de octubre, de igualdad retributiva entre mujeres y hombres.

   » Definición de objetivos cualitativos y cuantitativos del plan de igualdad.

   » Descripción de medidas concretas, plazo de ejecución y priorización de estas, así como diseño de indicadores que permitan determinar la evolución de cada medida.

   » Identificación de los medios y recursos, tanto materiales como humanos, necesarios para la implantación, seguimiento y evaluación de cada una de las medidas y objetivos.

   » Calendario de actuaciones para la implantación, seguimiento y evaluación de las medidas del plan de igualdad.

   » Sistema de seguimiento, evaluación y revisión periódica.

   » Composición y funcionamiento de la comisión u órgano paritario encargado del seguimiento, evaluación y revisión periódica de los planes de igualdad.

   » Procedimiento de modificación, incluido el procedimiento para solventar las posibles discrepancias que pudieran surgir en la aplicación, seguimiento, evaluación o revisión, en tanto que la normativa legal o convencional no obligue a su adecuación.

e) Los planes de igualdad **deben contener**, al menos, las siguientes **materias:**

» Proceso de selección y contratación.

» Clasificación profesional.

» Formación; promoción profesional.

» Condiciones de trabajo, incluida la auditoría salarial entre mujeres y hombres.

» Ejercicio corresponsable de los derechos de la vida personal, familiar y laboral.

» Infrarrepresentación femenina.

» Retribuciones.

» Prevención del acoso sexual y por razón de sexo.

f) En la solicitud de inscripción de los planes de igualdad, estos tendrán que ir acompañados de la **hoja estadística** recogida en el correspondiente modelo establecido en el Real Decreto 713/2010, de 28 de mayo.

CUESTIÓN

¿Dónde se registra el plan de igualdad?

El registro de acuerdos y convenios colectivos (REGCON) incorpora entre sus trámites la opción para registrar los planes de igualdad.

¿Cómo se registran y publican los planes de igualdad?

Los P.I serán objeto de inscripción obligatoria en registro público, cualquiera que sea su origen o naturaleza, obligatoria o voluntaria, y hayan sido o no adoptados por acuerdo entre las partes.

¿Quién ha de encargarse de registrar el PI?

El art. 6 a) del RD 713/2010, de 28 de mayo, considera como solicitante válido para la inscripción en el registro de un plan de igualdad o acuerdo: la persona designada por la comisión negociadora.

La comisión negociadora tendrá competencias en cuantas funciones pudieran atribuirle la normativa y el convenio colectivo de aplicación, o se acuerden por la propia comisión, incluida la remisión del plan de igualdad que fuere aprobado ante la autoridad laboral competente a efectos de su registro, depósito y publicación.

¿Quién debe cumplimentar los datos estadísticos recogidos en el modelo oficial para el registro del PI?

El anexo 2.V del RD 713/2010, de 28 de mayo, debe ser cumplimentado por las comisiones negociadoras de los planes de igualdad a la firma del mismo o por la empresa si el plan se presenta por esta.

|| Procedimiento de inscripción de planes de igualdad

1. A partir de la firma del plan de igualdad, se abre un **plazo de quince días** para presentar a través de medios electrónicos ante el Registro de la autoridad laboral competente **(REGCON)** la solicitud de inscripción correspondiente (art. 6.1 del RD 713/2010, de 28 de mayo).
2. La persona encargada del registro será así designada por la comisión negociadora [art. 6.1 a) del RD 713/2010, de 28 de mayo].
3. En la solicitud de inscripción se deberán facilitar todos aquellos datos relativos a las partes firmantes del plan para el que se solicita la inscripción y la fecha de la firma, así como, en su caso, los relativos a su ámbito personal, funcional, territorial y temporal y la actividad o actividades económicas cubiertas por los mismos, conforme se establece en el anexo 1 del reiterado RD 713/2010, de 28 de mayo.

   El programa de registro del **REGCON** nos permitirá insertar una serie de datos de obligada consignación:

   a) **Ámbito geográfico del acuerdo**. Debiendo indicar:
      - Una única Comunidad Autónoma.
      - Varias Comunidades Autónomas (para el caso de los planes a nivel estatal).
      - Las provincias específicas donde existan centros de trabajo.

   b) **Datos sobre la empresa**. Indicando:
      - Nombre de la organización.
      - CIF.
      - CNAE.

   c) Su **aplicación** a una o varias empresas (grupo de empresas) o uno a varios de sus centros.

   d) Con el fin de recibir información sobre las distintas fases del trámite de registro se solicitará el **e-mail de las personas que forman la comisión negociadora**. Permitiéndose consignar personas externas o asesorías que hayan participado en la negociación.

   e) Información sobre la **representación de las personas trabajadoras**. Siendo necesario consignar:
      - Comité intercentros.
      - Sindicatos.
      - Delegados de personal y comité de empresa.
      - Secciones sindicales.
      - Sindicatos mayoritarios del sector.

4. Para su correcta inscripción, el REGCON establece una **relación de documentos a adjuntar** a través de medios electrónicos según tipo de acuerdo. En el caso de los PI:
   - Texto original del plan, acuerdo o comunicación firmado por los componentes de la comisión negociadora o de la parte que formula la solicitud (apertura de la negociación/comunicación).

- Las actas de las distintas sesiones celebradas, incluyendo las referentes a las de constitución de la comisión negociadora y de firma del convenio y del plan de igualdad, con expresión de las partes que lo suscriban.
- Plan de igualdad.
- Autorización de la Comisión Negociadora a la persona que realiza los trámites de inscripción.
- Cualquier otro tipo de información que se considere oportuna (art. 7 del RD 713/2010, de 28 de mayo). El programa contiene un apartado denominado «Otros», en que podremos adjuntar el registro retributivo, la auditoría retributiva, el protocolo para la prevención y el tratamiento del acoso sexual y/o por razón de sexo dentro de un plan de igualdad, actas de las distintas reuniones, etc.

5. Asimismo, se deberán cumplimentar los datos estadísticos recogidos en los modelos oficiales que figuran en el anexo 2 del RD 713/2010, de 28 de mayo, a efectos de elaboración de la estadística de convenios colectivos. (Anexo 2.V Hoja estadística del plan de igualdad).
6. A la hora de registrar el plan han de consignarse el **código específico** según el tipo de acuerdo establecido en el Anexo 3 del reglamento.

Código	Naturaleza
11	Las organizaciones o entidades que tengan que elaborar sus planes de igualdad de manera obligatoria: «Acuerdos sobre planes de Igualdad (artículo 2.1.f)».
18	Las organizaciones o entidades elaboren y registren su plan de igualdad de forma voluntaria: «Planes de igualdad no acordados (artículo 2.1.f)».

7. Una vez presentada la solicitud de registro, el solicitante podrá consultar y hacer seguimiento del expediente telemáticamente.
8. Si la autoridad laboral comprobase que el plan de igualdad presentado a registro no reúne los requisitos exigidos por la normativa laboral vigente, se requerirá —por medios electrónicos— a la persona solicitante para que subsane la falta o acompañe los documentos preceptivos (plazo de veinte días hábiles) (art. 8 del RD 713/2010, de 28 de mayo).
9. La autoridad laboral competente dictará resolución, ordenando su registro, depósito y publicación en el BOE o Boletín de la Comunidad Autónoma o provincia, en función del ámbito del plan de igualdad (plazo máximo de veinte días desde su presentación en el registro).
10. Tras la ordenación de inscripción y publicación del plan de igualdad por la autoridad laboral competente, se le asignará un código formado por 14 dígitos (distinto al del convenio existente) siguiendo las especificaciones del anexo III del RD 713/2010, de 28 de mayo.
11. Las autoridades laborales competentes en materia de planes de igualdad, incluida la Administración General del Estado, deberán remitir

por medios electrónicos a la base de datos centralizada en el **plazo de ocho días hábiles** todo asiento electrónico practicado en sus respectivos registros, así como los datos estadísticos en aquellos casos en los que así sea necesario.

Igualmente deberán remitir por medios electrónicos, en el plazo de **ocho días desde su publicación en los boletines** oficiales correspondientes, los enlaces a dichos boletines en los que figure la publicación del texto de los convenios y acuerdos, planes de igualdad o cualquier otra comunicación objeto de publicación.

Esta información integrará la base de datos central de convenios y acuerdos colectivos de trabajo y planes de igualdad, cuya gestión corresponde a la Dirección General de Trabajo del Ministerio de Trabajo y Economía Social.

A TENER EN CUENTA. La aplicación de la base de datos central deberá permitir que pueda realizarse la consulta y darse acceso público a los datos incorporados a los mismos, con la salvedad de los referentes a la intimidad de las personas según lo determinado la LOPDGDD.

CUESTIÓN

En caso de ausencia de resolución expresa por parte de la autoridad laboral en el periodo de tres meses, ¿opera el silencio administrativo positivo?

Operará el silencio administrativo positivo por el transcurso del plazo de tres meses sin resolución expresa. Según la STSJ de Madrid n.° 533/2022, de 30 de septiembre de 2022, ECLI:ES:TSJM:2022:11468 y la STS n.° 543/2024, de 11 de abril del 2024, ECLI:ES:TS:2024:2097, transcurrido el plazo de tres meses, la resolución sólo puede ser estimatoria de la solicitud de inscripción del plan de igualdad.

Depósito de medidas y protocolos para prevenir el acoso sexual y por razón de sexo

Serán objeto de depósito voluntario las medidas, acordadas o no, que sean adoptadas conforme a los arts. 45.1 y 48 de la LOI, así como las medidas específicas para prevenir el acoso sexual y el acoso por razón de sexo en el trabajo.

Cuando se solicite el depósito de convenios o acuerdos colectivos de eficacia limitada o acuerdos de empresa no incluidos en el art. 2.1.h) de este real decreto en los registros de las autoridades laborales, deberá remitirse por medios electrónicos el texto del mismo, así como cumplimentar los datos estadísticos e identificativos que figuran en los anexos 1 y 2. Asimismo, se podrá solicitar el depósito de los acuerdos relativos a los protocolos de prevención y actuación ante situaciones de acoso sexual y por razón de sexo conforme a lo previsto en el art. 48 de la LOI y en el RD 713/2010, de 28 de mayo.

Código	Naturaleza
16	Acuerdos de empresa para su depósito (D.A. 2.ª).

Publicación del plan de igualdad

El propio REGCON para el correcto registro del plan de igualdad solicitará un documento en formato **Word o RTF** en un único fichero para su posterior publicación en el Boletín Oficial correspondiente.

3.5. Implantación y seguimiento del plan de igualdad de empresa

Esta fase se asocia al momento en el que se ponen en práctica las acciones previstas en el plan de igualdad una vez definidas las características, objetivos, recursos, responsables y ámbito temporal de las acciones a realizar.

3.5.1. Implantación del plan de igualdad de empresa

Entre el contenido mínimo de los planes de igualdad encontramos [apdos. i), j), k) art. 8 del Real Decreto 901/2020, de 13 de octubre]:

- La determinación del «sistema de seguimiento, evaluación y revisión periódica».
- La «composición y funcionamiento de la comisión u órgano paritario encargado del seguimiento, evaluación y revisión periódica de los planes de igualdad».
- El «procedimiento de modificación, incluido el procedimiento para solventar las posibles discrepancias que pudieran surgir en la aplicación, seguimiento, evaluación o revisión, en tanto que la normativa legal o convencional no obligue a su adecuación».

Esta fase se asocia al momento en el que se ponen en práctica las acciones previstas en el plan de igualdad respondiendo a los siguientes objetivos:

- Verificar la consecución de los objetivos establecidos en el plan de igualdad.
- Obtener información sobre el proceso de ejecución de las medidas previstas en el plan: nivel de ejecución, adecuación de recursos empleados, cumplimiento del cronograma, etc.
- Detectar posibles obstáculos o dificultades en la implantación y realizar los ajustes pertinentes o adoptar medidas correctoras si fuera necesario.

Cada empresa deberá adaptar las fases tratadas teniendo en cuenta sus circunstancias y características específicas y concretas, con el fin de cumplir los objetivos planteados a corto, medio o largo plazo en relación con la igualdad de Oportunidades real entre mujeres y hombres en la corporación.

En cada área de actuación definida el grupo de trabajo designado en el Plan será el encargado de ponerlo en marcha, lo que se evaluará mediante informes periódicos que reflejen el proceso de implantación, lo objetivos conseguidos o no, funcionamiento o no de las medidas realizadas eficaces, dificultades encontradas, etc.

Partiendo de que la comisión negociadora tendrá competencias para el impulso de la implantación del plan de igualdad en la empresa, como recomendaciones *(Guía para la elaboración de planes de igualdad en las empresas. Instituto de las mujeres. Año 2021)*:

> «Contar con el compromiso continuado del equipo directivo, de forma que apoye, activamente, tanto la ejecución de acciones como la incorporación de la igualdad a la gestión empresarial.
>
> Hacer partícipe a la representación legal de las personas trabajadoras (RLT), proporcionando información sobre la ejecución y resultado de las medidas adoptadas e incorporándola al seguimiento.
>
> Disponer de personas con formación y/o experiencia en igualdad de oportunidades entre mujeres y hombres.
>
> Facilitar los recursos, materiales y humanos, necesarios para la puesta en marcha de las acciones.
>
> Cumplir el cronograma establecido, siempre que sea posible, actuando con flexibilidad para incorporar modificaciones en caso de necesidad.
>
> Tener presentes los objetivos e indicadores de cada medida para recopilar la información necesaria para su seguimiento.
>
> Realizar el seguimiento de forma simultánea a la ejecución de las medidas, para evitar que se pierda información».

CUESTIÓN

¿El RD 901/2020, de 13 de octubre, prevé algún tipo de medidas de fomento y apoyo a la elaboración y aplicación de medidas y planes de igualdad en las empresas?

Con el fin de impulsar la adopción e implantación de planes de igualdad en las empresas, así como su seguimiento y evaluación, la Secretaría de Estado de Igualdad y contra la Violencia de Género, a través del Instituto de la Mujer, promoverá, con la participación de las organizaciones sindicales y empresariales más representativas, medidas de fomento, apoyo y asistencia técnica, consistentes, entre otras, en la promoción y realización de acciones formativas, puesta a disposición de guías y manuales de referencia, y cualesquiera otras que puedan resultar necesarias de conformidad con lo dispuesto en el art. 49 de la LOI.

3.5.2. Seguimiento del plan de igualdad de empresa

El **seguimiento del P.I** es crucial para vigilar su desarrollo, conocer su funcionamiento y flexibilizar su contenido; lo que resulta imprescindible para adaptarse a las necesidades que vayan surgiendo durante su implementación. lo que supone la necesidad de realizar un seguimiento en paralelo a la ejecución.

En la práctica, el primer paso para llevar a cabo el seguimiento del PI es repasar los objetivos, líneas y acciones diseñadas para llevar a cabo la consecución de los objetivos (lo que suele haberse volcado previamente en una herramienta o aplicativo que permite su seguimiento mediante métodos informáticos).

En un segundo paso, la persona responsable utilizando la distinta información disponible, proveniente de informes, memorias, etc. computará todas las acciones realizadas al cabo de cada año por los distintos departamentos implicados detectando desajustes y la necesidad de adoptar medidas correctoras.

Se realizará al menos una evaluación (seguimiento) intermedia y otra final que se plasmarán en un informe.

Grado de cumplimiento del plan de igualdad

Para un buen seguimiento será necesario —como se evidencia— recurrir a una serie de indicadores definidos junto con el diseño de las medidas siguiendo los parámetros ya desarrollados.

El grado de cumplimiento se verá analizando los distintos indicadores y comparando el valor esperado o pretendido con el valor real obtenido tras la ejecución del plan. Actualmente existen múltiples herramientas con soporte en un archivo Excel, mediante las que se compara el valor inicial del indicador (valor de partida detectado en el diagnóstico) con el valor final (valor una vez realizada la ejecución del PI). Esto se mostrará a través del «porcentaje» de incremento/disminución de los distintos valores.

Sobre el **diseño** de estos indicadores hemos de seguir las especificaciones reglamentarias contenidas en las letras f), g), h), i) art. 8 RD 901/2020. **A modo de ejemplo**:

ACCIONES	INDICADORES DE REALIZACIÓN	INDICADORES DE RESULTADOS	INDICADORES DE IMPACTO
Sensibilización	N.º acciones realizadas.	Personas alcanzadas. % Personas trabajadoras.	Toma de conciencia. Cambio de actitud.
Difusión	N.º acciones realizadas.	Personas alcanzadas. % Personas trabajadoras.	Mejora y extensión del conocimiento.
Formación	N.º acciones realizadas.	Personas alcanzadas. Aplicación de la formación.	Incremento del desarrollo y calidad de actuaciones.
Participación	N.º acciones realizadas.	Personas alcanzadas. Agentes implicados.	Incremento del desarrollo y calidad de actuaciones.
Actos	N.º actos realizados.	Personas alcanzadas. Agentes implicados.	Satisfacción percibida.
Coordinación de estructuras	N.º actuaciones coordinadas % actuaciones desarrolladas.	Mejora de la eficacia y eficiencia de las actuaciones.	Visibilidad. Incorporación de la coordinación de forma sistemática.
Concursos, exposiciones, talleres	N.º de actuaciones desarrolladas.	Acogida, participación candidaturas femeninas (%).	Visibilidad de la aportación de las mujeres.

Planes y protocolos	Planes y protocolos elaborados.	Implementación de planes/ protocolos.	Mejora de la situación objeto del plan (disminución de la segregación laboral, presencia femenina en órganos de decisión, etc.).
Estudios	N.º estudios realizados.	Incorporación de conclusiones o actuaciones.	Mejora de las situaciones/carencias detectadas en los estudios.

A TENER EN CUENTA. Dada su conflictividad, es necesario recalcar la necesidad de cumplir con el art. 64.3 del ET donde se reconoce el derecho del Comité de empresa a recibir información, al menos anualmente, relativa a la aplicación en la empresa del derecho de igualdad de trato y de oportunidades entre mujeres y hombres, entre la que se incluirán datos sobre la proporción de mujeres y hombres en los diferentes niveles profesionales, así como, en su caso, sobre las medidas que se hubieran adoptado para fomentar la igualdad entre mujeres y hombres en la empresa y, de haberse establecido un plan de igualdad, sobre la aplicación del mismo, así como en aplicación del plan de igualdad. (SAN n.º 159/2017, de 10 de noviembre de 2017, ECLI:ES:AN:2017:4211).

Órgano/s se encargados del seguimiento del plan

Corresponde a las partes firmantes del plan de igualdad determinar los órganos destinados al control y seguimiento de las medidas adoptadas. De esta forma, en la comisión negociadora en la Fase de diseño del plan, puede concentrar este aspecto en un único organismo, la denominada **«comisión de seguimiento del plan»**, con la composición y atribuciones que las partes acuerden.

De existir, la comisión de seguimiento recibirá y analizará la información relativa a la ejecución de acciones, acordando su revisión cuando sea necesario, pero, en ningún caso, podrán asumir funciones negociadoras reservadas a los sujetos tratados en el art. 5 del RD 901/2020.

Nada concreta el Real Decreto 901/2020, de 13 de octubre, sobre la composición de la comisión de seguimiento, por lo que libre de imposiciones reglamentarias y, como hemos dicho, sujeta al acuerdo entre las partes, este órgano podrá ser compuesto por:

- Personas mandatadas del sindicato que han formado parte de la comisión negociadora.
- Cualquier persona trabajadora de la empresa con formación adecuada en la materia.

Medios de seguimiento

Ficha para la recogida de información cualitativa y cuantitativa del seguimiento

Se trata de recoger información sobre el grado de ejecución de las medidas contenidas en el plan de igualdad para conocer la valoración de las y los agentes implicados y sus necesidades. En esta fase resultará trascendental diseñar una ficha de seguimiento de medidas en la que se consigne toda la información sobre la implantación de cada una, utilizando para ello los indicadores de seguimiento definidos. Esta ficha será cumplimentada por la persona o personas responsables de la puesta en marcha de cada medida y trasladada, posteriormente, al órgano de vigilancia y control, o personas designadas para realizar el seguimiento.

A modo orientativo, algunos de los aspectos a consignar en esta ficha, definidos junto con el diseño de cada una de las medidas programadas, podrían ser (anexo XII de *Guía para la elaboración de planes de igualdad en las empresas*):

- Indicación concreta de la medida a adoptar.
- Persona/Departamento responsable.
- Fecha implantación.
- Fecha de seguimiento.
- Indicadores de seguimiento.
- Indicadores de resultado (Pendiente/En proceso/Finalizada).
- Indicar el motivo por el que la medida no se ha iniciado o completado totalmente (A modo de ejemplo: falta de recursos humanos; falta de recursos materiales; falta de tiempo, etc.).
- Indicadores de proceso.
- Indicadores de impacto.
- Propuestas de futuro.
- Documentación acreditativa.

Cuestionario para el seguimiento

Mediante un formulario con preguntas concretas, el responsable de la realización del seguimiento puede consignar información complementaria a la analítica de interés para detectar las desviaciones programadas y con un final claro: la transparencia total.

Algunas preguntas de interés serían (anexo XIII de la *Guía para la elaboración de planes de igualdad en las empresas. Instituto de las Mujeres -Ministerio de Igualdad. Año 2021*):

- ¿Los datos recogidos están claros? ¿Son coherentes o se contradicen? ¿En qué sentido? ¿Faltan datos?
- ¿Las medidas y sus actuaciones se ajustan a lo previsto? En general, ¿el plan se desarrolla correctamente?

- ¿Se han logrado los objetivos perseguidos para cada acción? ¿Hay retrasos importantes? Valorar los desajustes en general.
- ¿Qué incidencias se han detectado? ¿Cómo se han solucionado? ¿Existen obstáculos, inercias de trabajo u otros elementos que estén dificultando el desarrollo del plan? ¿Cuáles? ¿Se pueden modificar o eliminar?
- ¿Se han generado nuevas necesidades durante la implementación? ¿Se puede dar respuesta? ¿Se han adoptado medidas correctoras o se han incorporado nuevas medidas para darles respuesta?
- ¿Se han implicado las personas esperadas en el proceso? ¿En el grado estimado? ¿Ha habido resistencias? ¿De qué tipo? ¿Cómo se han solucionado?
- Los recursos ¿han sido suficientes? ¿El presupuesto ha dado la cobertura esperada? ¿Se ha modificado?
- ¿Se ha cumplido el calendario?
- ¿Se han introducido cambios o ajustes en el desarrollo del plan? ¿Cuáles?
- Etc.

|| **Informe de seguimiento**

Para finalizar el seguimiento, se redactará un informe anual con la información obtenida a partir de las fichas y del cuestionario citado, combinando información descriptiva con los resultados relativos a (anexo XIV de la *Guía para la elaboración de planes de igualdad en las empresas*):

- Periodo de referencia y estado de ejecución del plan.
- Datos generales de la empresa.
- Resultados obtenidos: por cada actuación se consignarán las fichas de seguimiento y un resumen de datos relativos al nivel de ejecución, cumplimiento de planificación y consecución de objetivos.
- Ejecución del proceso de implementación. Tratando aspectos como la adecuación de los recursos asignados, las dificultades o resistencias encontradas en la ejecución, o las diferentes soluciones adoptadas.
- Impacto de las medidas: consignando los avances en la consecución de objetivos marcados en el plan, los cambios en la gestión y clima empresarial o la corrección de desigualdades.
- Conclusiones: valoración general del proceso de implantación del plan en el periodo de referencia.
- Propuestas de reajuste: propuestas de modificación de medidas incluidas en el plan o adopción de otras nuevas si de las conclusiones del seguimiento se estima necesario.

El informe de seguimiento anual servirá para la evaluación del plan de igualdad.

CUESTIÓN

En un plan de igualdad con distintas acciones sujetas a aplicación anual, ¿cuándo se realizará el seguimiento del plan?

En primer lugar, hemos de entender necesario un acuerdo en el seno de la comisión negociadora donde se especifique.

A modo de ejemplo, en un plan de igualdad previsto con una vigencia de cuatro años, donde se establecen distintas acciones sujetas a su aplicación anual, sería conveniente fijar cuatro **seguimientos periódicos**:

- **Primero**: una vez finalizada la implementación de las medidas previstas para el primer periodo (al año del inicio de su implementación).
- **Segundo**: una vez finalizada la implementación de las medidas previstas para el segundo periodo (a los dos años) —coincidiendo con una evaluación intermedia del plan de igualdad—.
- **Tercero**: una vez finalizada la implementación de las medidas previstas para el tercer periodo (a los tres años).
- **Cuarto**: una vez finalizada la implementación de las medidas previstas para el cuarto periodo (a los 4 años) —coincidiendo con la evaluación final del plan de igualdad—.

3.6. Evaluación y revisión del plan de igualdad en la empresa

Tras la programación e implantación del Plan de Igualdad, debe realizarse una evaluación con el objetivo de conocer el grado de cumplimiento del mismo, la necesidad de nuevas acciones, valorar la efectividad de las desarrolladas, tasar los resultados, procesos e impactos del plan, etc. (art. 46.6 de la LOI).

Dentro del contenido obligatorio de los PI el RD 901/2020 ha configurado el «sistema de seguimiento, evaluación y revisión periódica».

El seguimiento y evaluación de las medidas previstas en el plan de igualdad deberá realizarse de forma periódica conforme se estipule en el calendario de actuaciones o en el reglamento que regule la composición y funciones de la comisión encargada del seguimiento.

No obstante, se realizará al menos una evaluación intermedia y otra final, así como cuando sea acordado por la comisión de seguimiento.

3.6.1. Evaluación del plan de igualdad de empresa

El Real Decreto 901/2020, de 13 de octubre, recoge como parte del alcance material obligatorio de los planes, el desarrollo de las medidas y sistemas de seguimiento y evaluación, subrayándose la necesidad de adoptar criterios y plazos de revisión que garanticen la eficacia y adecuación de los planes de igualdad:

- La evaluación del PI permite conocer el nivel de realización, su impacto, o la necesidad de seguir impulsando medidas de igualdad y la transversalidad de género en la administración analizada como empleadora.

- La revisión, cuando por circunstancias debidamente motivadas resulte necesario, implicará la actualización del diagnóstico, así como de las medidas del plan de igualdad, en la medida necesaria.

La experiencia práctica indica que, tras la programación e implantación del plan, debe realizarse una evaluación con el objetivo de conocer el grado de cumplimiento de este, la necesidad de nuevas acciones, valorar la efectividad de las desarrolladas, tasar los resultados, procesos e impactos, etc.

En la fase de diagnóstico hemos realizado una primera evaluación que podríamos definir como «inicial». En esta fase atenderemos a una posible «evaluación intermedia» y «evaluación final», así como cuando sea acordado por la comisión de seguimiento.

El Real Decreto 901/2020, de 13 de octubre, como parte del alcance material obligatorio de los planes, desarrolla las medidas y sistemas de seguimiento y evaluación, subrayándose la necesidad de adoptar criterios y plazos de revisión que garanticen la eficacia y adecuación de los planes de igualdad. Hay que destacar:

- La comisión negociadora tendrá competencias en materia de definición de los indicadores de medición y los instrumentos de recogida de información necesarios para realizar el seguimiento y evaluación del grado de cumplimiento de las medidas del plan de igualdad implantadas.
- En el plan de igualdad, y sin perjuicio de lo previsto en el art. 47 de la LOI y del art. 64 del ET, deberá incluirse una comisión u órgano concreto de vigilancia y seguimiento del plan, con la composición y atribuciones que se decidan en aquel, en el que deberán participar de forma paritaria la representación de la empresa y de las personas trabajadoras, y que, en la medida de lo posible, tendrá una composición equilibrada entre mujeres y hombres.
- El seguimiento y evaluación de las medidas previstas en el plan de igualdad deberá realizarse de forma periódica conforme se estipule en el calendario de actuaciones del plan de igualdad o en el reglamento que regule la composición y funciones de la comisión encargada del seguimiento del plan de igualdad.
- Se realizará al menos una evaluación intermedia y otra final, así como cuando sea acordado por la comisión de seguimiento.

Para la correcta evaluación hemos de atender, definir y conocer los resultados obtenidos tras el plazo temporal definido, el proceso realizado para la implantación de la medida y el impacto —positivo o negativo— de las medidas tomadas para corregir desviaciones en materia de género.

Durante todo el proceso de implementación, cuya vigencia ha tenido que limitarse —bien sujeta a la del convenio, bien según lo acordado en el seno de la comisión negociadora, bien en base a cuatro años—, hemos de prever mecanismos tanto de seguimiento como de evaluación —continua y final— que, además, permitirán avanzar, una vez vencida su vigencia, en el diseño, elaboración e implementación de un nuevo plan o la corrección del existente.

¿Cuándo y cómo se realiza la evaluación?

Debe realizarse, al menos, una evaluación intermedia y otra final. No obstante, el marco temporal de la evaluación será el definido por las partes durante la negociación o el especificado para cada acción, resultando aconsejable una evaluación intermedia (a la mitad del periodo de vigencia del PI), otra anual y una final, a fin de realizar una evaluación continua por parte de todas las personas implicadas tanto de los objetivos generales como específicos.

Como recomendaciones de actuación, *la Guía para la elaboración de planes de igualdad en las empresas. Instituto de las Mujeres. Año 2021*, establece una serie de **pautas**:

- Establecer y mantener un sistema riguroso de recopilación y sistematización de la información y documentación generada durante la implantación y seguimiento.
- Obtener información sobre la opinión y valoración que del plan hacen la dirección, la plantilla y las personas que han participado en su diseño, implantación y seguimiento, mediante una serie de cuestionarios a cumplimentar por la comisión de seguimiento, dirección y plantilla.
- Definir los periodos en que se realizará la evaluación del plan (mínimo con una evaluación intermedia y otra final).
- Elaborar una propuesta de mejora de las medidas incluidas en el plan con el fin de añadir, reorientar, mejorar, corregir, intensificar, atenuar o dejar de aplicar aquellas que lo requieran en función de sus efectos.
- Redactar un informe que contenga la información y valoración relativas a la evaluación del plan, incorporando los datos y análisis obtenidos de las diversas fuentes empleadas (fichas de seguimientos, informes de seguimientos, cuestionarios de evaluación cumplimentados por las comisiones y/o personas participantes en el proceso).
- Informar a la plantilla sobre el desarrollo del plan en conjunto, consecución de objetivos, desarrollo de acciones y solicitar de ella información y valoración del proceso.

Órgano/s se encargados de la evaluación del plan de igualdad

Todo lo indicado sobre la comisión de seguimiento del PI, puede aplicarse a la evaluación. Por lo general las funciones de seguimiento y evaluación se asignan a la comisión de igualdad, salvo especificaciones propias por parte del convenio colectivo aplicable —o en el texto del plan donde se configure una **comisión de «seguimiento», «evaluación» o «seguimiento y evaluación»** para interpretar el contenido del plan y evaluar el grado de cumplimiento de este, de los objetivos marcados y de las acciones programadas, cuya composición, funciones y funcionamiento han de ser concretas.

Del mismo modo, nada impide recurrir a una agencia externa para analizar o evaluar el desarrollo y grado de implementación del plan.

La información obtenida tanto en el seguimiento interno como externo se pondrá por escrito en un acta que posteriormente será el soporte y el fundamento para realizar la evaluación final y redactar dicho informe final.

Igualmente, la evaluación se apoyará en informes, actas de reuniones u otro tipo de documentación elaborada durante el seguimiento del plan por las comisiones o la persona externa contratada.

Las pautas para la constitución de la comisión de seguimiento y evaluación son las mismas que en el caso de la comisión de igualdad: deberá estar integrada por representantes de la plantilla y de la dirección (hombres y mujeres), con capacidad de decisión dentro de la organización. Su composición y número de integrantes vendrá siempre determinado por el número total de personas en la empresa siguiendo el art. 5 del RD 901/2020.

Medidas recomendables en relación al seguimiento del plan de igualdad

Para el seguimiento (y evaluación) de un PI es recomendable:

- Fijar un calendario a seguir para la implantación de cada medida del plan.
- Fijar objetivos concretos a conseguir con las medidas del plan.
- Incorpora un sistema de indicadores para realizar el seguimiento.
- Establecer específicamente las personas/puestos/niveles jerárquicos responsables de la implantación y seguimiento del plan.
- En caso de no encargar el seguimiento a la comisión negociadoras, fijar la composición y atribuciones del órgano paritario de vigilancia y seguimiento del plan.
- Fijar un sistema para la solución de discrepancias sobre el cumplimiento/incumplimiento de las medidas contempladas en el plan.
- Fijar un procedimiento específico para la revisión de las medidas, en función de los resultados de las evaluaciones, facilitando así el cumplimiento de los objetivos.
- Prever el contenido y periodicidad de la realización de informes de seguimiento.

Contenido mínimo de los planes de igualdad y necesidad de evaluación

Dentro del contenido mínimo de los planes de igualdad ha de especificarse:

a) Identificación de los medios y recursos, tanto materiales como humanos, necesarios para la implantación, seguimiento y evaluación de cada una de las medidas y objetivos.

b) Calendario de actuaciones para la implantación, seguimiento y evaluación de las medidas del plan de igualdad.

c) Sistema de seguimiento, evaluación y revisión periódica.

d) Composición y funcionamiento de la comisión u órgano paritario encargado del seguimiento, evaluación y revisión periódica de los planes de igualdad.

e) Procedimiento de modificación, incluido el procedimiento para solventar las posibles discrepancias que pudieran surgir en la aplicación, seguimiento, evaluación o revisión, en tanto que la normativa legal o convencional no obligue a su adecuación.

El seguimiento y evaluación de las medidas previstas en el plan de igualdad deberá realizarse de forma periódica conforme se estipule en el calendario de actuaciones del plan de igualdad o en el reglamento que regule la composición y funciones de la comisión encargada del seguimiento del plan de igualdad. No obstante, hemos de tener en cuenta la necesidad de evaluar:

- En función de la vigencia del plan (máximo cuatro años).
- De forma periódica conforme se estipule en el calendario de actuaciones del plan de igualdad o en el reglamento que regule la composición y funciones de la comisión encargada del seguimiento del plan de igualdad.
- En función de la complejidad de las acciones que se pretendan implantar.
- En función de la necesidad detectada de un mayor o menor control sobre las medidas adoptadas.

La norma obliga, en cualquier caso, a realizar al menos una evaluación intermedia y otra final, así como cuando sea acordado por la comisión de seguimiento.

El resultado debe recogerse en un informe o acta.

Es recomendable una evaluación semestral o anual y siempre un informe de evaluación final al cumplimiento de la vigencia del plan de igualdad. A efectos de la adopción, aplicación, seguimiento y evaluación de los procedimientos específicos para la prevención y protección del acoso sexual y acoso por razón de sexo, podrán tenerse en cuenta los manuales, guías o recomendaciones que elabore la Secretaría de Estado de Igualdad y contra la violencia de género.

CUESTIÓN

En un plan de igualdad con distintas acciones sujetas a aplicación anual, ¿cuándo se realizará la evaluación del PI?

En primer lugar, hemos de entender necesario un acuerdo en el seno de la comisión negociadora donde se especifique.

A modo de ejemplo, en un PI previsto con una vigencia de cuatro años, donde se establecen distintas acciones sujetas a su aplicación anual, sería conveniente fijar una **evaluación intermedia y otra evaluación final**:

- **Evaluación intermedia**, en consonancia con lo que hemos establecido la Comisión de Igualdad realizará un informe de evaluación intermedio (en este caso a los dos años de vigencia del P.I) para conocer la marcha del proceso de implementación del PI y establecer, de considerarse necesario, las medidas de ajuste necesario.

- **Evaluación final**, la Comisión de Igualdad elaborará un informe de evaluación final al finalizar el periodo de vigencia y permitirá (en este caso a los cuatro años).

Indicadores que se deberán tener en cuenta para la evaluación de las acciones y estrategias recogidas y diseñadas para la implementación de un PI

Tratados los aspectos generales sobre el «Diseño de un modelo de indicadores», conviene pararse ahora en la construcción y el uso de los indicadores de género en la evaluación (y seguimiento) de los planes de igualdad, toda vez que su análisis evidenciará la contribución del PI al equilibrio de oportunidades entre mujeres y hombres y la integración de la perspectiva de género en la empresa analizada.

Como indicamos en anteriores fases, también a la hora de evaluar un PI, hemos de tomar como referencia los indicadores asociados a cada medida, así como el registro de las actuaciones puestas en marcha de cada una de ellas.

En función de la naturaleza y características de los reiterados indicadores, su actualización se realizará bien de manera instantánea cuando se produzcan variaciones o cuando se ponga en marcha un determinado proceso (por ejemplo: la definición de un procedimiento para dar respuesta a las demandas de conciliación recogidas en el buzón de sugerencias o en base al porcentaje no deseado de mujeres y hombres en un tribunal de proceso selectivo), bien de manera semestral/anual/definida a fin de comprobar la evolución de los datos (por ejemplo: porcentaje de temarios de procesos selectivos y bolsas de empleo en los que se han introducido contenidos relacionados con la legislación en vigor en materia de igualdad).

Siguiendo lo definido en el proceso de diagnóstico, podemos indicar, sobre los puntos básicos de un PI, una serie de objetivos asociados a sus indicadores.

A modo de **ejemplo**:

1.- Acceso al empleo y contratación

Objetivo 1: favorecer la entrada de personas del sexo menos representado en los departamentos en los que exista un desequilibrio por sexo.

MEDIDA: elaboración desde la Comisión de Igualdad de distintas propuestas para favorecer la entrada de personas del sexo infrarrepresentado y traslado de las mismas a los órganos de representación (Comité de empresa) para su valoración, aprobación si procede y puesta en marcha.

INDICADORES:

- Evolución en el porcentaje de mujeres y hombres en los distintos departamentos.
- Grado de utilidad de las actuaciones puestas en marcha para favorecer la entrada del sexo infrarrepresentado.

2.- Corresponsabilidad y conciliación

Objetivo 1: fomentar una mayor corresponsabilidad por parte de los hombres en las tareas de cuidados.

MEDIDA: aumentar la duración del permiso parental legalmente establecido en [NUMERO] semanas, al objeto de que los empleados asuman una mayor responsabilidad respecto al cuidado de sus hijos e hijas desde su nacimiento y para avanzar en igualar los permisos de maternidad y paternidad en base al principio de corresponsabilidad.

INDICADORES:

- N.º de permisos de paternidad solicitados.
- N.º de mujeres y de hombres que solicitan los distintos permisos y licencias de conciliación de la vida laboral, familiar y personal.

3.- Salud laboral

Objetivo: garantizar un entorno laboral libre de situaciones de acoso sexual o por razón de sexo.

MEDIDA: difusión en implantación del protocolo de actuación y prevención de situaciones de acoso sexual y por razón de sexo, estableciendo mecanismos para revisar su eficacia y realizar un seguimiento de las actuaciones desarrolladas.

INDICADORES:

- Características de las actuaciones puestas en marcha para revisar la eficacia del protocolo y para el seguimiento de las actuaciones: comunicaciones a la Comisión de Igualdad.
- Porcentaje de la plantilla a la que se ha difundido el protocolo.
- N.º de denuncias recibidas y tramitadas anualmente según tipo y procesos de resolución puestos en marcha en cada caso.

4.- Retribuciones

Objetivo: garantizar la igualdad retributiva.

MEDIDA: poner en marcha las medidas correctoras que se deriven de los resultados del estudio de brecha salarial, previa valoración por la Comisión de Igualdad y su traslado a la representación legal de la plantilla.

INDICADORES:

- Características de las actuaciones puestas en marcha para garantizar la igualdad retributiva.
- Puesta en marcha de una batería de indicadores específicos para el seguimiento de la brecha salarial a partir de los resultados del estudio.
- N.º de denuncias recibidas y tramitadas anualmente según tipo y procesos de resolución puestos en marcha en cada caso.

5.- Comunicaciones

Objetivo: promover una mayor participación e implicación del personal en la puesta en marcha de actuaciones en materia de igualdad.

MEDIDA: poner en marcha en la intranet un buzón de sugerencias en materia de igualdad, difundir su existencia y promover su uso, que recoja las propuestas del personal en materia de conciliación, lenguaje incluyente (...) y cualquier otra demanda o sugerencia relacionada con la promoción de la igualdad de género.

INDICADORES: N.º y características de las demandas/sugerencias recibidas y respuestas proporcionadas y actuaciones puestas en marcha a partir de las mismas.

Informe de evaluación

La comisión de seguimiento, o personas designadas para ello, realizarán un informe negociado de evaluación intermedia y final —con información cuantitativa y cualitativa— que se articulará sobre **tres ejes**:

Evaluación de resultados («¿qué se ha hecho?»):

- Grado de cumplimiento de los objetivos planteados en el Plan de igualdad.
- Nivel de corrección de las desigualdades detectadas en el diagnóstico.
- Grado de consecución de los resultados esperados.

Evaluación del proceso («¿cómo se ha hecho?»):

- Nivel de desarrollo de las acciones emprendidas.
- Grado de dificultad encontrado/percibido en el desarrollo de las acciones.
- Tipo de dificultades y soluciones emprendidas.
- Cambios producidos en las acciones y desarrollo del plan atendiendo a su flexibilidad.

Evaluación del impacto («¿qué se ha conseguido?»):

- Grado de acercamiento a la igualdad de oportunidades en la empresa.
- Cambios en la cultura de la empresa: cambio de actitudes del equipo directivo, de la plantilla en general, en las prácticas de RR. HH., etc.
- Reducción de desequilibrios en la presencia y participación de mujeres y hombres.

> **A TENER EN CUENTA.** El informe de evaluación final será la base para la realización de un nuevo diagnóstico para la actualización de un nuevo plan.

Como estructura orientativa para el informe de evaluación intermedio/final se propone (Según *Guía para la elaboración de planes de igualdad en las empresas*. Instituto de las Mujeres. Año 2021):

1. **Datos generales de la empresa.**
2. **Información de resultados para cada área de actuación.**
    - » Grado de cumplimiento de objetivos definidos en el plan de igualdad.
    - » Nivel de realización de las acciones previstas en el plan de igualdad.

» Nivel de obtención de resultados esperados.

» Grado de cumplimiento de objetivos de cada acción según indicadores marcados en el plan de igualdad.

» Grado de acciones de nuevas necesidades detectadas.

» Nivel de corrección de las desigualdades detectadas en el diagnóstico.

» Situación del nivel de compromiso de la empresa con la igualdad.

3. **Información sobre el proceso de implantación**.

- Nivel de desarrollo de las acciones.
- Grado de implicación de la plantilla en el proceso.
- El presupuesto previsto ha sido.
- El cumplimiento del calendario previsto ha sido.

4. **Información sobre impacto**.

- ¿Se han producido cambios en la cultura de la empresa?
- ¿Se han reducido los desequilibrios de presencia de las mujeres?
- ¿Se han reducido los desequilibrios de presencia de los hombres?
- ¿Ha habido cambios en las actitudes y opiniones del equipo directivo?
- ¿Ha habido cambios en las actitudes y opiniones de la plantilla?
- ¿Se han detectado cambios en relación con la imagen externa de la empresa?

5. **Conclusiones y propuestas**.

- Incluir una valoración general del periodo de referencia sobre el desarrollo del plan de igualdad.
- Definir propuestas de mejora o corrección de desviaciones detectadas tanto de aplicación inmediata como a futuro cuando se produzca la actualización del plan.

3.6.2. Revisión del plan de igualdad de empresa

Hay que recordar que un PI mantendrá vigente en tanto la normativa legal o convencional no obligue a su revisión o se detecte la necesidad de algún tipo de ajuste, no en vano, se medirá de manera continua durante todo el proceso por lo que resulta lógica su **posible revisión en el cualquier momento a lo largo de su vigencia**.

Sin perjuicio de los plazos de revisión que puedan contemplarse de manera específica, y que habrán de ser coherentes con el contenido de las medidas y objetivos establecidos, los planes de igualdad deberán revisarse, en todo caso, cuando concurran las siguientes **circunstancias** (art. 9.2 del Real Decreto 901/2020, de 13 de octubre):

a) Cuando deba hacerse como consecuencia de los resultados del seguimiento y evaluación.

b) Cuando se ponga de manifiesto su falta de adecuación a los requisitos legales y reglamentarios o su insuficiencia como resultado de la actuación de la Inspección de Trabajo y Seguridad Social.

c) En los supuestos de fusión, absorción, transmisión o modificación del estatus jurídico de la empresa.

d) Ante cualquier incidencia que modifique de manera sustancial la plantilla de la empresa, sus métodos de trabajo, organización o sistemas retributivos, incluidas las inaplicaciones de convenio y las modificaciones sustanciales de condiciones de trabajo o las situaciones analizadas en el diagnóstico de situación que haya servido de base para su elaboración.

e) Cuando una resolución judicial condene a la empresa por discriminación directa o indirecta por razón de sexo o cuando determine la falta de adecuación del plan de igualdad a los requisitos legales o reglamentarios.

Cuando por circunstancias debidamente motivadas resulte necesario, la revisión implicará la actualización del diagnóstico, así como de las medidas del plan de igualdad, en la medida necesaria.

3.6.3. ¿Cómo se refleja la evaluación y revisión en el plan de igualdad?

De forma **orientativa**, en el plan de igualdad el sistema de evaluación podría mostrarse según los siguientes parámetros:

SISTEMA DE EVALUACIÓN

1. Evaluación de resultados. Indicadores:

ÁREAS DE INTERVENCIÓN	ACCIONES NUEVAS	ACCIONES ANTIGUAS
Área de selección		
Área de promoción		
Área de ordenación del tiempo de trabajo		
Área de condiciones de trabajo		
Área de formación		
Área de riesgos laborales y salud laboral		
Área de representatividad		
Área de comunicación, lenguaje no sexista e imagen no sexista		

Área de acciones específicas para mujeres en situación o riesgo de exclusión		
Otras áreas de intervención		
Subtotal		
TOTAL		

- Número y sexo de las personas beneficiarias por áreas:

PERSONAS BENEFICIARIAS			
Áreas de actuación	N.º de mujeres	N.º de hombres	TOTAL
TOTAL			

- Número y sexo de las personas beneficiarias por categorías:

PERSONAS BENEFICIARIAS			
Categoría profesional	N.º de mujeres	N.º de hombres	TOTAL
TOTAL			

- Grado de desarrollo de los objetivos planteados.
- Efectos no previstos del Plan en la empresa.
- Otros.

2. Evaluación de proceso:

- Grado de sistematización de los procedimientos.
- Grado de información y difusión entre la plantilla.
- Grado de adecuación de los recursos humanos.
- Grado de adecuación de los recursos materiales.
- Grado de adecuación de las herramientas de recogida.
- Mecanismos de seguimiento periódico puestos en marcha (sólo enumeración ya que las fichas individuales recogen los detalles).
- Incidencias y dificultades en la puesta en marcha de las acciones.

- Soluciones aportadas respecto a las incidencias y dificultades en la puesta en marcha.
- Otros.

3. Evaluación de impacto:

- Reducción de desigualdades entre mujeres y hombres en la plantilla.
- Disminución de segregación vertical.
- Disminución de segregación horizontal.
- Cambios en los comportamientos, interacción y relación tanto de la plantilla como de la Dirección en los que se identifique una mayor igualdad entre mujeres y hombres.
- Cambios en la valoración de la plantilla respecto a la igualdad de oportunidades.
- Cambios en la cultura de la empresa.
- Cambios en la imagen de la empresa.
- Mejora de las condiciones de trabajo.
- Aumento del conocimiento y concienciación respecto a la igualdad de oportunidades.
- Otros.

4.
CONTENIDO Y MATERIAS A TRATAR EN EL PLAN DE IGUALDAD DE EMPRESA

Los planes de igualdad son un conjunto de medidas destinadas a garantizar la igualdad de trato y de oportunidades entre mujeres y hombres, y a eliminar la discriminación por razón de sexo. Estos planes se estructuran en base a un diagnóstico de situación, y tienen un contenido mínimo que incluye el ámbito personal, territorial y temporal, un informe del diagnóstico, resultados de la auditoría retributiva, objetivos cualitativos y cuantitativos, medidas concretas, identificación de recursos, seguimiento, evaluación y revisión periódica, y un procedimiento de modificación.

Los planes de igualdad contendrán un conjunto ordenado de medidas evaluables dirigidas a remover los obstáculos que impiden o dificultan la igualdad efectiva de mujeres y hombres (art. 46.1 de la LOI). El art. 8.2 del Real Decreto 901/2020, de 13 de octubre, fija un **contenido mínimo** que hemos ido desgranando a lo largo de la obra:

CONTENIDO MÍNIMO DE LOS PLANES DE IGUALDAD

Materias que se indican en el art. 46 de la LOI como de obligado diagnóstico:

Art. 8.2 del Real Decreto 901/2020, de 13 de octubre:

- Determinación de las partes que los conciertan.
- Ámbito personal, territorial y temporal.
- Informe del diagnóstico de situación de la empresa, o en el supuesto de grupos de empresa un informe de diagnóstico de cada una de las empresas del grupo.
- Resultados de la auditoría retributiva, así como su vigencia y periodicidad en los términos establecidos en el RD 902/2020, de 13 de octubre.
- Definición de objetivos cualitativos y cuantitativos del plan de igualdad.
- Descripción de medidas concretas, plazo de ejecución y priorización de las mismas, así como diseño de indicadores que permitan determinar la evolución de cada medida.
- Identificación de los medios y recursos, tanto materiales como humanos, necesarios para la implantación, seguimiento y evaluación de cada una de las medidas y objetivos.
- Calendario de actuaciones para la implantación, seguimiento y evaluación de las medidas del plan de igualdad.
- Sistema de seguimiento, evaluación y revisión periódica.
- Composición y funcionamiento de la comisión u órgano paritario encargado del seguimiento, evaluación y revisión periódica de los planes de igualdad.
- Procedimiento de modificación, incluido el procedimiento para solventar las posibles discrepancias que pudieran surgir en la aplicación, seguimiento, evaluación o revisión, en tanto que la normativa legal o convencional no obligue a su adecuación.

A ese contenido del plan de igualdad que podríamos denominar «formal o metodológico», se asocia la necesidad de tratar una serie de materias dentro del **diagnóstico previo**, teniendo en cuenta los criterios específicos señalados en el anexo del Real Decreto 901/2020, de 13 de octubre:

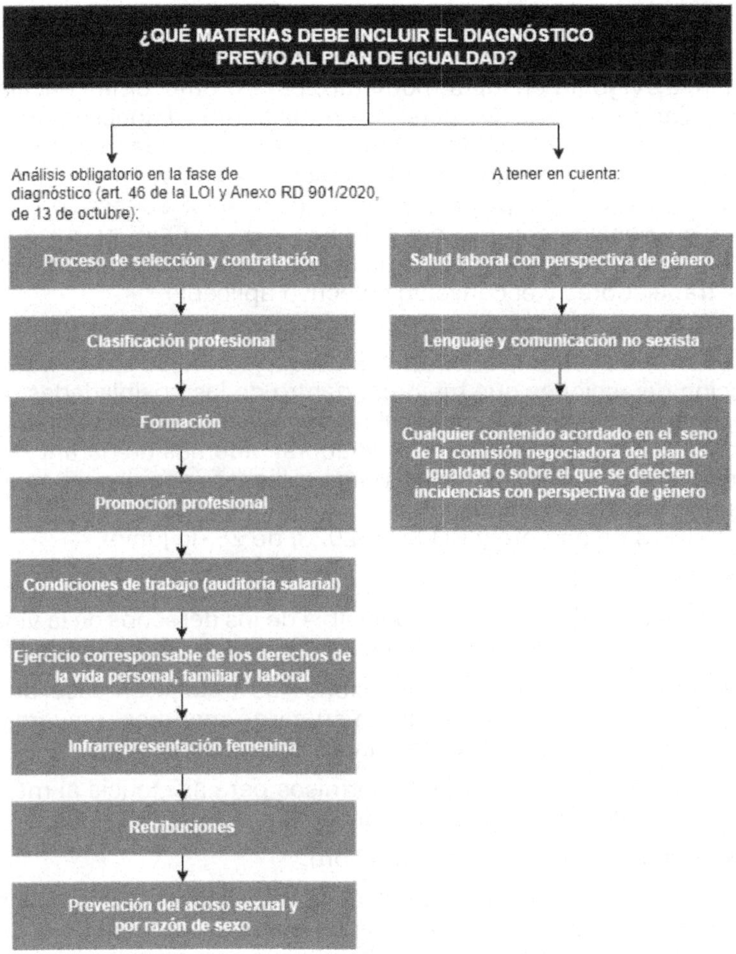

Aunque dentro del plan de igualdad no es necesario reflejar todas las materias de obligado análisis en el diagnóstico, en esa fase previa al plan sí es necesario evaluar todas las áreas fijadas por los arts. 46.2 de la LOI y 7.1 del Real Decreto 901/2020, de 13 de octubre. Como cita el *Análisis práctico del reglamento de planes de igualdad*. Boletín Igualdad en el Empleo, febrero 2021. Instituto de las Mujeres: «la Ley no impone un paquete mínimo de medidas sino solo un listado de materias que se deben de negociar en el diagnóstico, por lo que el plan de igualdad será más incisivo o menos en función de la voluntad de las partes».

4.1. Medidas dentro de un plan de igualdad de empresa relativas a la corresponsabilidad

Las personas trabajadoras, tendrán derecho a todos los beneficios recogidos en la ley vigente en cada momento, para promover la conciliación de la vida familiar y laboral de las personas trabajadoras. Especialmente todo lo referente a: permisos retribuidos; reducción de la jornada por motivos familiares; suspensión del contrato por nacimiento y cuidado del menor, riesgo durante el embarazo, adopción con acogimiento; excedencia por cuidados familiares; suspensión con reserva del puesto de trabajo, permiso parental, fuerza mayor familiar, etc. Todo ello de acuerdo con lo regulado en el Estatuto de los Trabajadores y el convenio colectivo aplicable.

En este apartado se recopilarán las medidas destinada a promover la igualdad de oportunidades entre los trabajadores y trabajadoras a través de la introducción de acciones que mejoren, dentro de las posibilidades organizativas y económicas de la compañía, el régimen legal y convencional en materia de conciliación de la vida familiar y laboral, además de garantizar el libre acceso de los trabajadores y trabajadoras a dichas medidas en condiciones de igualdad y no discriminación por razón de género (art. 46.2 de la LOI, RD 901/2020, de 13 de octubre y RD-ley 5/2023, de 28 de junio).

Recomendaciones:

- Fomentar el ejercicio corresponsable de los derechos de la vida personal, familiar y laboral ampliando el disfrute de los distintos permisos.
- Mejorar o flexibilizar las condiciones de trabajo en caso de que las personas trabajadoras tengan a su cargo menores, mayores, personas enfermas o con discapacidad previa acreditación.
- Regular el uso de disfrute de permisos para asistencia al médico con hijos, tutorías infantiles, acompañamiento a mayores, etc.
- Bolsas de vacaciones o tiempo libre.

Como hemos analizado, en el ámbito de la negociación colectiva se negociarán medidas que permitan hacer efectivos los derechos reconocidos en la normativa en materia de igualdad, y en particular, los que persiguen la adaptación de la jornada para atender a necesidades familiares derivadas del cuidado de hijos/as y de dependientes, de modo que el ejercicio de tales derechos resulte compatible con las actividades y la organización de las empresas.

La tendencia actual, tanto en la normativa reguladora, como en los PI que han visto la luz a su amparo, consiste en fomentar la corresponsabilidad, entendida en el ámbito de un plan de igualdad, como la **implantación de medidas para conseguir una mayor y mejor conciliación de la vida personal, familiar y laboral de hombres y mujeres** mediante campañas de sensibilización, difusión de permisos, mejora en las excedencias legales existentes, y medidas de flexibilidad y adaptación de jornadas, incluido el teletrabajo, así como o medidas de acción positiva dirigidas a los hombres para fomentar la implicación en las responsabilidades familiares. Ese incremento en la corresponsabilidad repercutirá de manera inversa en la utilización de estas medidas por las mujeres dentro de una visión global de lucha contra la brecha salarial, la infrarrepresentación femenina en puestos de dirección, etc.

Las medidas de conciliación y corresponsabilidad incluidas en los planes de igualdad afectan a otros ejes de obligado tratamiento en el documento como el de promoción, formación, condiciones de trabajo, salud laboral o comunicación. Cualquier actuación programada debe suponer una mejora o complemento a lo establecido en el convenio o Estatuto de los trabajadores. (Medidas de conciliación de la vida personal, laboral y familiar. Paso a paso. Año 2023).

Dentro de las posibles medidas de mejora implementadas en el área de análisis podemos citar —a modo no exhaustivo—:

a) **Medidas de organización del tiempo de trabajo**:

» Horario flexible de entrada y/o salida.

» Jornada intensiva viernes y/o en determinadas fechas (navidad, semana santa, periodo de adaptación de los horarios escolares, etc.).

» Establecimiento de horarios compatibles para parejas de trabajadores de la compañía con hijos menores.

» Asimilar parejas de hecho a los efectos de disfrute de permisos.

» Medidas a favor de las víctimas de la violencia de género.

» Horarios flexibles o posibilidad de modificación horaria temporal.

» Reuniones de trabajo y desplazamientos de empresa dentro de la jornada laboral.

» Teletrabajo o elaboración de un catálogo de derechos de conciliación.

» Posibilidad de coger días libres en momentos puntuales: cumpleaños, acompañamiento al colegio, asuntos propios, nochebuena y nochevieja.

» Facilitar cambios de turno.

» Posibilidad de reducir el tiempo de comida y adelantar la hora de salida.

» Implantación de un sistema de excedencias de verano para la atención de hijos/as hasta la edad escolar obligatoria.

b) Medidas sobre los permisos legales y su mejora:

» Permisos retribuidos para atender necesidades de acompañamiento o asistencia médica de familiares. Complementando o mejorando el nuevo permiso por fuerza mayor familiar.

» Incentivos a la corresponsabilidad.

» Mejora de permisos no retribuidos.

- » Remuneración del permiso parental establecido en el art. 48 bis del ET.
- » Mejoras en los permisos por enfermedad y dependencia de familiar.
- » Fomento del ejercicio corresponsable del cuidado del lactante.
- » Favorecer el acceso a las prestaciones/permisos por cuidado de menor.
- » Mejoras en la reducción de jornada por guarda legal tanto en la franja de edad fijada para el acceso a la reducción de jornada como en el número de veces que se pueda solicitar.
- » Difundir mediante los canales habituales de comunicación de la empresa los distintos permisos, derechos y medidas de conciliación existentes de acuerdo con la legislación vigente.
- » Extender a las parejas de hecho las licencias contempladas en el convenio colectivo de aplicación. Esta medida, contemplada en múltiples planes de igualdad ya ha sido introducida en el ET.
- » Detectar cualquier aspecto que pudiera ser limitativo tanto de las solicitudes como de los disfrutes de los permisos relacionados con la conciliación de la vida familiar.

c) Medidas de flexibilidad relacionadas con movilidad geográfica o trabajo a distancia:

- » Trabajo a distancia (mejorando las condiciones establecidas en convenio, LTD o facilitando su concesión como medida de adaptación y distribución de jornada al amparo del art. 34.8 del ET).
- » Videoconferencias en lugar de desplazamientos físicos.
- » Formación online.
- » Movilidad geográfica con respeto de preavisos y teniendo en cuenta su posible compatibilidad/incompatibilidad con la vida personal.

d) Medidas relativas a las mejoras y beneficios sociales:

- » Ayudas económicas por nacimiento de hijos/as.
- » Ayudas económicas por escolaridad o ticket de guardería.
- » Servicio de autocar o ayudas al transporte.
- » Seguro médico.
- » Seguro de vida/accidentes.
- » Plan de pensiones.
- » Préstamos o anticipos de salario.
- » Descuentos en compras de productos o servicios ofertados por la empresa: productos de la empresa, coches, viajes, actividades deportivas, etc.
- » Ayudas en caso de convivencia con discapacitados.
- » Ayudas sociales para gastos extraordinarios relacionados con los/as hijos/as como compra de gafas, dentales, audífonos, ortopédicas, psicoterapia, medicamentos, etc.

e) **Medidas relacionadas con la formación y promoción: garantizar que las personas que se acojan a cualquiera de los derechos relacionados con la conciliación de la vida familiar y laboral (permisos, reducciones de jornada, etc.), no vean frenado el desarrollo de su carrera profesional ni sus posibilidades de promoción.**
f) Fomento de la desconexión digital.
g) Etc.

RESOLUCIÓN RELEVANTE

SAN n.° 220/2021, de 21 de octubre de 2021, ECLI:ES:AN:2021:4570

Interpretando la regulación del plan de igualdad referida a los permisos retribuidos para atender necesidades de acompañamiento a asistencia médica, la AN entiende que el plan se refiere a padres o madres dependientes, por lo que valida la práctica empresarial de solicitar un justificante de la situación de dependencia

«Carece de sentido pretender que el permiso se extienda a dichos familiares (pensemos en hijos mayores de 18 años o en padres que no están al cuidado del trabajador, pensemos incluso que unos y otros pueden vivir de forma independiente), máxime cuando ningún requisito adicional se exige atendiendo a la gravedad o imposibilidad de acudir a la consulta médica.

Una interpretación como la pretendida que se reconozca el derecho al acompañamiento al médico del padre o la madre, sin que sea necesario que los mismos estén a cargo de la persona trabajadora, ni sean dependientes, ampliaría de modo abusivo, por carencia de causa razonable el uso de este permiso que además, no olvidemos, es retribuido con cargo al empresario».

CUESTIÓN

¿Qué es el salario emocional?

Es un concepto, no regulado normativamente, que podría definirse como la retribución no monetaria que ofrece la empresa a su personal. Es decir, el salario emocional abarca todos aquellos beneficios no económicos que satisfacen necesidades personales y mejoran la calidad de vida de las personas trabajadoras.

Como iniciativas de salario emocional podemos citar: horario flexible; trabajo a distancia; ayudas en el desarrollo de la carrera profesional; guardería en el lugar de trabajo; días libres para los empleados el día de su cumpleaños o cumpleaños de familiares; actividades de voluntariado promovidas por la organización y con horas libres para que los empleados realicen dichas actividades, etc.

A modo de **ejemplo**:

Dentro de la conciliación de la vida laboral con perspectiva de género, a la hora de confeccionar el plan de igualdad —y siempre en función del diagnóstico en cada caso— como ejemplo vamos a reflejar objetivos junto con las posibles medidas a implementar [correspondiendo otros parámetros como el calendario o ámbito temporal, la determinación de las personas responsables, el presupuesto o recursos, los destinatarios, los indicadores asociados, el responsable de la implantación o la fecha de puesta en marcha de las medidas a la decisión tomada en cada caso].

Objetivo: garantizar el ejercicio de los derechos de conciliación, informando de ellos y haciéndolos accesibles a toda la plantilla independientemente del sexo.

Medidas:

1. Recoger datos estadísticos desagregados por sexo de los diferentes permisos, suspensiones de contrato y excedencias relacionadas con la conciliación familiar.
2. La realización y difusión mediante un folleto informativo de los derechos y medidas de conciliación de la LOI, ET y las disponibles en la Empresa que mejore la legislación vigente.

Objetivo: mejorar las medidas legales para facilitar la conciliación de la vida familiar, personal y laboral de la plantilla.

Medidas:

1. Realizar un estudio de los calendarios laborales de los centros de trabajo y actividades, con el fin de determinar si el régimen de libranzas es el mismo para hombres y mujeres.
2. Posibilitar la adaptación de la jornada sin reducirla para aquellas trabajadores/as que tengan personas a su cargo, siempre que la organización del centro lo permita (menores de doce años o personas con discapacidad que no desempeñen una actividad retribuida).
3. En caso de asistencia al médico de urgencias de descendientes o ascendientes de primer grado a cargo del trabajador/a, se considerarán permiso retribuido las horas necesarias para el acompañamiento durante la asistencia que coincidan con la jornada laboral.
4. Considerar causa justificada para el disfrute de una licencia no retribuida de un máximo de [DETERMINAR NÚMERO] días, el fallecimiento, enfermedad grave o muy grave de descendiente y ascendientes de 1.º grado, cónyuges, parejas de hecho, así como de menores a cargo del trabajador/a, siempre que sea debidamente acreditado.
5. Aumentar el tiempo de excedencia que se puede solicitar para atender al cuidado de un familiar hasta el segundo grado de consanguinidad o afinidad, que por razones de edad, accidente, enfermedad o discapacidad no pueda valerse por sí mismo, y no desempeñe actividad retribuida.
6. Las trabajadoras tendrán derecho a ausentarse del trabajo por el tiempo indispensable para someterse a tratamientos de reproducción asistida, sin pérdida de su retribución, previo aviso y posterior justificación.
7. En caso de existir vacante, se procurará atender las solicitudes de movilidad geográfica voluntaria, que tengan por objeto atender situaciones parentales relacionadas con el régimen de visitas de hijos/as, u otras situaciones para padres o madres separadas/divorciados y/o tutores legales, cuya guardia y custodia recaiga sobre uno de los progenitores.

8. Las personas trabajadoras tendrán preferencia para el cambio de turno para atender situaciones parentales relacionadas con el régimen de visitas de hijos/as, u otras situaciones para padres o madres separadas/divorciados y/o tutores legales cuya guardia y custodia recaiga sobre uno de los progenitores. Asimismo, los trabajadores/as en esta situación tendrán derecho a elección de turno de vacaciones siempre y cuando puedan acreditar esta necesidad.
9. Ampliación del permiso por nacimiento de hijos/as que, en cada caso prevea el convenio colectivo, en dos días adicionales, siendo de aplicación en los casos de adopción, acogimiento, siempre y cuando la madre le haya cedido al padre dos semanas de su suspensión de contrato por maternidad. [Adaptar al convenio colectivo aplicable].
10. Establecer la posibilidad de una excedencia de un máximo de seis meses, con derecho a reserva de su puesto de trabajo y condiciones, para las personas en trámites de adopción internacional, y de hasta tres meses en los casos de adopciones nacionales o acogimiento familiar, siempre y cuando exista un preaviso de al menos un mes de antelación. [Adaptar al convenio colectivo aplicable].
11. Recoger datos estadísticos, desagregados por sexo, categoría, puesto de trabajo, jornada y tipo de contrato de las diferentes licencias, permisos, suspensión de contrato y excedencias relacionadas con la conciliación.
12. Permiso para la asistencia a las tutorías de cada hijo/hija. Fijar la posibilidad de asistencia utilizando permisos retribuidos.

Objetivo: fomentar el uso de medidas parentales entre los hombres de la plantilla.

Medidas:

1. Realizar campañas informativas y de sensibilización (jornadas, folletos, etc.) específicamente dirigidas a los trabajadores hombres sobre las medidas de conciliación existentes en el plan.
2. Posibilitar la unión del permiso de paternidad a las vacaciones, incluyendo las no disfrutadas del año anterior, aun cuando haya finalizado el año natural.
3. Permiso al padre para el acompañamiento a las clases de preparación al parto y exámenes médicos prenatales.
4. Ampliación para los hombres del permiso retribuido previsto en el convenio colectivo para acompañar a consulta médica a sus hijas/os menores. [Adaptar al convenio colectivo aplicable].
5. El padre o la otra persona progenitora tendrá derecho a flexibilizar su horario, siempre que la organización del centro lo permita, durante los [ESPECIFICAR] meses posteriores al disfrute de los permisos derivados del nacimiento del hijo/a, y en su caso, las vacaciones, siempre y cuando dicho derecho no sea solicitado simultáneamente por dos trabajadores del mismo centro de trabajo.

6. La empresa abonará la cantidad de [CANTIDAD] euros brutos, a aquellos padres que soliciten la excedencia por cuidado de hijo, a continuación del permiso por nacimiento y cuidado del menor. [Adaptar al convenio colectivo aplicable].

Algunos **indicadores** para control de los objetivos y medidas en la materia podrían ser:

- Número de solicitudes aceptadas y número de solicitudes denegadas.
- Número de mejoras de las condiciones establecidas por normativa o convenio mejoradas.
- Número de procedimientos judiciales o sanciones por falta de concesión de permisos, licencias, excedencias o reducciones de jornada.
- Incidencia de las medidas de corresponsabilidad implantadas en los distintos niveles de la empresa.
- Campañas de información y divulgación en materia de corresponsabilidad.

4.2. Medidas dentro de un plan de igualdad de empresa relativas a las condiciones de trabajo

La LOI en su art. 46.2 letra i), establece como punto obligado en un diagnóstico las condiciones de trabajo, incluida la auditoría salarial entre mujeres y hombres de conformidad con lo establecido en el Real Decreto 902/2020, de 13 de octubre, de igualdad retributiva entre mujeres y hombres. (Medidas de conciliación de la vida personal, laboral y familiar. Paso a paso. Colex. Año 2024).

Recomendaciones:

- Fomentar medidas de conciliación de la vida personal y laboral.
- Fijar medidas que flexibilicen el horario de las personas trabajadoras equilibrando las necesidades productivas y organizativas de las empresas.
- Racionalización de los horarios laborales.
- Control y registro de la jornada laboral siguiendo lo establecido en el art. 34 del ET.
- Establecer un protocolo de desconexión digital.

Las «condiciones de trabajo», pueden definirse como el conjunto de obligaciones y derechos que regulan las relaciones de trabajo. La Ley 15/2022, de 12 de julio (vigente desde el 14/07/2022) ha proyectado el derecho a la igualdad de trato y no discriminación en el empleo por cuenta ajena sobre este concepto haciendo referencias como:

- No podrán establecerse limitaciones, segregaciones o exclusiones por razón de «por razón de nacimiento, origen racial o étnico, sexo, religión, convicción u opinión, edad, discapacidad, orientación o identidad sexual, expresión de género, enfermedad o condición de salud, estado serológico y/o predisposición genética a sufrir patologías y trastornos, lengua, situación socioeconómica, o cualquier otra condición o circunstancia personal o social» para el acceso al empleo por cuenta ajena, público o privado, incluidos los criterios de selección, en la formación para el empleo, en la promoción profesional, en la retribución, en la jornada y demás condiciones de trabajo, así como en la suspensión, el despido u otras causas de extinción del contrato de trabajo.

- Se entenderán discriminatorios los criterios y sistemas de acceso al empleo, público o privado, o en las condiciones de trabajo que produzcan situaciones de discriminación indirecta por razón de las causas previstas en la Ley 15/2022, de 12 de julio.
- La Inspección de Trabajo y Seguridad Social velará por el respeto del derecho a la igualdad de trato y no discriminación en el acceso al empleo y en las condiciones de trabajo. Para ello, en el ejercicio de su función de vigilancia y exigencia del cumplimiento de las normas de orden social, la Inspección de Trabajo y Seguridad Social incluirá en su plan anual integrado de actuación con carácter de objetivo de alcance general, el desarrollo de planes específicos sobre igualdad de trato y no discriminación en el acceso al empleo y en las condiciones de trabajo.
- La negociación colectiva no podrá establecer limitaciones, segregaciones o exclusiones para el acceso al empleo, incluidos los criterios de selección, en la formación para el empleo, en la promoción profesional, en la retribución, en la jornada y demás condiciones de trabajo, así como en la suspensión, el despido u otras causas de extinción del contrato de trabajo, por las causas previstas en la Ley 15/2022, de 12 de julio.

El art. 46.2.i) de la LOI, en consonancia con el art. 7.1.e) Real Decreto 901/2020, de 13 de octubre, establece como **punto obligado en un diagnóstico las condiciones de trabajo**, incluida la auditoría salarial entre mujeres y hombres de conformidad con lo establecido en el Real Decreto 902/2020, de 13 de octubre, de igualdad retributiva entre mujeres y hombres.

El diagnóstico recopilará información necesaria para medir y evaluar, a través de indicadores, cuantitativos y cualitativos, las condiciones de trabajo de todo el personal, incluido los trabajadores y trabajadoras puestos a disposición en la empresa usuaria, teniendo en cuenta los aspectos generales que afecten al tiempo de trabajo, la movilidad funcional y geográfica, la estabilidad laboral de mujeres y hombres, y en concreto (anexo del Real Decreto 901/2020, de 13 de octubre):

a) Jornada de trabajo.
b) Horario y distribución del tiempo de trabajo, incluidas las horas extraordinarias y complementarias.
c) Régimen de trabajo a turnos.

d) Sistema de remuneración y cuantía salarial, incluidos los sistemas de primas e incentivos.

e) Sistema de trabajo y rendimiento, incluido, en su caso, el teletrabajo.

f) Medidas de prevención de riesgos laborales con perspectiva de género.

g) Intimidad en relación con el entorno digital y la desconexión. Las empresas están obligadas a elaborar, con la participación de los representantes de los trabajadores si los hubiera, los criterios de utilización de los dispositivos digitales, informar a sus empleados sobre la existencia de sistemas de videovigilancia y geolocalización y definir una política de desconexión digital. El artículo 88 de la LOPD establece que —los trabajadores (...) tendrán derecho a la desconexión digital a fin de garantizar, fuera del tiempo de trabajo legal o convencionalmente establecido, el respeto de su tiempo de descanso, permisos y vacaciones, así como de su intimidad personal y familiar—. Las empresas, previa audiencia de los representantes de los trabajadores si los hubiera, deben elaborar para sus trabajadores (directivos incluidos) una política interna que regule las modalidades de ejercicio de este derecho y evite el riesgo de fatiga informática.

h) Sistema de clasificación profesional y promoción en el trabajo, detallando el puesto de origen y destino.

i) Tipos de suspensiones y extinciones del contrato de trabajo.

j) Permisos y excedencias del último año y motivos, por edad, tipo de vinculación con la empresa, antigüedad, departamento, nivel jerárquico, grupos profesionales, puestos de trabajo y nivel de formación.

k) Implementación, aplicación y procedimientos resueltos en el marco del protocolo de lucha contra el acoso sexual y/o por razón de sexo implantado en la empresa.

l) Ausencias no justificadas, especificando causas, por edad, vinculación con la empresa, tipo de relación laboral, tipo de contratación y jornada, antigüedad, departamento, nivel jerárquico, grupos profesionales, puestos de trabajo y nivel de formación.

m) Régimen de movilidad funcional y geográfica, según lo previsto en los artículos 39 y 40 del Estatuto de los Trabajadores.

n) Las modificaciones sustanciales de las condiciones de trabajo, tal como vienen definidas en el artículo 41 del Estatuto de los Trabajadores, que hayan podido producirse en los últimos tres años.

o) Identificación del número y condiciones de trabajo de las personas trabajadoras cedidas por otra empresa.

p) Las inaplicaciones de convenio realizadas conforme a lo previsto en el artículo 82.3 del Estatuto de los Trabajadores.

También se tendrá en cuenta la implantación y revisión de sistemas de organización y control del trabajo, estudios de tiempos, y valoración de puestos de trabajo y su posible impacto con perspectiva de género.

La norma no especificaba, qué debemos entender por «condiciones de trabajo» a efectos de un plan de igualdad o diagnóstico previo. Tras las nuevas especificaciones, a los efectos de esta guía, hemos de entender como «condiciones de trabajo», la **ordenación del tiempo de trabajo** relacionada con la necesidad de todo plan de igualdad de mejorar las mismas mediante acciones que supongan mayores beneficios para las personas trabajadoras que las establecidas por la normativa existente, o, dada la especificación de otros criterios de forma concreta, medidas que no han quedado enumeradas por la LOI como las de **movilidad geográfica** (traslados y desplazamientos), la existencia de condiciones más beneficiosas, la aplicación de **medidas de prevención de riesgos laborales** (dejando el área de «salud laboral» para aspectos relacionados con el acoso sexual o por razón de sexo) en a su impacto por género en la plantilla y la **necesidad de análisis de las condiciones retributivas con perspectiva de género** que estudiaremos en el pertinente apartado.

En cualquier caso, en la determinación de las condiciones laborales fuera de las fijadas para su análisis en el diagnóstico, incluidas las relacionadas con la **extinción del contrato de trabajo**, no podrá tenerse en cuenta el sexo del trabajador o trabajadora afectado, salvo que se haya establecido como una medida expresa de acción positiva, para facilitar la contratación o el mantenimiento del empleo de los trabajadores o trabajadoras, cuyo sexo se encuentre menos representado y siempre que la misma resulte razonable y proporcionada.

A modo de **ejemplo**:

Dentro de la ordenación del tiempo de trabajo, a la hora de confeccionar el plan de igualdad —y siempre en función del diagnóstico en cada caso— como ejemplo vamos a reflejar objetivos junto con las posibles medidas a implementar (correspondiendo otros parámetros como el calendario o ámbito temporal, la determinación de las personas responsables, el presupuesto o recursos, los destinatarios, los indicadores asociados, el responsable de la implantación o la fecha de puesta en marcha de las medidas a la decisión tomada en cada caso).

Objetivo: ordenación del tiempo de trabajo.

Medidas:

1. La representación de trabajadores y trabajadoras formará parte de los procesos organizativos del tiempo de trabajo y de las medidas conciliatorias de la vida laboral, familiar y personal (delegados y delegadas con formación en igualdad).
2. Conceder mayores beneficios a los hombres que accedan a trabajo a turnos por motivos de conciliación familiar.
3. Implantar jornada intensiva en verano.
4. Fomentar el teletrabajo.
5. Sistemas de remuneración que valoren más la productividad y el cumplimiento de objetivos que la presencia física en el puesto de trabajo.
6. Posibilitar un horario flexible con posibilidad de compensación semanal o mensual.

Objetivo: realizar las acciones y promover medidas que faciliten la conciliación de la vida laboral, personal y familiar.

Medidas:

1. Implantación o mejora del sistema de turnos, la distribución de la jornada y las concreciones horarias y facilite alternativas al trabajo a tiempo parcial y a la reducción de jornada.
2. Implementación de fórmulas de trabajo compartido, entre dos personas con jornada reducida, siempre que lo permita la organización del trabajo.
3. Potenciar el uso de los medios tecnológicos que facilitan la flexibilidad y evitan desplazamientos y viajes de trabajo (videoconferencia y otros).
4. Mejoras en licencias, excedencias y vacaciones.

Objetivo: garantizar una protección adecuada en materia preventiva de la salud de todas las personas trabajadoras y especialmente de las mujeres trabajadoras.

Medidas:

1. Evaluación específica de todos los riesgos previsibles de todos los puestos de trabajo.
2. Dar a conocer y publicitar la normativa vigente sobre prevención de riesgos laborales para las mujeres embarazadas, procurando dar información específica y actualizada sobre la materia.
3. El Servicio de Prevención de Riesgos Laborales deberá realizar una vigilancia de la salud y elaborará una evaluación de riesgos de todos los puestos de trabajo, incidiendo en la actuación frente a los riesgos laborales específicos (tanto los psicosociales como los relacionados con la salud, maternidad y lactancia), teniendo en cuenta la posibilidad de que la trabajadora que lo ocupe o vaya a ocuparlo esté embarazada o en periodo de lactancia natural, y todo ello en los términos establecidos en la legislación vigente.
4. Las trabajadoras deberán comunicar su situación de embarazo o lactancia natural a la Dirección de RR.HH., debiendo la empresa adoptar las medidas preventivas necesarias.
5. Para el supuesto de que su puesto de trabajo sea imposible de realizar por circunstancia de la situación de embarazo o lactancia natural, y antes de suspender el contrato de trabajo, siempre que resulte técnica y objetivamente posible, la trabajadora será cambiada a un puesto de trabajo o función diferente que sea compatible con su estado.
6. Se establecerá un protocolo de actuación en la empresa que establezca cómo se actúa a partir de la comunicación del estado de embarazo o lactancia natural.

Algunos **indicadores** para control de los objetivos y medidas en la materia podrían ser:

- Estadísticas de suspensión de contrato por corresponsabilidad.

- Número de solicitudes aceptadas y número de solicitudes denegadas para el acceso a modificaciones de jornada, excedencias, teletrabajo, etc.
- Evaluación de riesgos específica por puestos con referencias al supuesto de mujer embarazada.
- N.º de acciones formativas realizadas en relación con la PRL de las mujeres embarazadas.
- N.º de mujeres y hombres participantes según tipología de formación presencial/teleformación.
- N.º de acciones relacionadas con la redacción y difusión del protocolo en caso de embarazo.

CUESTIONES

1. ¿Un plan de igualdad puede eliminar las condiciones más beneficiosas concedidas a la plantilla?

Dentro de un plan de igualdad no es descartable tener en cuenta beneficios adquiridos por antigüedad o contrato e intentar estandarizarlos para toda la plantilla. No obstante, si a pesar de que el plan de igualdad promulgue condiciones más favorables para la mayoría de la plantilla, existiesen —a la fecha de entrada en vigor del plan— colectivos con condiciones más beneficiosas, estás han de respetarse.

2. ¿El plan de igualdad ha de contener medidas relacionadas con la prevención de riesgos laborales?

La Ley de Prevención de Riesgos Laborales exige una serie de medidas relacionas con la protección del embarazo y la lactancia en materia preventiva. Examinado el impacto de género en el diagnóstico, el plan de igualdad ha de reflejar medidas para eliminar cualquier discriminación, pero la ordenación de la prevención de riesgos corresponderá al Plan de Prevención de Riesgos laborales.

Como ejemplo podemos citar la **STS n.º 589/2019, de 16 de julio, ECLI:ES:TS:2019:2778**, donde el Alto Tribunal considera discriminatoria la práctica empresarial consistente en no computar como horas efectivamente trabajadas (a los efectos de devengo del complementos salariales) las ausencias al servicio por causa de maternidad, paternidad, riesgo durante el embarazo, riesgo durante la lactancia, adopción o acogimiento, declarando el derecho de los afectados al abono de las diferencias retributivas que de ello se deriven.

4.3. Medidas dentro de un plan de igualdad de empresa relativas al acceso al empleo

Para la consecución de los objetivos fijados, los planes de igualdad podrán contemplar, entre otras, materias de actuación relacionadas con el acceso al empleo, entendido como el proceso de selección y contratación, en igualdad de condiciones [arts. 46.2 de la LOI y 7.1.a) del RD 901/2020, de 13 de octubre].

Recomendaciones:

- Implementación de un protocolo de selección y acceso a la entidad para evitar la discriminación por género en el proceso de selección y la contratación.
- Fomentar la utilización de un currículum anónimo o ciego en los procesos de selección suprimiendo la existencia de referencias personales tales como nombre, sexo, edad, fotografía u otras circunstancias personales.
- Medidas de acción positiva, de conformidad con lo convenido en el plan de igualdad, con el objetivo de incrementar el porcentaje de acceso al empleo de las personas, mujer/hombre, menos representadas en cada departamento, fomentando su contratación, de manera que, en igualdad de condiciones y méritos por parte de los candidatos evaluados se optará por contratar al colectivo menos representado.
- Impartir a las personas encargadas implicadas en los procesos de selección formación sobre la normativa LGTBI.

El proceso de reclutamiento y todos los aspectos tenidos en cuenta para el mismo, desde la oferta de empleo hasta la incorporación de la persona trabajadora a la plantilla, han de seguir el principio de igualdad y no discriminación en las relaciones laborales garantizando el derecho al trabajo en igualdad de oportunidades.

Cuando del diagnóstico del plan de igualdad se llegue a la conclusión, dentro de las acciones relacionadas con la selección de personal y acceso a la organización, de la necesidad de implementar medidas para evitar la discriminación por género en el acceso y la contratación, la tendencia actual que encontramos en los distintos PI recientes es la de realizar un protocolo de selección y acceso a la entidad para evitar la discriminación por género en el acceso y la contratación.

CUESTIÓN

¿Qué es un protocolo de selección y acceso a la empresa?

Es la expresión escrita de las medidas para evitar la discriminación por género en el acceso y la contratación. Mediante su confección la empresa asume el compromiso de no discriminación y especifica todas las medidas necesarias (concretas o correctoras) relacionadas con la selección o contratación (y promoción profesional de considerarse necesario).

JURISPRUDENCIA

STS n.º 892/2023, de 30 de octubre de 2023, ECLI: ES:TS:2023:4822

La contratación de una trabajadora en avanzado estado de gestación no puede calificarse de fraudulenta para obtener indebidamente la prestación por desempleo. El art. 14 de la CE, en su tutela antidiscriminatoria, rige también esa fase de contratación y sus formalizaciones jurídicas, al igual que ya explicitó el Convenio núm. 111 de la OIT, al prohibir también las discriminaciones «en el empleo y la ocupación», integrando los momentos preliminares a la contratación. Así mismo, el art. 8 de la LOI, vino en disponer que constituye discriminación directa por razón de sexo todo trato desfavorable a las mujeres relacionado con el embarazo o la maternidad.

- Dentro de las medidas contempladas en el proceso de selección y contratación, se trata de **incorporar la perspectiva de género en el proceso de selección de personal**, bien mediante la confección de un protocolo, bien a través de la instauración de medidas concretas en el PI, como hacer públicos los criterios de contratación y de selección para que toda la plantilla sea conocedora de los mismos o realizar programas de sensibilización y orientación en los principios de igualdad de oportunidades a las personas responsables de la selección de personal y RR.HH.

Conforme a lo establecido en el anexo del RD 901/2020, de 13 de octubre, para las medidas de selección y contratación, **el diagnóstico deberá contener información desagregada por sexo relativa a**:

- Los **ingresos y ceses producidos** en el último año con indicación de la causa, especificando la edad, vinculación, tipo de relación laboral, tipo de contratación y jornada nivel jerárquico, grupos profesionales o puestos de trabajo y circunstancias personales y familiares conforme a lo dispuesto en el art. 88 del RIRPF.
- **Criterios y canales** de información y/o comunicación utilizados en los procesos de selección, contratación, formación y promoción profesional.
- **Criterios, métodos y/o procesos utilizados** para la descripción de perfiles profesionales y puestos de trabajo, así como para la selección de personal, promoción profesional, gestión y la retención del talento.
- **Lenguaje y contenido** de las ofertas de empleo y de los formularios de solicitud para participar en procesos de selección, formación y promoción. En este aspecto también debemos tener presente las especificaciones asociadas a la Ley Trans a la hora de utilizar criterios neutros en los procedimientos de selección para evitar cualquier tipo de discriminación directa o indirecta desfavorable por orientación sexual, expresión o identidad de género y diversidad sexogenérica.
- **Perfil de las personas** que intervienen en los procesos de selección, gestión y retención del talento y, en su caso, sobre su formación en materia de igualdad y sesgos inconscientes de género.

Nadie podrá ser discriminado por razón de sexo en el acceso al trabajo. En función del resultado obtenido en el diagnóstico, el futuro plan de igualdad reflejará en su contenido:

Medidas para la implantación de sistemas objetivos de selección de personal y contratación

Las ofertas de empleo deberán realizarse, en todo caso, tanto a hombres como a mujeres, no pudiendo excluir, directa o indirectamente, a ningún trabajador o trabajadora por razón de su sexo. Las pruebas de selección de personal que realicen las empresas no podrán establecer diferencia o ventaja alguna relacionada con el sexo de quienes aspiren a la selección. La contratación laboral no podrá quedar determinada en atención a la condición del sexo del trabajador o trabajadora, salvo el establecimiento concreto de medidas de acción positiva a favor del sexo menos representado que puedan establecerse en el ámbito de la empresa. Igualmente, nadie podrá ser discriminado/a por su edad, procedencia étnico-cultural, orientación sexual, diversidad cognitiva y/o física, razón de orientación e identidad sexual, expresión de género o características sexuales de las personas LGTBI y sus familias, como indican la LOI, la Ley 15/2022, de 12 de julio y la Ley 4/2023, de 28 de febrero.

Partiendo de la regulación contenida en el art. 16.c) de la LISOS, donde se considera infracción muy grave en materia de empleo «(...) Solicitar datos de carácter personal en los procesos de selección o establecer condiciones, mediante la publicidad, difusión o por cualquier otro medio, que constituyan discriminaciones para el acceso al empleo por motivos de sexo, origen, incluido el racial o étnico, edad, estado civil, discapacidad, religión o convicciones, opinión política, orientación e identidad sexual, expresión de género, características sexuales, afiliación sindical, condición social y lengua dentro del Estado», la empresa debe establecer procedimientos y sistemas formalizados que garanticen que cada etapa del proceso se realiza de manera ordenada, objetiva, y que respete y promueva la igualdad de oportunidades entre mujeres y hombres. Como recomendamos podemos indicar:

- Definición neutra del puesto de trabajo y perfil profesional ofertado.
- Descripción de los requisitos del puesto y perfil de trabajo ajustados a las necesidades reales.
- Equivalencias que permitan admitir competencias profesionales adquiridas mediante la experiencia práctica.
- Redacción de la convocatoria con lenguaje e imágenes neutras e inclusivas.
- Elección de canales de comunicación incluyentes. Evaluar los canales de difusión de las ofertas y procurar captar candidaturas de ambos sexos para todos los puestos.
- Recepción de candidaturas mediante formulario modelo.
- Conformación de equipos de selección mixtos.
- Realización de entrevistas personales objetivas.
- En caso de existir una negociación de condiciones previas a la incorporación a la empresa seguir el principio de «a igual valor, misma remuneración».

CUESTIÓN

Currículum ciego, ¿qué es y qué datos ha de incluir/excluir?

El «currículum ciego» es un sistema de recogida de información de los candidatos sin foto ni referencias personales, tales como la edad, sexo, nombre y nacionalidad. Su objetivo es que no se discrimine a la hora de contratar por imagen, edad o género, sino que las empresas se centren en las capacidades y trayectoria profesional.

Emplear este tipo de currículum para seleccionar a las personas que vayan a ocupar los puestos de trabajo supone eliminar «(...) cualquier discriminación por motivos de sexo, edad o nacionalidad, de las candidaturas que se postulan para acceder a un puesto de trabajo». (Plan de igualdad de Hipermercados Carrefour. BOE de 26 de enero de 2019).

Atendiendo a los factores de discriminación más frecuentes a la hora de contratación, un CV anónimo o ciego no debe mostrar: fotografía, estado civil, fecha de nacimiento o edad, nombre, nacionalidad o cualquier otra información que pueda conducir a un estado de discriminación laboral. Limitándose a mostrar la experiencia, los idiomas, las titulaciones y cursos relacionados con la vacante o las habilidades y competencias de interés para el puesto.

Medidas para la igualdad en relación con los procesos de selección externalizados

En materia de contratación, el acceso a la empresa mediante empresas de trabajo temporal, agencias de colocación o empresas de selección, resulta una materia sensible, toda vez que se selecciona personas trabajadoras que prestarán servicios en otras empresas.

Tras diversos pronunciamientos judiciales y con el reconocimiento específico por parte del Real Decreto 901/2020, de 13 de octubre, de la aplicación de los P.I de la empresa usuaria a los trabajadores cedidos, cobra especial interés que los planes de igualdad contengan medidas para que no se produzcan discriminaciones por razón de sexo en los contratos, favoreciendo el acceso de las mujeres a todas las profesiones, categorías y funciones que les sean solicitadas, especialmente en aquellos sectores más masculinizados.

Para ello, en los planes de igualdad, según diagnóstico de situación de cada empresa, ha de garantizarse el respeto a la igualdad de oportunidades entre mujeres y hombres en procesos de selección (tanto internos como externos), incluyendo medidas de discriminación positiva cunado resulte necesario.

La participación de la representación de las personas trabajadoras en los procesos de selección de personal

A pesar de no tener un reconocimiento legal fuera del deber de información en determinadas materias, puede resultar de interés fijar medidas en consenso con la RLT en relación al acceso al puesto de trabajo y para favorecer un acceso en igualdad de oportunidades de todos los colectivos de la empresa.

Incorporación de medidas de acción positiva en la materia

Las medidas de acción positiva, de conformidad con lo convenido en el plan de igualdad, persiguen el objetivo de incrementar el porcentaje de acceso al empleo de las personas, mujer/hombre, menos representadas en cada departamento, fomentando su contratación, de manera que, en igualdad de condiciones y méritos por parte de los candidatos evaluados se optará por contratar al colectivo menos representado.

Ingreso en la empresa

Por acuerdo entre el trabajador/a y la empresa se establecerá el contenido de la prestación laboral objeto del contrato de trabajo, así como su equiparación al grupo profesional o nivel retributivo previsto en el convenio colectivo aplicable, de conformidad con la legislación vigente.

Cuando se acuerde la polivalencia funcional o realización de funciones propias de dos o más grupos, la equiparación se realizará en virtud de las funciones que se desempeñen durante mayor tiempo en su jornada laboral en su consideración mensual.

Trabajo de colectivos especiales

Las empresas públicas y privadas que empleen a un número de 50 o más trabajadores vendrán obligadas a que de entre ellos, al menos, el 2 por 100 sean trabajadores con discapacidad. El cómputo mencionado anteriormente se realizará sobre la plantilla total de la empresa correspondiente, cualquiera que sea el número de centros de trabajo de aquélla y cualquiera que sea la forma de contratación laboral que vincule a los trabajadores de la empresa. Igualmente se entenderá que estarán incluidos en dicho cómputo los trabajadores con discapacidad que se encuentren en cada momento prestando servicios en las empresas públicas o privadas, en virtud de los contratos de puesta a disposición que las mismas hayan celebrado con empresas de trabajo temporal.

De manera excepcional, las empresas públicas y privadas podrán quedar exentas de esta obligación, de forma parcial o total, bien a través de acuerdos recogidos en la negociación colectiva sectorial de ámbito estatal y, en su defecto, de ámbito inferior, a tenor de lo dispuesto en el art. 83.2 y 3 del ET, bien por opción voluntaria del empresario, debidamente comunicada a la autoridad laboral, y siempre que en ambos supuestos se apliquen las medidas alternativas que se determinen reglamentariamente.

Para facilitar este objetivo, se avanzará en la identificación de las actividades y los puestos de trabajo que pueden tener menos dificultades para su cobertura por personas con discapacidad. (Convenio colectivo estatal del sector laboral de restauración colectiva. BOE 14/12/2022).

En paralelo las empresas:

- Promoverán que las acciones de formación profesional se encuentren debidamente adaptadas a las distintas discapacidades que puedan presentar las personas trabajadoras; de tal forma que puedan participar en igualdad de condiciones que el conjunto de la plantilla.
- En caso de recurrir a enclaves laborales adecuan sus instalaciones y los puestos de trabajo a las necesidades de los trabajadores del Centro Especial de Empleo, en los términos señalados en la normativa de prevención de riesgos laborales.

RESOLUCIÓN RELEVANTE

AAN, n.° 52/2018, de 24 de julio de 2018,Ecli: ES:AN:2018:1532A

Se declara el incumplimiento empresarial del deber de aportar a la comisión negociadora del plan de igualdad el aportar el porcentaje de acceso al empleo del género infrarrepresentado, ni informar sobre los procesos selectivos, ni tampoco sobre las elecciones de cambio de jornada y turno; esta conducta contumaz se sanciona con la obligación de abonar 300 euros diarios hasta el cumplimiento definitivo.

A modo de **ejemplo**:

Dentro del acceso al empleo a la hora de confeccionar el plan de igualdad —y siempre en función del diagnóstico en cada caso—, como ejemplo, vamos a reflejar un objetivo junto con las posibles medidas a implementar [correspondiendo otros parámetros como el calendario o ámbito temporal, la determinación de las personas responsables, el presupuesto o recursos, los destinatarios, los indicadores asociados, el responsable de la implantación o la fecha de puesta en marcha de las medidas a la decisión tomada en cada caso].

Objetivo: revisar los procedimientos utilizados en selección y contratación para aplicar procesos que cumplan el principio de igualdad de trato y de oportunidades entre mujeres y hombres.

Medidas:

1. Establecer un procedimiento estandarizado de selección, objetivo, basado en las competencias con perspectiva de género (sin connotaciones ni lenguaje sexista).
2. Aplicar un manual que contemple recomendaciones para una selección no sexista que se aplique en todos los procesos en cada centro de trabajo (de no existir para la empresa redactarlo).
3. Crear un Protocolo de selección y acceso a la entidad para evitar la discriminación por género en el acceso y la contratación, dentro del cual se confeccionen los documentos de los procedimientos de selección (solicitudes, formularios, guiones de entrevista, página web, denominación de puestos en las ofertas, etc.), cumpliendo, tanto en el lenguaje como en las imágenes y contenidos, con el principio de igualdad.
4. Publicitar en las ofertas de empleo (internas y externas), el compromiso de la empresa con la igualdad de oportunidades.
5. Realizar un catálogo de puestos y la valoración de estos en relación a las funciones, responsabilidad, personas a cargo, relaciones profesionales, capacidad de solución de problemas, etc.
6. Hacer un análisis, y trasladar los resultados a la Comisión de Seguimiento, de las dificultades para la cobertura de una vacante por personas de un determinado sexo.
7. Disponer de información estadística, desagregada por sexo, delegaciones y áreas, de los procesos de selección para los diferentes puestos de trabajo (número de candidaturas presentadas) y su resultado (número de personas seleccionadas) para su traslado a la Comisión de Seguimiento. Así mismo se le dará traslado a la RLT de los procesos de selección del centro que constituya su ámbito de representación.
8. Garantizar el libre acceso de los trabajadores y trabajadoras de la empresa a presentar sus candidaturas a las vacantes internas, mediante la publicación de las mismas.

9. En caso de igualdad de valoración entre dos candidaturas (internas-externas) la decisión de incorporación/promoción se tomará considerando el género menos representado en la posición vacante, considerando ponderadamente para ello el centro de trabajo y la compañía.
10. En caso de haber externalizado los servicios de reclutamiento y selección, establecer como medida que los proveedores deben ser conocedores de la política de personal de la empresa y aplicarla al prestar sus servicios profesionales.

Algunos **indicadores** para control de los objetivos y medidas en la materia podrían ser:

- Muestreo de formularios de solicitudes de empleo.
- Manual/Protocolo de selección de personal.
- Informe analítico de los puestos de trabajo cuya selección pueda realizarse a ciegas.
- Currículum ciego establecido estadísticas desagregadas por sexo (n.º de total selección por currículum ciego/n.º de personas contratadas desagregado por sexo).
- Formación imparta durante la vigencia del plan.

Protocolo de selección y acceso a la entidad para evitar la discriminación por género en el acceso y la contratación

Dentro de las medidas desarrolladas en el diagnóstico y posterior plan de igualdad en el área de contratación, la confección e implantación de un protocolo de este tipo resulta de interés cuando se detecte una plantilla altamente feminizada o masculinizada.

Se trata, como en todo protocolo, de explicar y describir todos los pasos y procedimientos a seguir en cada etapa del proceso de contratación, de forma que la decisión tomada no dependa de las circunstancias puntuales de la organización o del equipo seleccionador, garantizando la selección de candidatas y candidatos en igualdad. Para ello ha de fijarse el modo de actuación siguiendo aspectos tales como:

- Definir y plasmar por escrito cada puesto de trabajo en función de sus características técnicas y competencias, así como de sus cometidos específicos.
- Definición del perfil profesional siguiendo criterios objetivos y no discriminatorios, utilizando formas neutras o en femenino-masculino en el lenguaje.

- Analizar y especificar las necesidades formativas de cada puesto de trabajo desde el punto de vista de su exigencia previa o su posibilidad de formación posterior.
- Las pruebas se establecerán previamente utilizando criterios homogéneos para ambos sexos con indicadores observables, cuantificables y valorables, establecidos de antemano eliminando cualquier sesgo negativo para las candidatas o candidatos a un puesto de trabajo por cuestiones de sexo, género, estado civil y/o número de hijo/as.
- Los formularios, pruebas o entrevistas serán revisadas para evitar cualquier tipo de estereotipo o cuestiones que puedan dar lugar a discriminaciones.
- Elaboración guiones a seguir para las entrevistas, test, contenido de las pruebas técnicas, etc.
- La oferta de empleo se difundirá primero internamente para priorizar en la selección al personal propio de la organización.
- Se realizará la difusión de las vacantes en medios apropiados y accesibles teniendo en cuenta las características del perfil profesional.
- La redacción e imagen de los anuncios para el reclutamiento de personal será revisada por terceras personas teniendo en cuenta el enfoque de género.
- La presentación de solicitudes se realizará a través de una hoja de solicitud estándar, siendo recomendable la aplicación de un currículum vitae ciego.
- No se permitirá comparativas entre candidatos.
- La decisión sobre la candidatura más adecuada se llevará a cabo una valoración de cuestiones meramente técnicas, sin distinción de sexo en las candidaturas.
- Ante equiparación entre distintas candidaturas en condiciones de idoneidad, se analizará el número de mujeres y de hombres del departamento al que se adscribe el puesto y se seleccionará la candidatura del sexo menos representado.
- Se realizará un seguimiento o revisión de los resultados del proceso de reclutamiento desde una perspectiva de género.
- La comunicación de resultados de selección se comunicará tanto a la persona seleccionada como a las personas rechazadas.
- Se fijará una persona concreta y un procedimiento para la recepción de la nueva persona contratada en la empresa (mostrar las instalaciones, explicación de tareas y funciones a desarrollar, etc.).

4.4. Medidas dentro de un plan de igualdad de empresa relativas a la clasificación profesional, promoción y formación

El objetivo básico en esta materia es el de garantizar la igualdad de oportunidades y no discriminación ente hombres y mujeres en la clasificación profesional, promoción y formación (art. 46.2 de la LOI).

En el diseño de cada acción formativa, promoción interna o asignación de categoría profesional se debe asegurar que su contenido, organización e impartición lo sea con respeto al principio de igualdad, debiendo realizarse un seguimiento posterior, analizando las valoraciones de los asistentes sobre la acción formativa, aplicabilidad, eficacia en la eficiencia, polivalencia, etc.

Recomendaciones:

- Entrega de información sobre la política de igualdad de la compañía al personal de nueva incorporación.
- Procurar la participación de las personas con contrato de trabajo suspendido por excedencias en los cursos destinados a su reciclaje profesional o mejora de su empleabilidad.
- Procedimiento de promoción transparente.
- Información y sensibilización de la plantilla sobre igualdad de oportunidades.
- Definir los perfiles de puesto en Igualdad de género y realizar una catalogación y valoración de los mismos conforme a criterios no discriminatorios.
- Los proveedores de formación o empresas externas que realicen la misma deberán ser informados y aplicar la política de igualdad de la empresa y garantizar su cumplimiento.

Clasificación profesional en el plan de igualdad

La clasificación profesional de todas las personas trabajadoras debe ser la adecuada a sus funciones reales permanentes y a las circunstancias concretas de la prestación de sus servicios al objeto de erradicar cualquier tipo de discriminación a este respecto. No en vano, el art. 22.3 del ET, obliga a una definición de los grupos profesionales ajustada:

> «(...) a criterios y sistemas que, basados en un análisis correlacional entre sesgos de género, puestos de trabajo, criterios de encuadramiento y retribuciones, tengan como objeto garantizar la ausencia de discriminación, tanto directa como indirecta, entre mujeres y hombres. Estos criterios y sistemas, en todo caso, cumplirán con lo previsto en el artículo 28.1 del ET».

La negociación colectiva podrá establecer **medidas de acción positiva** para favorecer el acceso de las mujeres a clasificación profesional, promoción y formación, de modo que, en igualdad de condiciones de idoneidad, tengan preferencia las personas del sexo menos representado para favorecer su acceso al grupo profesional o puesto de trabajo de que se trate (art. 17.4 del ET). Para ello, el PI, en consonancia con el convenio, ha de contener, entre otras medidas, las que impulsen una **correcta adecuación de la categoría y/o grupo profesional de los trabajadores y trabajadoras**.

Dentro del principio de transparencia retributiva, la definición de los grupos profesionales ha de ajustarse a criterios y sistemas que garanticen la ausencia de discriminación directa e indirecta entre mujeres y hombres, lo que también recae en la negociación colectiva en primera instancia. En este aspecto, ha causado un especial impacto, el RD 902/2020, de 13 de octubre, de igualdad retributiva entre mujeres y hombres:

- Desarrollando la obligación del **registro retributivo** desgranando por sexo los sistemas de clasificación profesional contenidos en los convenios colectivos y su necesaria vinculación con el registro y la transparencia retributiva a través de una correcta valoración de los puestos de trabajo. La auditoría retributiva ha de realizarse tanto con relación al sistema retributivo como con relación al sistema de promoción.

- Estableciendo la **obligación de que la clasificación profesional se realice conforme a criterios libres de discriminación, y la garantía de ausencia de discriminación, tanto directa como indirecta**, entre mujeres y hombres en el caso de los contratos a tiempo parcial.

Los ascensos dentro del sistema de clasificación profesional se producirán conforme a lo que se establezca en convenio o, en su defecto, en acuerdo colectivo entre la empresa y los representantes de los trabajadores (art. 24 del ET), pudiendo el PI fijar determinados criterios para evitar la infrarrepresentación femenina.

Los ascensos y la promoción profesional en la empresa se ajustarán a criterios y sistemas que tengan como objetivo garantizar la ausencia de discriminación, tanto directa como indirecta, entre mujeres y hombres, pudiendo establecerse medidas de acción positiva dirigidas a eliminar o compensar situaciones de discriminación.

Conforme a lo establecido en el anexo Real Decreto 901/2020, de 13 de octubre, para las medidas de selección y contratación, **el diagnóstico deberá realizar**: una descripción de los sistemas y criterios de valoración de puestos de trabajo, tareas, funciones, y de los sistemas y/o criterios de clasificación profesional utilizados por grupos profesionales, y/o categorías, analizando la posible existencia de sesgos de género y de discriminación directa e indirecta entre mujeres y hombres, conforme a lo dispuesto en el artículo 22 del Estatuto de los Trabajadores.

Asimismo, el diagnóstico analizará la distribución de la plantilla conforme al sistema o criterio utilizado para clasificación profesional utilizado en la empresa.

A TENER EN CUENTA. La D.F. 1.ª del reiterado RD 902/2020 incluyen una previsión sobre la elaboración de un procedimiento de valoración de los puestos de trabajo, otorgando el **plazo de seis meses** desde su entrada en vigor, es decir el 4 de abril de 2021, para la publicación de una orden dictada a propuesta conjunta de las personas titulares de los Ministerios de Trabajo y Economía Social y del Ministerio de Igualdad, por la que se fije un procedimiento «oficial» de valoración de los puestos de trabajo.

CUESTIONES

1. A efectos de un plan de igualdad, ¿qué se entiende por grupo profesional?

Se entenderá por grupo profesional el que agrupe unitariamente las aptitudes profesionales, titulaciones y contenido general de la prestación, y podrá incluir distintas tareas, funciones, especialidades profesionales o responsabilidades asignadas al trabajador (art. 22.4 del ET).

La definición de los grupos profesionales se ajustará a criterios y sistemas que, basados en un análisis correlacional entre sesgos de género, puestos de trabajo, criterios de encuadramiento y retribuciones, tengan como objeto garantizar la ausencia de discriminación, tanto directa como indirecta, entre mujeres y hombres. Estos criterios y sistemas, en todo caso, cumplirán con lo previsto en el art. 28.1 del ET.

2. ¿Es obligatoria la valoración de puestos de trabajo a efectos de los sistemas y/o criterios de clasificación profesional utilizados por grupos profesionales?

La obligación de realizar una valoración de puestos de trabajo deriva de la elaboración de la auditoría retributiva, obligatoria para las empresas que elaboren planes de igualdad (sean de carácter obligatorio o voluntario).

3. ¿Qué factores influyen en la clasificación profesional de las personas trabajadoras?

La clasificación profesional de las personas trabajadoras está determinada por la exigencia y el ejercicio efectivo de sus competencias en las funciones correspondientes a su puesto de trabajo. Algunos de los factores a analizar para la clasificación profesional son: la formación, la iniciativa, la autonomía, la responsabilidad, el mando y la complejidad. Estos factores se integran por la titulación, la especialización, la experiencia práctica, entre otros. Conoce más de estos factores y la valoración de los puestos de trabajo.

Como ejemplo podemos citar el art. 15 del convenio colectivo estatal de centros y servicios veterinarios (BOE 25/10/2023) donde se relacionan los aspectos básicos de la clasificación profesional.

Promoción y formación en el plan de igualdad

El Estatuto de los Trabajadores reconoce el derecho a la promoción y formación profesional en el trabajo (art. 23 del ET), incluida la dirigida a su adaptación a las modificaciones operadas en el puesto de trabajo, así como al desarrollo de planes y acciones formativas tendentes a favorecer su mayor empleabilidad [art. 4.2.a) del ET]. Derechos cuyo análisis con perspectiva de género ha de ligarse:

- Al **disfrute de los permisos necesarios para concurrir a exámenes, así como a una preferencia a elegir turno de trabajo y a acceder al trabajo a distancia**, si tal es el régimen instaurado en la empresa, y el puesto o funciones son compatibles con esta forma de realización del trabajo, cuando curse con regularidad estudios para la obtención de un título académico o profesional [art. 23.1.a) del ET].

- A **la adaptación de la jornada ordinaria** de trabajo para la asistencia a cursos de formación profesional.
- A la concesión de los **permisos oportunos de formación o perfeccionamiento profesional con reserva del puesto de trabajo**. Las personas trabajadoras con al menos un año de antigüedad en la empresa tienen derecho a un permiso retribuido de veinte horas anuales de formación profesional para el empleo, vinculada a la actividad de la empresa, acumulables por un periodo de hasta cinco años. El derecho se entenderá cumplido en todo caso cuando el trabajador pueda realizar las acciones formativas dirigidas a la obtención de la formación profesional para el empleo en el marco de un plan de formación desarrollado por iniciativa empresarial o comprometido por la negociación colectiva. Sin perjuicio de lo anterior, no podrá comprenderse en el derecho a que se refiere este apartado la formación que deba obligatoriamente impartir la empresa a su cargo conforme a lo previsto en otras leyes. En defecto de lo previsto en convenio colectivo, la concreción del modo de disfrute del permiso se fijará de mutuo acuerdo entre trabajador y empresario (art. 23 del ET).
- A la formación necesaria para su **adaptación a las modificaciones operadas** en el puesto de trabajo.

En la negociación colectiva se pactarán los términos del ejercicio de estos derechos, que se acomodarán a criterios y sistemas que garanticen la ausencia de discriminación, tanto directa como indirecta, entre trabajadores de uno y otro sexo.

Conforme a lo establecido en el anexo Real Decreto 901/2020, de 13 de octubre, para las medidas de selección y contratación, **el diagnóstico deberá contener información desagregada por sexo relativa a**:

- Datos desagregados relativos al número de personas que han recibido formación por áreas y/o departamentos en los últimos años, diferenciando también en función del tipo de contenido de las acciones formativas, horario de impartición, permisos otorgados para la concurrencia exámenes y medidas adoptadas para la adaptación de la jornada ordinaria de trabajo para la asistencia a cursos de formación profesional. Asimismo, se informará sobre la formación necesaria, que habrá de ser proporcionada por la empresa, para la adaptación de la persona trabajadora a las modificaciones operadas en el puesto de trabajo.
- Datos desagregados relativos a las promociones de los últimos años, especificando nivel jerárquico, grupo profesional, puestos de trabajo, responsabilidades familiares y nivel de formación de origen y de los puestos a los que se promocionado, las características de los puestos de trabajo objeto de promoción, indicando si las mismas están vinculadas a movilidad geográfica, dedicación exclusiva, disponibilidad para viajar u otros, e información sobre su difusión y publicidad.

- La incidencia en la promoción de la formación, los méritos que se valoran, así como el peso otorgado a la antigüedad de la persona trabajadora, y la adecuación de las capacidades al perfil del puesto de trabajo a cubrir, de conformidad con lo dispuesto en el art. 24 del Estatuto de los Trabajadores.
- Todos los niveles jerárquicos de la empresa y a su sistema de clasificación profesional, incluyendo datos desagregados por sexo de los diferentes grupos, categorías, niveles y puestos, su valoración, su retribución, así como a los distintos procesos de selección, contratación, promoción y ascensos (art. 2 del RD 901/2020, de 13 de octubre).

CUESTIÓN

¿Qué incidencias tiene la discriminación en el ámbito de la promoción? ¿Cómo puede operar un PI?

Las discriminaciones en el ámbito de la promoción tienen una incidencia directa en la segregación del trabajo de forma vertical, condicionando la elección de las personas trabajadoras destinadas a ocupar puestos de mayor cualificación dentro del organigrama de la empresa.

En primera instancia corresponde a los convenios colectivos modalizar las reglas de ascensos con perspectiva de género, junto con la inclusión de criterios de selección de los destinatarios de la formación. En el diagnóstico ha de analizarse esta situación, y, en caso de detectar incidencias el Plan de Igualdad fijará medidas correctoras para el diseño de un sistema de ascensos objetivo y sin discriminaciones directas o indirectas. En el proceso para implementar un PI han de analizarse:

- Las reglas o directrices internas en la empresa para poder ascender siguiendo lo establecido en el art. 24 del Estatuto de los Trabajadores.
- Las medidas que se han implementado para los ascensos en los diferentes puestos de trabajo.
- Qué personas deciden sobre las promociones y sus criterios.
- Etc.

A modo de ejemplo:

Dentro de la participación igualitaria en los puestos de trabajo a la hora de confeccionar el Plan de Igualdad —y siempre en función del diagnóstico en cada caso— como ejemplo vamos a reflejar objetivos junto con las posibles medidas a implementar [correspondiendo otros parámetros como el calendario o ámbito temporal, la determinación de las personas responsables, el presupuesto o recursos, los destinatarios, los indicadores asociados, el responsable de la implantación o la fecha de puesta en marcha de las medidas a la decisión tomada en cada caso:

Objetivo: regular un sistema de clasificación profesional que garantice la no discriminación por género.

Medidas:

1. Eliminar las denominaciones masculinas o femeninas utilizando términos neutros en la denominación de la clasificación profesional.

2. Eliminar cualquier criterio discriminatorio en relación con parámetros como sexo, edad, etc.
3. Definir cómo, cuándo y por qué se recurrirá a la movilidad funcional evitando así cualquier tipo de discriminación y haciendo transparente el método para cubrir puestos vacantes mediante este mecanismo.
4. Definir los criterios para encuadrar a las personas trabajadoras en los grupos y las categorías profesionales.
5. Corregir las situaciones en las que se detecte una minusvaloración del trabajo de las mujeres.

Objetivo: conseguir el acceso de las mujeres a todos los grupos, categorías y puestos donde estén subrepresentadas.

Medidas:

1. Adoptar la medida de acción positiva de que, en condiciones equivalentes de idoneidad y competencia para el puesto de trabajo, accedan mujeres a las vacantes de puestos en los que estén subrepresentadas, incluyendo puestos de dirección y mandos responsables.
2. Para la cobertura de vacantes, y en caso de condiciones equivalentes de idoneidad, y competencias para el puesto de trabajo, se priorizarán las candidaturas internas, tanto a través de traslados voluntarios de centros como de promociones.
3. Publicar todas aquellas vacantes derivadas de las promociones, nuevas contrataciones, extinciones voluntarias, dimisiones, jubilaciones, y extinción de por mutuo acuerdo, en todos los centros, independientemente del puesto y el grupo profesional, en los medios habituales de comunicación de la empresa, así como los futuros (tablones de anuncios, salas de descanso, circulares, nómina, etc.), garantizando que la información es accesible a todo el personal.
4. Ampliar, si fuera necesario, las fuentes de reclutamiento con el objetivo de equilibrar la plantilla, por sexo, en todos los puestos y, especialmente para la cobertura de puestos masculinizados/feminizados.
5. Disponer de información estadística sobre la presencia de mujeres y hombres en los diferentes grupos profesionales, categorías, secciones y puestos, para su traslado a la comisión de seguimiento y comités de empresa en su ámbito de representación.

Objetivo: promover y garantizar la Igualdad de oportunidades en el acceso a la formación para el desarrollo competencial y técnico de todos y todas los trabajadores/as.

Medidas:

1. Elaborar junto a la representación legal de los trabajadores un plan de formación anual de la compañía, tras el proceso de detección de necesidades.
2. Realizar acciones de formación en materia de Igualdad destinadas a quienes tengan responsabilidad en la gestión de equipos.

3. Cada acción formativa debe asegurar que su contenido, organización, impartición, lo sea con escrupuloso respeto al principio de igualdad y debe servir como herramienta de desarrollo profesional.
4. Procurar la participación de las personas con su contrato suspendido por excedencias basadas en motivos familiares en los cursos destinados a su reciclaje profesional o mejora de su empleabilidad.

Objetivo: garantizar la objetividad y no discriminación en la promoción y ascensos.

Medidas:

1. Aplicar, o seguir aplicando, para la promoción interna los principios de valoración objetiva y de no discriminación.
2. Informar periódicamente a la comisión de seguimiento con datos desagregados por sexos, e indicando el grupo profesional, puesto de trabajo y tipo de contrato de las personas que acceden a los procesos de promoción y de las que son promocionadas.

Objetivo: garantizar la transparencia en la cobertura de vacantes y el resultado de proceso de selección.

Medidas:

1. Facilitar a la plantilla información actualizada sobre las vacantes, con los requisitos y condiciones necesarias para el puesto en cada centro de trabajo.
2. Comunicar las oportunidades de carrera profesional en tablones de anuncios.
3. Informar a las candidaturas no seleccionadas de los motivos de su rechazo y de sus fortalezas, áreas de mejora y puestos a los que podrían optar por su perfil.

Objetivo: Detectar y eliminar las barreras que dificultan la promoción profesional de las mujeres.

Medidas:

1. Registrar en el «seguimiento profesional» anual de cada persona trabajadora interesada o no en promocionar y sus motivos.
2. Revisar la política de movilidad geográfica para facilitar la promoción a puestos de responsabilidad.
3. Comunicar o establecer medidas de discriminación positiva entre la plantilla con contrato a tiempo parcial o jornada reducida, para evitar que el tipo de jornada sea una barrera en la promoción.

Algunos **indicadores** para control de los objetivos y medidas en la materia podrían ser:

- Plan de formación anual.
- Estadísticas de formación desagregadas por sexo.
- Información recogida en el seguimiento profesional.

- Ficha individual de formaciones realizadas y seguimiento profesional de las personas trabajadoras.
- Número de formaciones realizadas por categorías/grupos, desagregadas por sexo.
- Causas de abandono o no presentación a los cursos de promoción a puestos de responsabilidad.
- Estadísticas desagregadas por sexo y mandos/ plantilla de los cursos realizados.
- Número de vacantes publicadas.
- Información sobre canales utilizados.
- Procedimiento desarrollo profesional.
- Número de personas promocionadas por sexo, tipo de jornada y contrato.

CUESTIÓN

¿Qué se consideran buenas prácticas para ascensos y promociones por parte de una empresa?

En el marco del derecho a la promoción interna de las personas trabajadoras, el plan de igualdad deberá asegurar que el proceso interno de la empresa se realice sin aspectos discriminatorios a la hora de identificar, formar, motivar o seleccionar a la persona idónea para promocionar a una categoría superior en la empresa, para lo que la base será la transparencia.

El ascenso o la promoción implicarán un cambio de categoría o nivel profesional dentro del grupo profesional en el que se encuentre encuadrada la persona trabajadora, según el sistema de clasificación profesional establecido en este convenio colectivo, atendiendo a aspectos como:

- Conforme a lo dispuesto en el art. 24.1 (párrafo segundo) del ET, habrá de considerarse a estos efectos la formación, experiencia profesional o méritos y antigüedad de la persona trabajadora, así como las facultades organizativas de la empresa.
- En todo caso, los criterios de ascensos y promociones serán comunes para todas las personas trabajadoras, respetando el principio de no discriminación por cualesquiera de las causas establecidas en el art. 17.1 del ET.
- Garantizar la promoción profesional a quienes estén en situaciones de excedencias, contratos temporales, reducción de jornada, etc.
- Facilitar la información sobre la oferta de ascenso a la totalidad de la plantilla.
- Utilización de un lenguaje no sexista en el anuncio de la vacante.
- Dar preferencia al sexo que se encuentra infrarrepresentado en la categoría a cubrir.
- Etc.

Como ejemplo de criterios básicos para la realización de los ascensos y promociones entre categorías y niveles profesionales podemos citar el establecido por el convenio colectivo estatal de centros y servicios veterinarios (BOE 14/08/2020), donde se opta, junto a otras medidas, por incentivar la comunicación por parte de las personas trabajadoras a la empresa de aquellas titulaciones, estudios, etc. que antes y durante la relación laboral pudieran obtenerse, con el fin de poder proponer su promoción, si concurren las razones organizativas que la justifiquen, a una categoría que se adecue a la titulación obtenida.

4.5. Medidas dentro de un plan de igualdad de empresa relativas a las retribuciones

Se entiende por sistema retributivo el conjunto de factores que en una empresa definen la retribución concreta de cada persona trabajadora. En consonancia con el principio de igualdad en esta materia, el art. 51 de la LOI, establece:

> «Las Administraciones públicas, en el ámbito de sus respectivas competencias y en aplicación del principio de igualdad entre mujeres y hombres, deberán: (...) f) Establecer medidas efectivas para eliminar cualquier discriminación retributiva, directa o indirecta, por razón de sexo».

El principio de igualdad de retribución lleva implícito que las personas trabajadoras a los que se aplica deben encontrarse en una situación idéntica o comparable, entendiéndose la necesidad de igualdad de retribución por un trabajo de igual valor.

Corresponde, en primera instancia, a la **negociación colectiva**:

- Dejar constancia del derecho a la igualdad retributiva sin discriminación por razón de sexo.
- Regular la estructura retributiva incluyendo las percepciones extrasalariales y las mejoras sociales de cualquier clase y establecer que será aplicable a todo el personal, sea cual sea su modalidad de contratación, sin realizar excepciones de ningún tipo respecto del contratado temporalmente o a tiempo parcial.
- Introducir medidas de acción positiva que traten de eliminar situaciones de desigualdad retributiva fijando salarios mínimos garantizados y estableciendo incrementos salariales suplementarios al general con objetivo de equiparar las categorías feminizadas con sus equivalentes masculinizadas.
- Configurar un sistema de clasificación profesional que garantice la no discriminación por razón de género.
- Contener la definición completa y precisa de los criterios de encuadramiento utilizados para la conformación de los diferentes grupos profesionales y las categorías que los integran.
- Eliminar complementos sin causa o con causa confusa (como el complemento de convenio) así como prestaciones extrasalariales cuya regulación sea sospechosa (como en algunos casos el plus de transporte), etc.

Cuando la medida en que la diferencia salarial no posea un significado discriminatorio, por no tratarse de alguna de las causas prohibidas por la Constitución, el Estatuto de los Trabajadores (o el TREBEP), LOI o Ley 15/2022, de 12 de julio, no puede considerarse como vulneradora del principio de igualdad. A este respecto, la doctrina constitucional ha mantenido que **el principio de igualdad no impide el establecimiento de diferencias de trato, siempre que tengan una justificación objetiva y razonable**.

Desde el punto de vista conceptual, cuando una persona recibe un salario inferior únicamente por razón de su sexo, existirá **discriminación salarial directa**. En caso de existir ciertos factores en la valoración de un puesto de trabajo que impliquen alguna ventaja para uno u otro sexo, hablaremos de **discriminación salarial indirecta**.

> **A TENER EN CUENTA.** Cuando se observan discrepancias en la remuneración de hombres y mujeres por realizar un trabajo que exige las mismas características: capacidades, esfuerzo, responsabilidades y condiciones laborales, nos encontraríamos ante una discriminación por razón de sexo que el plan de igualdad ha de corregir o evitar.

CUESTIONES

1. ¿Cuándo existirá discriminación retributiva?

Existe discriminación retributiva cuando, desempeñado un trabajo de igual valor, se percibe una retribución inferior, sin que dicha diferencia pueda justificarse objetivamente con una finalidad legítima y sin que los medios para alcanzar dicha finalidad sean adecuados y necesarios (art. 3 del RD 902/2020, de 13 de octubre).

2. ¿Qué información debe contener el diagnóstico previo al plan de igualdad para analizar para saber si existe discriminación salarial en la empresa?

El diagnóstico deberá contener la información desagregada por sexo establecida en el anexo del Real Decreto 901/2020, de 13 de octubre.

JURISPRUDENCIA

STS n.º 3052/2022, de 28 de junio de 2022, ECLI:ES:TSJGAL:2022:5464

Para acreditar la desigualdad retributiva:

«(...) es necesario valorar un conjunto de factores entre los que puede encontrarse la naturaleza del propio trabajo, las condiciones de formación y las condiciones laborales, extremos estos que pueden ayudar a determinar si los trabajadores afectados se hallan en una situación equiparable, lo que no puede confundirse con la inclusión en la misma categoría del convenio colectivo de aplicación, ya que ese solo dato no permite concluir que se trate de un trabajo idéntico».

«(...) la sola distinción en función del tiempo trabajado sí resultaría discriminatoria y contraria a los principios del derecho de la unión (...), así como el hecho de que se ofreciera un contrato laboral y no mercantil sin que mediase explicación razonable al efecto para una misma ocupación (...)».

STS, rec. 4264/2011, de 14 de febrero de 2013, ECLI:ES:TS:2013:2648

Es preciso que, por quien reclame la desigualdad retributiva, se justifique un trabajo de igual o semejante valor en atención a las funciones efectivamente encomendadas y formación exigida, sin olvidar las condiciones laborales en las que dichas actividades se llevan a cabo.

A modo de **ejemplo**:

Dentro de las retribuciones a la hora de confeccionar el plan de igualdad —y siempre en función del diagnóstico en cada caso— como ejemplo vamos a reflejar un objetivo junto con las posibles medidas a implementar [correspondiendo otros parámetros como el calendario o ámbito temporal, la determinación de las personas responsables, el presupuesto o recursos, los destinatarios, los indicadores asociados, el responsable de la implantación o la fecha de puesta en marcha de las medidas a la decisión tomada en cada caso].

Objetivo: realizar un estudio de retribuciones donde se analizarán los diferentes complementos, pluses, categorías y retribuciones desagregado por sexo.

Medidas:

1. Realizar un estudio salarial de toda la plantilla, en el que se analicen las retribuciones medias de las mujeres y de los hombres, por grupos y puestos, retribuciones fijas y variables, con desglose de la totalidad de los conceptos salariales y extrasalariales, así como los criterios para su percepción.
2. En caso de detectarse desigualdades, se realizará un plan que contenga medidas correctoras, asignando el mismo nivel retributivo a funciones de igual valor.
3. Realizar un análisis para determinar si el disfrute de derechos (permisos, licencias, suspensiones de contrato y excedencias relacionadas con la conciliación) incide sobre los salarios de mujeres y hombres.
4. En caso de detectarse desigualdades, se realizará un plan que contenga medidas correctoras, asignando el mismo nivel retributivo a funciones de igual valor.
5. Garantizar la objetividad de todos los conceptos que se definen en la estructura salarial de la empresa, revisando e informando a la comisión de seguimiento de los criterios de los complementos salariales variables.

Objetivo: erradicar cualquier brecha salarial por razón de sexo o género.

Medidas:

1. Identificar el salario medio del sexo mejor pagado al fin de hacer converger el salario medio del otro sexo hacia el mismo valor de referencia.
2. Establecer una definición anual realista de los objetivos de reducción de las brechas detectadas.
3. Revisión de la situación de las personas que se encuentran o se han encontrado recientemente disfrutando de excedencia, baja o reducción de horario superior a [NÚMERO] días laborables.

4. Compromiso por escrito de la empresa para que no haya ninguna diferencia en la nómina que genere desigualdad por motivo de género: estructura retributiva, pluses y complementos salariales, etc.
5. Realización de diagnósticos regulares, de modo anual, para analizar las posibles brechas salariales tanto desde la perspectiva de nuevas contrataciones como a nivel interno.

Objetivo: asegurar la equidad interna y externa de la política retributiva y de beneficios sociales, así como certificar la no existencia de diferencias salariales por razón de género.

Medidas:

1. Comprobación en las reuniones de seguimiento del plan de igualdad la equidad de la política retributiva de la compañía, tanto en retribución fija como en variable.
2. Garantizar que las diferencias retributivas en lo referido al personal sometido a los convenios de aplicación están justificadas por el abono de complementos de cantidad, calidad o de puesto, así como los establecidos en la normativa y convenios de aplicación.
3. Garantizar que las diferencias retributivas en lo referido a los cuadros y mandos están justificadas en criterios de mérito, capacidad, cumplimiento de objetivos y nivel de desempeño, todo ello, en relación con la política y sistema retributivo implantado y desarrollado por la compañía.

Objetivo: garantizar la equidad salarial.

Medidas:

1. Realización de estudios analíticos del sistema de retribución aplicado en la empresa.
2. En el caso de detectar variaciones por motivo de género en el sistema retributivo, implementar acciones que aseguren el cumplimiento de la equidad salarial, entendida como una misma retribución por trabajos de igual valor.
3. Implementar las medidas necesarias para el cobro de incentivos a pesar de ausencias por corresponsabilidad o nacimiento de hijos/as.

Algunos indicadores para control de los objetivos y medidas en la materia podrían ser:

- Aplicación política retributiva con perspectiva de género.
- Sesiones informativas al dep. RR. HH. sobre la utilización de los distintos conceptos salariales.

- Garantizar el mantenimiento de medidas necesarias dentro de la estructura salarial para asegurar la misma retribución por trabajos de igual valor, en los distintos grupos profesionales.
- Información de equidad retributiva.

Principio de transparencia retributiva

De la regulación reglamentaria nos conviene hacer referencia los arts. 3 a 7 del RD 902/2020, de 13 de octubre.

La obligación de transparencia tiene por objeto la identificación de discriminaciones, tanto directas como indirectas, particularmente las debidas a incorrectas valoraciones de puestos de trabajo, lo que concurre cuando desempeñado un trabajo de igual valor, se perciba una retribución inferior, sin que dicha diferencia pueda justificarse objetivamente.

A fin de garantizar la aplicación efectiva del principio de igualdad de trato y no discriminación en materia retributiva entre mujeres y hombres, las empresas y los convenios colectivos deberán integrar y aplicar el principio de transparencia retributiva entendido como aquel que, aplicado a los diferentes aspectos que determinan la retribución de las personas trabajadoras y sobre sus diferentes elementos, permite obtener información suficiente y significativa sobre el valor que se le atribuye a dicha retribución.

Instrumentos de transparencia retributiva

Como hemos reiterado, el Real Decreto 902/2020, de 13 de octubre, de igualdad retributiva entre mujeres y hombres, —complementando la regulación contenida en el Real Decreto 901/2020, de 13 de octubre— desarrolla el marco normativo en torno al principio de igualdad y no discriminación en las relaciones laborales. Este RD basa la obligación de transparencia retributiva en instrumentos como:

- Los registros retributivos.
- La auditoría retributiva.
- El sistema de valoración de puestos de trabajo de la clasificación profesional contenida en la empresa y en el convenio colectivo que fuera de aplicación.
- El derecho de información de las personas trabajadoras.

PRINCIPIO DE TRANSPARENCIA RETRIBUTIVA

Real Decreto 902/2020, de 13 de octubre

Instrumentos de transparencia retributiva

Registros retributivos (arts. 5 y 6).

Alcance: «*odas las empresas deben tener un registro retributivo de toda su plantilla, incluido el personal directivo y los altos cargos*».

Elementos retributivos a incluir en el registro salarial: art. 28.2 del ET.

El Ministerio de Trabajo y Economía Social y el Ministerio de Igualdad ha puesto a disposición de los usuarios la **Herramienta de Igualdad Retributiva (IR!).**

Podrá utilizarse cualquier otro modelo de registro retributivo siempre y cuando cumpla lo dispuesto en el art. 5 del RD 902/2020.

Auditoría retributiva (arts. 7 y 8).

El Instituto de la Mujer y para la Igualdad de Oportunidades, en colaboración con las organizaciones sindicales y empresariales más representativas, ha elaborado la **Guía técnica para la realización de Auditorías Retributivas con perspectiva de género.**

Podrá utilizarse cualquier otro modelo de auditoría retributiva siempre y cuando cumpla lo dispuesto en los arts. 7 y 8 del RD 902/2020.

Valoración de puestos de trabajo (art. 4, D.A. 1.ª y D.F. 1.ª).

El Ministerio de Trabajo y Economía Social y el Ministerio de Igualdad han publicado **la Herramienta de Valoración de Puestos de Trabajo.**

Podrá utilizarse cualquier metodología específica de valoración de puestos siempre que se trate de un método analítico que permita obtener una puntuación o valor numérico sobre el valor de los puestos.

Derecho a la información de las personas trabajadoras (art. 5.3).

De esta forma, como elementos esenciales para combatir la discriminación retributiva, hemos de entender la necesidad de **transparencia en los sistemas de remuneración**, así como de claridad y de seguridad jurídica sobre el **concepto de «trabajo de igual valor»**. Para ello, el reglamento apuesta por dos ejes principales:

- El acceso a la información desagregada por sexo posibilita el acceso a los datos estadísticos necesarios para plantear demandas por discriminación salarial.
- La transparencia salarial, entendiéndola como un instrumento esencial para posibilitar las reclamaciones judiciales y, consiguientemente, también para inspirar en el empresariado un mayor interés (siquiera preventivo) en la instauración de sistemas de retribución objetivos.

Todas las empresas y sus trabajadores y trabajadoras, incluidos en el ámbito de aplicación de los arts. 1.1 y 1.2 del Estatuto de los Trabajadores, se encontrarán dentro del ámbito de aplicación del reglamento para la igualdad retributiva entre mujeres y hombres, extendiendo así la aplicación de la igualdad retributiva entre mujeres y hombres a las relaciones laborales de carácter especial.

CUESTIONES

1. ¿Qué hemos de entender por principio de transparencia retributiva?

«(...) aquel que, aplicado a los diferentes aspectos que determinan la retribución de las personas trabajadoras y sobre sus diferentes elementos, permite obtener información suficiente y significativa sobre el valor que se le atribuye a dicha retribución».

«El principio de transparencia retributiva tiene por objeto la identificación de discriminaciones, en su caso, tanto directas como indirectas, particularmente las debidas a incorrectas valoraciones de puestos de trabajo, lo que concurre cuando desempeñado un trabajo de igual valor de acuerdo con los artículos siguientes, se perciba una retribución inferior sin que dicha diferencia pueda justificarse objetivamente con una finalidad legítima y sin que los medios para alcanzar dicha finalidad sean adecuados y necesarios» (art. 3 del Real Decreto 902/2020, de 13 de octubre)».

2. ¿Qué medidas establece el RD 902/2020 para identificar la brecha retributiva entre mujeres y hombres?

Acude a una serie de metodologías de evaluación de puestos de trabajo; registro salarial en las empresas; explicación y visibilización de los sistemas que son utilizados en la negociación colectiva. Todo ello partiendo de la identificación, evaluación, corrección y prevención de las diferencias retributivas no objetivas, junto a la necesidad de detectar posibles prácticas discriminatorias por razón de sexo como parte de la política de la empresa así como del acceso a la información de las personas trabajadoras, su representación legal y otros organismos con capacidad para fiscalizar o promover acciones judiciales, sin olvidar las necesarias medidas de promoción para lograr la superación de estereotipos y una auténtica integración de la perspectiva de género en las empresas.

3. ¿Cuál es el objetivo de la obligación de transparencia?

La obligación de transparencia tiene por objeto la identificación de discriminaciones, tanto directas como indirectas, particularmente las debidas a incorrectas valoraciones de puestos de trabajo, lo que concurre cuando desempeñado un trabajo de igual valor, se perciba una retribución inferior sin que dicha diferencia pueda justificarse objetivamente con una finalidad legítima y sin que los medios para alcanzar dicha finalidad sean adecuados y necesarios.

JURISPRUDENCIA

STS n.° 967/2024, de 2 de julio de 2024, ECLI:ES:TS:2024:3701

Para el Tribunal Supremo, es contrario al principio de igualdad no remunerar con el complemento de funciones a los trabajadores discontinuos que se abona a los trabajadores continuos cuando ha quedado acreditado que no existe diferencia alguna en el contenido del trabajo, salvo la concreción temporal del trabajo.

RESOLUCIÓN RELEVANTE

SAN n.° 34/2024, de 14 de marzo de 2024, ECLI:ES:AN:2024:1284

Se analiza una posible lesión del derecho fundamental a la igualdad retributiva sobre las personas trabajadoras a tiempo parcial de un determinado grupo y subgrupo profesional. La AN declara la vulneración del derecho de igualdad retributiva en trabajadores a tiempo parcial al no reconocerles el plus por jornadas flexibles para los años 2021 y 2022.

|| Registro retributivo

El **objeto** de la medida es claro: «garantizar la transparencia en la configuración de las percepciones, de manera fiel y actualizada, y un adecuado acceso a la información retributiva de las empresas, al margen de su tamaño, mediante la elaboración documentada de los datos promediados y desglosados». Siguiendo el art. 28.2 del Estatuto de los Trabajadores, **este registro tiene por objeto garantizar la transparencia en la configuración de las percepciones, de manera fiel y actualizada, y un adecuado acceso a la información retributiva de las empresas, al margen de su tamaño, mediante la elaboración documentada de los datos promediados y desglosados.**

A TENER EN CUENTA. Aunque la obligación de mantenerlo se estableció en el Real Decreto-ley 6/2019, de 1 de marzo, las herramientas reglamentarias necesarias no estuvieron completas hasta noviembre de 2022. (SAN n.° 125/2023, de 14 de noviembre de 2023, ECLI:ES:AN:2023:5711).

Atendiendo al art. 5 del Real Decreto 902/2020, de 13 de octubre, el registro retributivo deberá incluir los valores medios de los salarios, los complementos salariales y las percepciones extrasalariales de la plantilla desagregados por sexo y distribuidos conforme a la clasificación profesional aplicable en la empresa:

> «A tales efectos, deberán establecerse en el registro retributivo de cada empresa, convenientemente desglosadas por sexo, la media aritmética y la mediana de lo realmente percibido por cada uno de estos

conceptos en cada grupo profesional, categoría profesional, nivel, puesto o cualquier otro sistema de clasificación aplicable. A su vez, esta información deberá estar desagregada en atención a la naturaleza de la retribución, incluyendo salario base, cada uno de los complementos y cada una de las percepciones extrasalariales, especificando de modo diferenciado cada percepción».

Como peculiaridades en este apartado encontramos:

- El **periodo temporal de referencia** será con carácter general el año natural, sin perjuicio de las modificaciones que fuesen necesarias en caso de alteración de cualquiera de los elementos que integran el registro, de forma que se garantice el cumplimiento de su finalidad.
- El documento en el que conste el registro tendrá el **formato establecido en las webs oficiales del Ministerio de Trabajo y Economía Social y del Ministerio de Igualdad**, o en este último caso, del Instituto de la Mujer.
- La **representación legal de las personas trabajadoras** deberá ser consultada con carácter previo a la elaboración del registro. Asimismo, deberá ser informada en caso de alteración de cualquiera de los elementos que integran el registro.
- En las **empresas que lleven a cabo auditorías retributivas** (art. 6 del Real Decreto 902/2020, de 13 de octubre):
  - » El registro deberá reflejar las medias aritméticas y las medianas de las agrupaciones de los trabajos de igual valor en la empresa, conforme a los resultados de la valoración de puestos de trabajo.
  - » El registro deberá incluir la justificación a que se refiere el art. 28.3 del ET, cuando la media aritmética o la mediana de las retribuciones totales en la empresa de las personas trabajadoras de un sexo sea superior a las del otro en, al menos, un 25 por ciento.
- Las **personas trabajadoras a tiempo parcial** tienen los mismos derechos, incluidos los retributivos, que las personas trabajadoras a tiempo completo. En este sentido, el principio de proporcionalidad en las retribuciones percibidas resultará de aplicación cuando lo exijan la finalidad o naturaleza de estas y así se establezca por una disposición legal, reglamentaria o por convenio colectivo. Cualquier reducción proporcional deberá garantizar, asimismo, que no tenga repercusión negativa alguna en el disfrute de los derechos relacionados con la maternidad y el cuidado de menores o personas dependientes (art. 11 del Real Decreto 902/2020, de 13 de octubre).

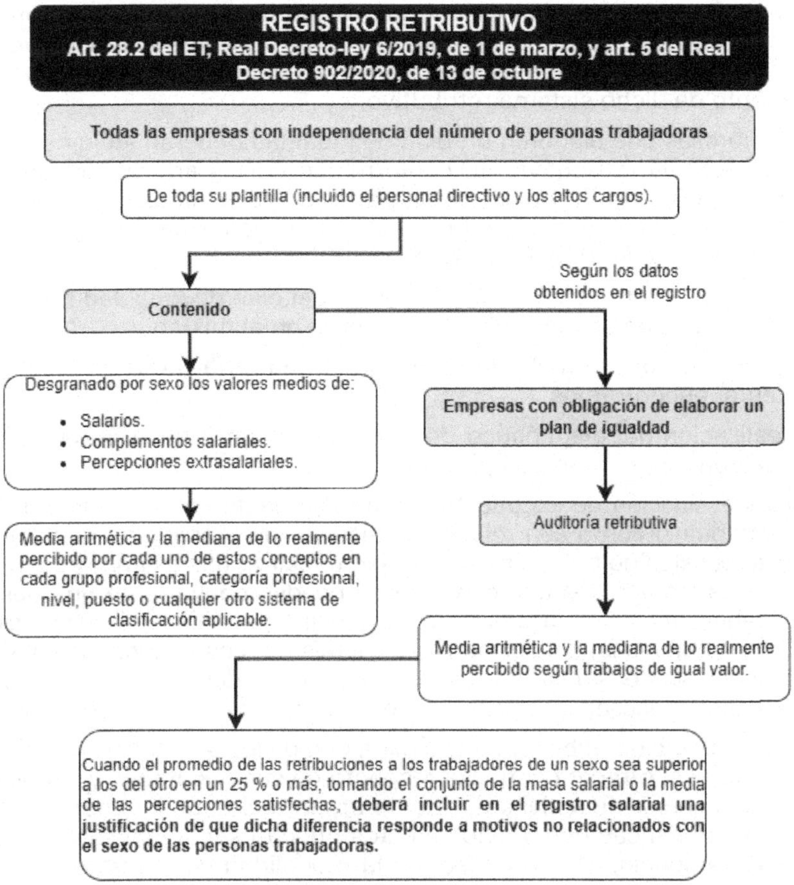

A TENER EN CUENTA. La obligación de realizar un registro retributivo **existe desde el 8 marzo de 2019** (fecha de entrada en vigor de la modificación realizada sobre el al 28.2 del ET, por el Real Decreto-ley 6/2019, de 1 de marzo). No obstante, **su regulación en los términos descritos a continuación resultará exigible desde el 14 de abril de 2021** (fecha de entrada en vigor del Real Decreto 902/2020, de 13 de octubre).

|| Auditoría retributiva

La auditoría retributiva tiene por objeto obtener la información necesaria para comprobar si el sistema retributivo de la empresa, de manera transversal y completa, cumple con la aplicación efectiva del principio de igualdad entre mujeres y hombres en materia de retribución. Se trata de un registro cuantitativo (no nominativo) que recoge los valores promedio de los salarios, los complementos salariales y las percepciones extrasalariales, con los datos desagregados por sexo y distribuidos por grupos profesionales, categorías profesionales o puestos de trabajo iguales o de igual valor.

Asimismo, deberá permitir definir las necesidades para evitar, corregir y prevenir los obstáculos y dificultades existentes o que pudieran producirse en aras a garantizar la igualdad retributiva, y asegurar la transparencia y el seguimiento de dicho sistema retributivo.

Las empresas que elaboren un plan de igualdad deberán incluir en el mismo una auditoría retributiva, de conformidad con el art. 46.2.e) de la Ley Orgánica 3/2007, de 22 de marzo, para la igualdad efectiva de mujeres y hombres, previa la negociación que requieren dichos planes de igualdad (art. 7 del Real Decreto 902/2020, de 13 de octubre).

La auditoría retributiva tendrá la vigencia del plan de igualdad del que forma parte, salvo que se determine otra inferior en el mismo.

Como obligaciones en el **contenido de la auditoría retributiva** del nuevo reglamento, encontramos:

1. Realización del diagnóstico **de la situación retributiva** en la empresa, donde se configura como obligatoria:

a) La evaluación de los puestos de trabajo, tanto con relación al sistema retributivo como con relación al sistema de promoción. La valoración de puestos de trabajo tiene por objeto realizar una estimación global de todos los factores que concurren o pueden concurrir en un puesto de trabajo, teniendo en cuenta su incidencia y permitiendo la asignación de una puntuación o valor numérico al mismo. Los factores de valoración deben ser considerados de manera objetiva y deben estar vinculados de manera necesaria y estricta con el desarrollo de la actividad laboral.

La valoración debe referirse a cada uno de los puestos de trabajo de la empresa, ofrecer confianza respecto de sus resultados y ser adecuada al sector de actividad, tipo de organización de la empresa y otras características que a estos efectos puedan ser significativas, con independencia, en todo caso, de la modalidad de contrato de trabajo con el que vayan a cubrirse los puestos de trabajo.

b) La relevancia de otros factores desencadenantes de la diferencia retributiva, así como las posibles deficiencias o desigualdades que pudieran apreciarse en el diseño o uso de las medidas de conciliación y corresponsabilidad en la empresa, o las dificultades que las personas trabajadoras pudieran encontrar en su promoción profesional o económica derivadas de otros factores como las actuaciones empresariales discrecionales en materia de movilidad o las exigencias de disponibilidad no justificadas.

2. Establecimiento de un **plan de actuación para la corrección de las desigualdades retributivas**, con determinación de objetivos, actuaciones concretas, cronograma y persona o personas responsables de su implantación y seguimiento. El plan de actuación deberá contener un sistema de seguimiento y de implementación de mejoras a partir de los resultados obtenidos.

El Instituto de la Mujer y para la Igualdad de Oportunidades, en colaboración con las organizaciones sindicales y empresariales más representativas, elaborará una **guía técnica con indicaciones para la realización de auditorías retributivas con perspectiva de género** (D.A. 3.ª del Real Decreto 902/2020, de 13 de octubre).

AUDITORÍA RETRIBUTIVA

Concepto y contenido → Arts. 7 y 8 del Real Decreto 902/2020, de 13 de octubre.

- Su **objetivo** es comprobar si el sistema retributivo de la empresa cumple el **principio de igualdad retributiva,** así como permitir definir las necesidades para evitar, corregir y prevenir los obstáculos y dificultades existentes para garantizar esta igualdad.
- La **obligación** de una auditoría salarial se aplica a todas las empresas que tienen, a su vez, obligación de tener un plan de igualdad a partir del 14/04/2021.
- Su **vigencia** será la misma que la del plan de igualdad donde se incluya, salvo que se especifique lo contrario.
- OBLIGACIONES DE LA EMPRESA QUE REALICE AUDITORÍA:
  A) Realización del diagnóstico de la situación retributiva en la empresa (incluyendo la valoración de los puestos de trabajo cuyo procedimiento está pendiente de aprobar por el MTES y el Ministerio de Igualdad).
  B) Un plan de actuación para corregir las desigualdades retributivas (fijando objetivos, actuaciones concretas, cronograma y personas responsables de su implantación y seguimiento.

No existe un modelo o formato para hacer una auditoría retributiva, por lo que, de forma genérica, podemos estandarizar los siguientes **pasos**:

El Instituto de la Mujer elaborará una **guía técnica** con indicaciones para la realización de auditorías retributivas con perspectiva de género.

1.° Definir factores que la empresa desea analizar

2.° Elaboración de comparaciones

3.° Segmentación de trabajadores con características similares

4.° Análisis de los datos obtenidos

5.° Diseña un plan de actuación frente a las desigualdades detectadas

Particularidades del registro salarial en empresas con auditoría retributiva → Art. 6 del Real Decreto 902/2020, de 13 de octubre.

En estos casos, el registro deberá:
A) Reflejar las medias aritméticas y las medianas de las agrupaciones de los trabajos de igual valor en la empresa, conforme a los resultados de la valoración de puestos de trabajo, aunque pertenezcan a diferentes apartados de la clasificación profesional, desglosados por sexo y desagregados.
B) Incluir la justificación, si se produjera, de por qué la media aritmética o la mediana de las retribuciones totales en la empresa de las personas trabajadoras de un sexo sea superior a las del otro en, al menos, un 25 %.

Sistema de valoración de puestos de trabajo de la clasificación profesional en la empresa o convenio

La valoración de puestos de trabajo en los convenios colectivos supone otro de los ejes fundamentales dentro del principio de transparencia retributiva.

Como hemos adelantado, la reglamentación desarrolla lo establecido en los artículos 22.3 y 12.4. d) del Estatuto de los Trabajadores donde tras las modificaciones operadas en el por el Real Decreto-ley 6/2019, de 1 de marzo, se establece, respectivamente, la **obligación de que la clasificación profesional se realice conforme a criterios libres de discriminación, y la garantía de ausencia de discriminación, tanto directa como indirecta, entre mujeres y hombres en el caso de los contratos a tiempo parcial.**

De acuerdo con el texto estatutario, con el objetivo de comprobar que la definición de los grupos profesionales se ajusta a criterios y sistemas que garantizan la ausencia de discriminación directa e indirecta entre mujeres y hombres y la correcta aplicación del principio de igualdad de retribución por trabajos de igual valor, las mesas negociadoras de los convenios colectivos deberán asegurarse de que los factores y condiciones concurrentes en cada uno de los grupos y niveles profesionales respetan los criterios de adecuación, totalidad y objetividad, así como el principio de igual retribución para puestos de igual valor.

Dentro de las disposiciones aplicables para la elaboración del diagnóstico, el Real Decreto 901/2020, de 13 de octubre, y el Real Decreto 902/2020, de 13 de octubre, establecen una serie de obligaciones sobre este instrumento para aplicar la transparencia retributiva complementando lo dispuesto en el art. 22.3 del Estatuto de los Trabajadores:

- La necesidad de realizar una descripción de los sistemas y criterios de valoración de puestos de trabajo, tareas, funciones, y de los sistemas y/o criterios de clasificación profesional utilizados por grupos profesionales, y/o categorías, analizando la posible existencia de sesgos de género y de discriminación directa e indirecta entre mujeres y hombres. Asimismo, el diagnóstico analizará la distribución de la plantilla conforme al sistema o criterio utilizado para clasificación profesional utilizado en la empresa.
- La implantación y revisión de sistemas de organización y control del trabajo, estudios de tiempos, y valoración de puestos de trabajo y su posible impacto con perspectiva de género.

Igualmente, los negociadores de un convenio colectivo han de comprobar que la definición de los grupos profesionales se ajusta a criterios y sistemas que garantizan la ausencia de discriminación directa e indirecta entre mujeres y hombres y la correcta aplicación del principio de igualdad de retribución por trabajos de igual valor (art. 4 del Real Decreto 902/2020, de 13 de octubre y art. 28.1 del ET).

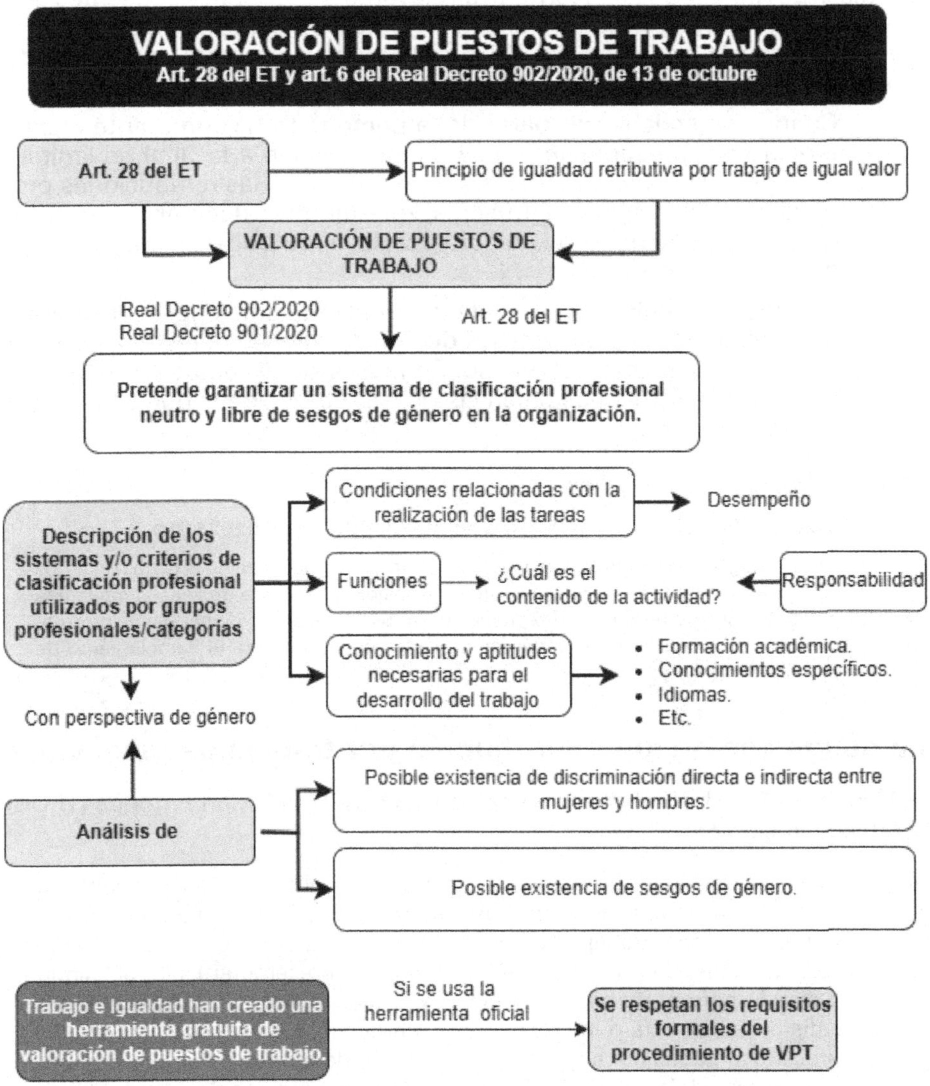
VALORACIÓN DE PUESTOS DE TRABAJO
Art. 28 del ET y art. 6 del Real Decreto 902/2020, de 13 de octubre
Art. 28 del ET
Principio de igualdad retributiva por trabajo de igual valor
VALORACIÓN DE PUESTOS DE TRABAJO
Real Decreto 902/2020
Real Decreto 901/2020
Art. 28 del ET
Pretende garantizar un sistema de clasificación profesional neutro y libre de sesgos de género en la organización.
Descripción de los sistemas y/o criterios de clasificación profesional utilizados por grupos profesionales/categorías
Condiciones relacionadas con la realización de las tareas
Desempeño
Funciones
¿Cuál es el contenido de la actividad?
Responsabilidad
Conocimiento y aptitudes necesarias para el desarrollo del trabajo
Formación académica.
Conocimientos específicos.
Idiomas.
Etc.
Con perspectiva de género
Análisis de
Posible existencia de discriminación directa e indirecta entre mujeres y hombres.
Posible existencia de sesgos de género.
Trabajo e Igualdad han creado una herramienta gratuita de valoración de puestos de trabajo.
Si se usa la herramienta oficial
Se respetan los requisitos formales del procedimiento de VPT

|| El derecho de información de las personas trabajadoras

Todas las personas trabajadoras tienen derecho a acceder al registro retributivo de la empresa para la que presten servicios, si bien dicho acceso se hará efectivo mediante el traslado de su contenido por parte de la empresa a la representación legal de personas trabajadoras, de existir (Ministerio de Trabajo y Economía Social. Normativa relevante y preguntas frecuentes son el registro retributivo y la herramienta IR!). El RD 902/2020, de 13 de octubre, diferencia entre la existencia de RLT o no. Es decir, la norma configura **dos formas de entregar los datos**:

- **Cuando se solicite por parte de la persona trabajadora ante inexistencia de representación legal**: la información a facilitar se limitará a las diferencias porcentuales que existieran en las retribuciones promediadas de hombres y mujeres, que también deberán estar desagregadas en atención a la naturaleza de la retribución y el sistema de clasificación aplicable.
- **Cuando se solicite por parte de la representación legal de las personas trabajadoras o Inspección de Trabajo**: tienen derecho a conocer el contenido íntegro del mismo. Se facilitarán los datos promediados respecto a las cuantías efectivas de las retribuciones que constan en el registro.

RESOLUCIÓN RELEVANTE

SAN n.º 23/2023, de 23 de febrero del 2023, ECLI:ES:AN:2023:791

En el registro retributivo deben constar las medias y las medianas de los distintos conceptos retributivos de cada puesto de trabajo. El hecho de que sea identificable el trabajador y su retribución no puede ser excusa para proporcionar dicha información pues se trata de un tratamiento de datos necesario para el cumplimiento de una obligación legal.

La obligación de igual retribución por trabajo de igual valor

El artículo 157 del Tratado de Funcionamiento de la Unión Europea (TFUE) establece lo siguiente:

> «1. Cada Estado miembro garantizará la aplicación del principio de igualdad de retribución entre trabajadores y trabajadoras para un mismo trabajo o para un trabajo de igual valor.
>
> 2. Se entiende por retribución, a tenor del presente artículo, el salario o sueldo normal de base o mínimo, y cualesquiera otras gratificaciones satisfechas, directa o indirectamente, en dinero o en especie, por el empresario al trabajador en razón de la relación de trabajo.
>
> La igualdad de retribución, sin discriminación por razón de sexo, significa:
>
> a) que la retribución establecida para un mismo trabajo remunerado por unidad de obra realizada se fija sobre la base de una misma unidad de medida;
>
> b) que la retribución establecida para un trabajo remunerado por unidad de tiempo es igual para un mismo puesto de trabajo».

De acuerdo con la jurisprudencia consolidada del TJUE, para apreciar si estamos ante un mismo trabajo o un trabajo al que se puede atribuir un mismo valor, debe comprobarse si, habida cuenta de un conjunto de factores, como la naturaleza del trabajo, las condiciones de formación y las condiciones laborales, puede considerarse que ambos trabajos (categorías) se encuentran en una situación comparable (STJUE de 26 de junio de 2001, entre otras). Así en la reciente STJUE n.° C-624/19, de 3 de junio de 2021 (analizando la aplicación del principio «trabajo de igual valor» a establecimientos distintos de un mismo empleador) se indica por el Tribunal Europeo que:

> «(...) dicho artículo [art. 157 del TFUE] impone, de manera clara y precisa, una obligación de resultado y tiene carácter imperativo tanto en lo que respecta a un «mismo trabajo» como a un «trabajo de igual valor». Y se recuerda que el objetivo que se persigue por el citado precepto, no es otro, que «(...) la eliminación, para un mismo trabajo o para un trabajo de igual valor, de toda discriminación por razón de sexo en el conjunto de los elementos y condiciones de retribución».

El concepto de valor igual se aplica cuando los trabajos que desempeñan mujeres y hombres:

- Se llevan a cabo en condiciones diferentes.
- Requieren cualificaciones y capacidades diferentes.
- Requieren niveles de esfuerzo diferentes.
- Implican responsabilidades diferentes.
- Se llevan a cabo en lugares o empresas diferentes, o para personal empleador distinto.

En otros casos, estaríamos ante trabajos iguales cuya detección es más fácil al ser menos soterrada y sutil que los trabajos de igual valor retribuidos de forma diferente, siendo esta última la modalidad discriminatoria más habitual en un contexto de igualdad jurídica.

RESOLUCIÓN RELEVANTE

STSJ de las Is. Canarias, rec. 867/2021, de 27 de julio de 2021, ECLI:ES:TSJICAN:2021:936

Se considera la existencia de **discriminación salarial por razón de sexo derivada del establecimiento de categorías diferentes para el desempeño de trabajos de igual valor.** El TSJ de Canarias determina la existencia de discriminación laboral por razón de sexo por darse dos categorías laborales distintas, con diferentes salarios, para desarrollar las mismas funciones.

Recordando Doctrina constitucional (STC n.° 145/1991, de 1 de julio de 1991) la Sala de lo Social basa la aplicación de la integración de la perspectiva de género realizada en las siguientes razones:

«a) En primer lugar, la propia denominación de ambas categorías es casi idéntica, siendo su única diferencia la del término "polivalente" que, según el diccionario normativo de la RAE significa "que vale para muchas cosas" (1ª acepción), lo que no se corresponde con las dos actividades (barrido y recogida de "trastos") asignadas a esta categoría profesional, una más que la desempeñada por la categoría de "peón" (barrido).

b) En ambas categorías se requiere literalmente "únicamente la aportación de esfuerzo físico y atención". Por tanto, idéntica formación y capacidades.

c) Lo anterior está en correlación con las funciones que se asignan a una y otra categoría, que en ambos casos incluye tareas de barrido (HP3°). No obstante, en el caso del "peón polivalente", además, también tienen asignadas funciones de "recogida de trastos".

d) Existen, por tanto, similitudes evidentes entre ambas categorías, cual es el lugar de trabajo (idéntico), la formación profesional, experiencia, o el nivel de responsabilidad en una y otra categoría, al no haberse probado lo contrario por las demandadas, siendo buena prueba de ello el hecho de que las coberturas temporales de la categoría superior se cubran, sin necesidad de formación adicional, por la categoría inferior.

e) Por último y en relación a la nocturnidad añadida a la categoría superior, como si se tratase de un elemento consustancial del trabajo (art. 36.2 ET), debe destacarse que la literalidad del convenio prevé que las funciones pueden desempeñarse también en horario diurno. Por tanto, no puede mantenerse que el salario superior de un "peón polivalente" se haya establecido por que el trabajo sea nocturno, pues no se establece disminución salarial alguna si el trabajo es diurno».

Entre las medidas contenidas en el Real Decreto-ley 6/2019, de 1 de marzo, para garantizar la igualdad de trato y de oportunidades entre mujeres y hombres en el empleo y la ocupación, y de aplicación desde el 8 de marzo de 2019, se introduce en nuestro ordenamiento el concepto de «trabajo de igual valor».

«**Artículo 28. Igualdad de remuneración por razón de sexo**.

1. El empresario está obligado a pagar por la prestación de un trabajo de igual valor la misma retribución, satisfecha directa o indirectamente, y cualquiera que sea la naturaleza de la misma, salarial o extrasalarial, sin que pueda producirse discriminación alguna por razón de sexo en ninguno de los elementos o condiciones de aquella.

Un trabajo tendrá igual valor que otro cuando la naturaleza de las funciones o tareas efectivamente encomendadas, las condiciones educativas, profesionales o de formación exigidas para su ejercicio, los factores estrictamente relacionados con su desempeño y las condiciones laborales en las que dichas actividades se llevan a cabo en realidad sean equivalentes.

2. El empresario está obligado a llevar un registro con los valores medios de los salarios, los complementos salariales y las percepciones extrasalariales de su plantilla, desagregados por sexo y distribuidos por grupos profesionales, categorías profesionales o puestos de trabajo iguales o de igual valor.

Las personas trabajadoras tienen derecho a acceder, a través de la representación legal de los trabajadores en la empresa, al registro salarial de su empresa.

3. Cuando en una empresa con al menos cincuenta trabajadores, el promedio de las retribuciones a los trabajadores de un sexo sea superior a los del otro en un veinticinco por ciento o más, tomando el conjunto de la masa salarial o la media de las percepciones satisfechas, el empresario deberá incluir en el Registro salarial una justificación de que dicha diferencia responde a motivos no relacionados con el sexo de las personas trabajadoras».

CUESTIONES

1. ¿Qué conceptos tienen la consideración de salario?

El salario se compone, por un lado, del denominado «salario base» que retribuye el trabajo prestado por el trabajador en función al tiempo trabajado u obra y, de otra parte, de los «complementos salariales» que se añaden al «salario base» y retribuyen circunstancias o condiciones especiales del trabajador (art. 26 del ET, Conv. de la O.I.T n.° 100 y Directiva 2006/54/CE).

Por salario base se entiende (art. 26.3 del ET) la retribución fijada por unidad de tiempo o de obra y, en su caso, complementos salariales fijados en función de circunstancias relativas a las condiciones personales del trabajador, al trabajo realizado o a la situación y resultados de la empresa, que se calcularán conforme a los criterios que a tal efecto se pacten. Respetando en todo momento lo establecido en convenio colectivo y el valor del S.M.I para cada año.

Por complementos salariales se entiende los conceptos que añadidos al «salario base» retribuyen circunstancias o cualidades del trabajador, condiciones y circunstancias específicas de la actividad laboral o condiciones propias de la empresa o sector.

De puesto de trabajo	Retribuyen las condiciones especiales el puesto de trabajo que se desarrolle: – Trabajos a turnos. – Nocturnidad. – Penosidad. – Peligrosidad. – Embarque. – Gratificaciones jefe de departamento, etc. Carecen de carácter fijo o consolidable, al encontrarse unidos al puesto de trabajo, es decir, se perderán al cambiar a un puesto de trabajo en que no se den estas características.
Personales	Remuneran circunstancias personales del trabajador que no se computan en el salario base: – Antigüedad. – Títulos. – Idiomas, etc.
Participación de beneficios	Están en función a los resultados económicos empresariales.
Por cantidad o calidad del trabajo	Se establecen en función del rendimiento en el trabajo (primas, incentivos, etc.). Pueden ser fijos o variables.
Complementos en especie	Son retribuciones no dinerarias formadas por la utilización, consumo u obtención, para fines particulares de derechos, bienes o servicios. Este tipo de retribuciones no podrán exceder el 30 por 100 del salario total.
Pagas extraordinarias	Su número y momento de cobro dependen del Convenio Colectivo aplicable, pero deben ser 2 al año y una de ellas ha de percibirse en Navidad. Los Convenios Colectivos, así como los acuerdos entre las partes, podrán establecer la percepción de un número superior de pagas extraordinarias pudiendo su importe ser prorrateado entre las 12 mensualidades.

2. ¿Qué conceptos no tienen la consideración de salario?

Las cantidades percibidas por el trabajador en concepto de:

- Indemnizaciones o suplidos por los gastos realizados como consecuencia de su actividad laboral.
- Prestaciones e indemnizaciones de la Seguridad Social.
- Los pluses de distancia y transporte.
- Indemnizaciones correspondientes a traslados.
- Indemnizaciones correspondientes a suspensiones o despidos.
- Dietas por alojamiento y manutención.

Otros aspectos no salariales a tener en cuenta serán, por ejemplo, la situación familiar, el número de hijos menores de 18 años o posibles reducciones de jornada por conciliación.

3. ¿Qué es un «trabajo igual»?

Partiendo de la discriminación salarial que opera cuando una mujer recibe un salario inferior que un hombre ante la realización de un trabajo igual o similar. Podemos entender este concepto como la realización de un trabajo similar, realizado por dos personas trabajadoras de distinto género, percibiendo distinta remuneración.

4. ¿Qué es un «trabajo de igual valor»?

Conforme al artículo 28.1 del Estatuto de los Trabajadores, un trabajo tendrá igual valor que otro cuando la naturaleza de las funciones o tareas efectivamente encomendadas, las condiciones educativas, profesionales o de formación exigidas para su ejercicio, los factores estrictamente relacionados con su desempeño y las condiciones laborales en las que dichas actividades se llevan a cabo en realidad sean equivalentes (art. 4 del Real Decreto 902/2020, de 13 de octubre):

- Se entiende por naturaleza de las funciones o tareas el contenido esencial de la relación laboral, tanto en atención a lo establecido en la ley o en el convenio colectivo como en atención al contenido efectivo de la actividad desempeñada.
- Se entiende por condiciones educativas las que se correspondan con cualificaciones regladas y guarden relación con el desarrollo de la actividad.
- Se entiende por condiciones profesionales y de formación aquellas que puedan servir para acreditar la cualificación de la persona trabajadora, incluyendo la experiencia o la formación no reglada, siempre que tenga conexión con el desarrollo de la actividad.
- Se entiende por condiciones laborales y por factores estrictamente relacionados con el desempeño aquellos diferentes de los anteriores que sean relevantes en el desempeño de la actividad.

A tales efectos, podrán ser relevantes, entre otros factores y condiciones, con carácter no exhaustivo, la penosidad y dificultad, las posturas forzadas, los movimientos repetitivos, la destreza, la minuciosidad, el aislamiento, la responsabilidad tanto económica como relacionada con el bienestar de las personas, la polivalencia o definición extensa de obligaciones, las habilidades sociales, las habilidades de cuidado y atención a las personas, la capacidad de resolución de conflictos o la capacidad de organización, en la medida en que satisfagan las exigencias de adecuación, totalidad y objetividad a que se refiere el apartado siguiente en relación con el puesto de trabajo que valoran.

Una correcta valoración de los puestos de trabajo requiere que se apliquen los criterios de adecuación, totalidad y objetividad. La adecuación implica que los factores relevantes en la valoración deben ser aquellos relacionados con la actividad y que efectivamente concurran en la misma, incluyendo la formación necesaria. La totalidad implica que, para constatar si concurre igual valor, deben tenerse en cuenta todas las condiciones que singularizan el puesto del trabajo, sin que ninguna se invisibilice o se infravalore. La objetividad implica que deben existir mecanismos claros que identifiquen los factores que se han tenido en cuenta en la fijación de una determinada retribución y que no dependan de factores o valoraciones sociales que reflejen estereotipos de género.

5. ¿Cuándo se entiende aplicable el principio «trabajo de igual valor»?

Siguiendo el «boletín de igualdad empresa» publicado por el Ministerio de la Presidencia, relaciones con las cortes e igualdad, el concepto de valor igual se aplica cuando los trabajos que desempeñan mujeres y hombres:

- Se llevan a cabo en condiciones diferentes.
- Requieren cualificaciones y capacidades diferentes.
- Requieren niveles de esfuerzo diferentes.
- Implican responsabilidades diferentes.
- Se llevan a cabo en lugares o empresas diferentes, o para personal empleador distinto.

Igualdad retributiva de las personas trabajadoras a tiempo parcial

El art. 4.d) del ET establece un principio de igualdad jurídica entre los trabajadores a tiempo completo y parcial, sin perjuicio de aquellos derechos que, por su naturaleza, puedan ser objeto de aplicación proporcional en función del tiempo de trabajo. El art. 12.4.d) del ET, es claro, las personas trabajadoras a tiempo parcial tienen los mismos derechos, incluidos los retributivos, que las personas trabajadoras a tiempo completo. (SAN n.º 73/03, de 17 de julio de 2003, ECLI:ES:AN:2003:999).

En este sentido, el principio de proporcionalidad en las retribuciones percibidas resultará de aplicación cuando lo exijan la finalidad o naturaleza de estas y así se establezca por una disposición legal, reglamentaria o por convenio colectivo.

Cualquier reducción proporcional deberá garantizar asimismo que no tenga repercusión negativa alguna en el disfrute de los derechos relacionados con la maternidad y el cuidado de menores o personas dependientes.

JURISPRUDENCIA

STS, rec. 2328/2013, de 14 de mayo de 2014, ECLI:ES:TS:2014:1908

Recordando la fórmula que debe seguirse de interpretación ante discriminación indirecta por razón de sexo en relación con la contratación a tiempo parcial.

De la regulación legal y reglamentaria que se acaba de exponer se deduce con claridad (SAN n.º 23/2023, de 23 de febrero del 2023, ECLI:ES:AN:2023:791):

1. Que tanto el registro retributivo como la auditoría retributiva son documentos que tienen por objeto garantizar el principio de igualdad de trato y no discriminación por razón de sexo entre los trabajadores de una misma empresa.

2. Que dichos documentos tienen por finalidad específica identificar y en su conjurar la existencia de discriminaciones indirectas por razón de sexo a fin de garantizar que los trabajos de igual valor sean retribuidos con una misma retribución, siendo el objeto de los mismos garantizar el principio de transparencia retributiva, esto es, la identificación de discriminaciones, en su caso, tanto directas como indirectas, particularmente las debidas a incorrectas valoraciones de puestos de trabajo.
3. Que la referencia que se contiene en el art. 28 del ET al trabajo de igual valor es un concepto jurídico indeterminado, que si bien, el RD 902/2020 en su artículo ofrece pautas para su determinación, deberá ser objeto de identificación en cada caso concreto.

4.6. Medidas dentro de un plan de igualdad de empresa relativas a la prevención del acoso sexual y por razón de sexo

Las empresas deberán promover condiciones de trabajo que eviten la comisión de delitos y otras conductas contra la libertad sexual y la integridad moral en el trabajo, incidiendo especialmente en el acoso sexual y el acoso por razón de sexo, incluidos los cometidos en el ámbito digital (art. 48 de la LOI y art. 12 de la Ley Orgánica 10/2022, de 6 de septiembre).

Asimismo, deberán **arbitrar procedimientos específicos para su prevención y para dar cauce a las denuncias o reclamaciones** que puedan formular quienes hayan sido víctimas de estas conductas, incluyendo específicamente las sufridas en el ámbito digital y **sin distinción entre los distintos actos o personas intervinientes** (chantaje sexual; acoso ambiental, acoso entre compañeros/as u horizontal; acoso por parte de un superior jerárquico o vertical; etc.). (Protocolo frente al acoso sexual y por razón de sexo en el ámbito laboral. Paso a paso. Colex. Año 2024).

Con esta finalidad se podrán establecer medidas que deberán negociarse con los representantes de los trabajadores, tales como la elaboración y difusión de códigos de buenas prácticas, la realización de campañas informativas, protocolos de actuación o acciones de formación.

Los representantes de los trabajadores deberán contribuir a prevenir el acoso sexual y el acoso por razón de sexo en el trabajo mediante la sensibilización de los trabajadores y trabajadoras frente al mismo y la información a la dirección de la empresa de las conductas o comportamientos de que tuvieran conocimiento y que pudieran propiciarlo.

Del mismo modo, algunas de las medidas preventivas que el empresario puede realizar en esta materia se relacionan con el área de salud laboral. Entre ellas:

- La identificación o evaluación de los riesgos psicosociales.
- Las acciones formativas para directivos, mandos y personas trabajadoras sobre el trato con las personas en su trabajo.

- La vigilancia sanitaria sobre la salud psíquica de los trabajadores.
- Las declaraciones, principios y códigos de conductas indicadas por la dirección de la empresa.

Para implementar cualquier medida dentro de un plan de igualdad interesa conocer la siguiente regulación normativa, alguna de la cual ya hemos desarrollado a lo largo de la obra:

- Artículo 12 de la Ley Orgánica 10/2022, de 6 de septiembre, de garantía integral de la libertad sexual.
- Artículos 7, 8, 48 y 62 de la Ley Orgánica 3/2007, de 22 de marzo, para la igualdad efectiva de mujeres y hombres.
- Artículos 17.1 y 54.2 g) del Estatuto de los Trabajadores.
- Art. 184 del Código Penal.
- Artículos. 8.13 y 8.13 bis del Real Decreto Legislativo 5/2000 de 4 de agosto por el que se aprueba el texto refundido de la Ley sobre Infracciones y Sanciones en el Orden Social.
- Art. 15 de la Ley 31/2005, del 8 de noviembre, de Prevención de Riesgos Laborales.
- Art. 19.1.i) de la Ley 29/1998, de 13 de julio, reguladora de la jurisdicción contencioso-administrativa.
- Art. 11 bis de la Ley 1/2000, de 7 de enero, de Enjuiciamiento Civil.
- Artículos 175-182 de la Ley 36/2001, de 10 de octubre, reguladora de la jurisdicción social.
- Art. 18.9 de la Ley 14/1986, de 25 de abril, General de Sanidad.
- Arts. 15 y 16 de la Ley 4/2023, de 28 de febrero, para la igualdad real y efectiva de las personas trans y para la garantía de los derechos de las personas LGTBI.
- Criterio Técnico de la Inspección de Trabajo n.º 69/2009, sobre actuaciones de la Inspección de Trabajo y Seguridad Social en materia de acoso y violencia en el trabajo.
- NTP 489: Violencia en el lugar de trabajo. INSST. Año 1998.
- NTP 507: Acoso sexual en el trabajo. INSST. Año 1999.
- NTP 854. Acoso psicológico en el trabajo: definición. Año 2009.

Reiterar que todas las empresas comprendidas en el apdo. 2, art. 1 del Estatuto de los Trabajadores, con independencia del número de personas trabajadoras en plantilla, de acuerdo con lo establecido en los arts. 45.1 y 48 de la Ley Orgánica 3/2007, de 22 de marzo, están obligadas a respetar la igualdad de trato y de oportunidades en el ámbito laboral y, con esta finalidad, deberán adoptar, previa negociación, medidas dirigidas a evitar cualquier tipo de discriminación laboral entre mujeres y hombres, así como promover condiciones de trabajo que eviten el acoso sexual y el acoso por razón de sexo y arbitrar procedimientos específicos para su prevención y para dar cauce a las denuncias o reclamaciones que puedan formular quienes hayan sido objeto de este.

A modo de **ejemplo**:

Dentro de la lucha de la empresa contra el acoso sexual y acoso por razón de sexo, a la hora de confeccionar el plan de igualdad —y siempre en función del diagnóstico en cada caso— como ejemplo vamos a reflejar objetivos junto con las posibles medidas a implementar [correspondiendo otros parámetros como el calendario o ámbito temporal, la determinación de las personas responsables, el presupuesto o recursos, los destinatarios, los indicadores asociados, el responsable de la implantación o la fecha de puesta en marcha de las medidas a la decisión tomada en cada caso).

Objetivo: garantizar un entorno de trabajo seguro y libre de cualquier situación de acoso sexual o por razón de sexo.

Medidas:

1. Implantar un protocolo para el tratamiento de las denuncias y/o presuntas situaciones de acoso moral, sexual y/o por razón de sexo en la compañía.
2. Prevenir y erradicar las situaciones constitutivas de acoso en todas sus modalidades, adoptando todas las medidas necesarias para ello.
3. El protocolo de acoso sexual y por razón de sexo que sea aplicable será difundido del mismo modo que el plan de igualdad.
4. Incluir en la formación de igualdad el módulo específico sobre prevención del acoso sexual y/o por razón de sexo, orientación sexual e identidad de género.
5. Se negociará e implantará un protocolo de actuación para los supuestos de acoso por razón de orientación sexual, de aplicación al colectivo de Lesbianas, Gays, Bisexuales, personas Transgénero e Intersexuales (LGTBI).
6. Se impartirá una formación específica sobre el protocolo de prevención del acoso sexual y por razón de sexo a las personas responsables de cada uno de los centros de trabajo.
7. Informar a la comisión sobre los procesos iniciados por acoso y denuncias formuladas por centro.

Algunos indicadores para control de los objetivos y medidas en la materia podrían ser:

- Número de módulo o cursos formativos específicos sobre acoso impartidos.
- Información recibida de los procesos de acoso según protocolo.

CUESTIONES

1. ¿Qué hemos de analizar para saber si nuestro plan de igualdad o protocolo antiacoso cumplen con las exigencias en materia de prevención del acoso sexual o por razón de sexo?

Para conocer el cumplimento de las distintas medidas hemos de responder a preguntas como:

- ¿Se han definido medidas de difusión e información a la plantilla sobre el plan de igualdad?

- ¿Se han definido acciones de sensibilización a la plantilla en materia de igualdad entre mujeres y hombres?
- ¿Se establecen medidas específicas sobre comunicación no sexista e inclusiva?
- ¿El plan incluye un protocolo de actuación en materia de acoso en el trabajo?
- ¿Qué tipos de acoso contempla expresamente el protocolo?
- ¿Garantiza el procedimiento establecido en el protocolo la intimidad, confidencialidad y dignidad de las personas afectadas por el acoso?
- ¿Se crea un órgano paritario para tratar los casos de acoso contemplados?
- ¿Se prevé asesoramiento o apoyo profesional psicológico y/o médico a las víctimas de acoso?
- ¿Se establecen medidas de sensibilización sobre violencia de género?
- ¿Existe una formación específica para el personal de recursos humanos sobre los derechos de las víctimas de la violencia de género?
- ¿Se establecen los términos para el ejercicio de los derechos de reducción de jornada, reordenación del tiempo de trabajo, la aplicación del horario flexible o de otras formas de ordenación del tiempo de trabajo, reconocidos legalmente, a las víctimas de violencia de género?
- ¿Se prevé asesoramiento o apoyo profesional psicológico y/o médico a las víctimas de violencia de género?
- ¿Se amplían los derechos laborales legalmente establecidos para las víctimas de violencia de género?
- ¿Se incorporan otras medidas adicionales a las que contempla la normativa vigente?

2. ¿Es obligatorio tener un protocolo de acoso en la empresa?

Como hemos visto, los apartados 1 y 2 del art. 48 de la LOI establecen la obligatoriedad de proteger a las personas trabajadoras de situaciones de acoso sexual promoviendo condiciones de trabajo que eviten el acoso sexual y el acoso por razón de sexo, arbitrando para ello procedimientos específicos para su prevención y para dar cauce a las denuncias o reclamaciones que puedan formular quienes hayan sido objeto de este. Es decir, la obligación es *«proteger»* o evitar el riesgo de situaciones de acoso sexual y contar con canales de denuncia y formas de actuación definidas.

A diferencia del plan de igualdad cuya obligatoriedad se basa en el número de personas trabajadoras en plantilla, la norma en este caso impone a las empresas en general la obligación de arbitrar procedimientos específicos para la prevención y dar cauce a las denuncias o reclamaciones por lo que hemos de entender obligatorio contar con un protocolo frente al acoso.

3. En el ámbito público, ¿existe protocolo de actuación frente al acoso?

En el ámbito de la Función Pública las acciones de prevención y de sanción se apoyan en dos ámbitos normativos previos que tienen que ver, respectivamente, con el derecho a la ocupación efectiva, la no discriminación y el respeto a la intimidad y la consideración de su dignidad, a los que tiene derecho todo empleado público, según recoge el artículo 14, letras b) y h) del texto refundido de la Ley del Estatuto Básico del Empleado Público y el artículo 4 e) del Real Decreto Legislativo 2/2015, de 23 de octubre, por el que se aprueba el texto refundido de la Ley del Estatuto de los Trabajadores, por un lado. Y por otro, con el derecho a una protección eficaz en materia de seguridad y salud en el trabajo, establecido además por la Ley 31/1995, de 8 de noviembre, de Prevención de Riesgos Laborales.

En ese contexto, por Resolución de 5 de mayo de 2011, de la Secretaría de Estado para la Función Pública, se aprobó el Acuerdo de 6 de abril de 2011 de la Mesa General de Negociación de la Administración General del Estado sobre el protocolo de actuación frente al acoso laboral en la Administración General del Estado, que ha servido de referencia para la elaboración del presente en el ámbito de la Diputación de Granada.

En la práctica, este protocolo viene sirviendo de modelo para las empresas que deciden implementar uno propio.

Área de análisis clave en el plan de igualdad para la prevención acoso sexual y por razón de sexo

Es claro que el acoso sexual y por razón de sexo puede aparecer en cualquier área de análisis y que la propia norma aporta una lista abierta de materias a incluir en el plan directamente relacionada con el resultado obtenido en la fase de diagnóstico, no obstante, el análisis obligatorio de este aspecto ha de incluirse en un área propia: «Prevención del acoso sexual y por razón de sexo» (art. 46 de la LOI).

Será dentro de esta área donde se desarrollen las actuaciones en esta materia, a pesar de que, por ejemplo, determinadas acciones como sensibilización, concienciación, información o formación incluidas en el plan de igualdad se extiendan a otros puntos de obligado análisis.

Especificaciones sobre las medidas para la prevención de delitos y conductas contra la libertad sexual y la integridad moral en el diagnóstico previo al plan de igualdad

En la fase de diagnosis, se realizará un análisis de la situación de la empresa que permita detectar aquellos aspectos o ámbitos en los que puedan estar produciéndose situaciones de desigualdad o discriminación y sobre los que deberá actuar el futuro plan de igualdad. Para ello, se procederá a la recogida de información y al debate interno que permita, finalmente, formular las propuestas de mejora que se incluirán en el citado plan (*Guía para la elaboración de planes de igualdad en las empresas. Instituto de las Mujeres*. Enero 2021).

El diagnóstico deberá realizar una descripción de los procedimientos y/o medidas de sensibilización, prevención, detección y actuación contra del acoso sexual y al acoso por razón de sexo, así como de la accesibilidad a estos aportando información necesaria para medir y evaluar, a través de indicadores, cuantitativos y cualitativos.

Para cumplir con el propósito de realizar un «radiografía» útil de la organización, será necesario analizar las condiciones de trabajo de todo el personal, incluido las trabajadoras y trabajadoras puestos a disposición en la empresa usuaria, y abordar —no solo aspectos directos de acoso, discriminación, o protección de las víctimas de violencia de género— sino también aspectos como: características de la plantilla, acceso y selección, contratación, formación, promoción y desarrollo profesional, política y estructura retributiva, comunicación, conciliación de la vida personal, familiar y laboral, salud laboral, comunicación, etc. (arts. 8.2 del Real Decreto 901/2020, de 13 de octubre y art. 46 de la LOI, apartado 2).

Atendiendo al contenido del anexo del Real Decreto 901/2020, de 13 de octubre —y como desarrollaremos—, los **procedimientos de actuación contemplarán en todo caso** (*Protocolo frente al acoso sexual y por razón de sexo en el ámbito laboral. Paso a paso*. Colex. Año 2024):

Declaración de principios, definición de acoso sexual y por razón de sexo e identificación de conductas que pudieran ser constitutivas de acoso

Los procedimientos de actuación en esta materia responderán a los siguientes principios:

- **Prevención y sensibilización del acoso sexual y por razón de sexo**: más allá de las distintas acciones generales para la prevención y mejora de las condiciones psicosociales de trabajo, dentro del plan de igualdad pueden desarrollarse estrategias preventivas específicas con el fin de reducir la aparición de conductas de acoso. A modo de ejemplo:
  - » Impartir formación adecuada en prevención y resolución de conflictos, especialmente dirigida a responsables de equipos de personas, para que puedan reconocer y atajar los posibles conflictos en su origen.
  - » Organizar actividades formativas específicas para colectivos de responsables de Unidades u órganos involucrados en la prevención y gestión de los casos de acoso, por un lado, y para representantes sindicales, por otro, en las que se suministre información suficiente para dar a conocer la filosofía asumida por la Administración en cuanto a la no tolerancia de determinados comportamientos vinculados al acoso laboral y en cuanto a los procedimientos que se establezcan para su prevención y/o resolución.
  - » Difundir documentos divulgativos sobre el riesgo y las medidas preventivas a través de las intranets y de otros medios de comunicación.
  - » Realizar charlas de información explicando a la plantilla los derechos, reglamentos, leyes y sanciones establecidas.
  - » Establecer algún sistema concreto para efectuar denuncias: buzón, correo electrónico...
  - » Etc.
- **Información y accesibilidad de los procedimientos y medidas**. La plantilla ha de conocer el procedimiento para activar el protocolo y sus principales aspectos, así como cualquier responsabilidad y perjuicios de incurrir en denuncias falsas o improcedentes.
  - » Para garantizar la accesibilidad del protocolo a todas las personas trabajadoras, el documento y su entrada en vigor se difundirán por correo electrónico, Intranet de la empresa, etc.
  - » Se dará publicidad a los canales de denuncia habilitados al efecto.
- **Confidencialidad y respeto a la intimidad y dignidad de las personas afectadas**: las personas que intervengan en el procedimiento tienen obligación de guardar una estricta confidencialidad y reserva y no deben transmitir ni divulgar información sobre el contenido de las denuncias presentadas o en proceso de investigación.

- **Respeto al principio de presunción de inocencia de la supuesta persona acosadora**: el procedimiento debe garantizar una audiencia imparcial y un tratamiento justo para todas las personas afectadas. Todos los intervinientes han de buscar de buena fe la verdad y el esclarecimiento de los hechos denunciados.
- **Prohibición de represalias de la supuesta víctima o personas que apoyen la denuncia o denuncien supuestos de acoso sexual y por razón de sexo**: deben prohibirse expresamente las represalias contra las personas que efectúen una denuncia, comparezcan como testigos o participen en una investigación sobre acoso.
- **Diligencia y celeridad del procedimiento**: la investigación y la resolución sobre la conducta denunciada deben ser realizadas sin demoras indebidas, de forma que el procedimiento pueda ser completado en el menor tiempo posible respetando las garantías debidas.
- **Garantía de los derechos laborales y de protección social de las víctimas**: es necesario proceder con la discreción necesaria para proteger la intimidad y la dignidad de las personas afectadas. Para esto:
  - » Las actuaciones o diligencias deben realizarse con la mayor prudencia y con el debido respeto a todas las personas implicadas, que en ningún caso podrán recibir un trato desfavorable por este motivo.
  - » Los implicados podrán ser asistidos por algún delegado de prevención o asesor en todo momento a lo largo del procedimiento, si así lo requieren.
- **Restitución de las víctimas**: si el acoso realizado se hubiera concretado en un menoscabo de las condiciones laborales de la víctima, la empresa deberá restituirla en las condiciones más próximas posibles a su situación laboral de origen, con acuerdo de la víctima y dentro de las posibilidades organizativas.

La definición de acoso sexual y por razón de sexo e identificación de conductas que pudieran ser constitutivas de acoso será otro aspecto obligatorio de todo protocolo.

Procedimiento de actuación frente al acoso para dar cauce a las quejas o denuncias que pudieran producirse, y medidas cautelares y/o correctivas aplicables

Ha de garantizarse que todas las quejas y denuncias internas serán tratadas conforme a los principios descritos, es decir, con rigor, rapidez, imparcialidad y confidencialidad por todas las personas que intervengan en el procedimiento (Guía para la elaboración de un protocolo de prevención y actuación frente al acoso sexual y el acoso por razón de sexo en el ámbito laboral. CCOO Extremadura).

Identificación de las medidas reactivas frente al acoso y en su caso, el régimen disciplinario

La LOI recoge la obligación de las empresas de implementar medidas concretas para abordar el acoso sexual y el acoso por razón de sexo y arbitrar procedimientos específicos que permitan prevenir y actuar frente a ellos.

Implementación, aplicación y procedimientos resueltos en el marco del protocolo de lucha contra el acoso sexual y/o por razón de sexo implantado en la empresa

La persona o el órgano específico encargado de resolver comunicarán por escrito a la persona acosada y a la persona que ha cometido la ofensa cómo se ha resuelto el problema informándoles de las acciones disciplinarias que se emprenderán. La decisión incluirá una síntesis de los hechos y detallará las compensaciones o sanciones (Guía para la elaboración de un protocolo de prevención y actuación frente al acoso sexual y el acoso por razón de sexo en el ámbito laboral. CCOO Extremadura).

CUESTIÓN

¿A qué colectivos debe prestar especial atención el diagnóstico previo?

El acoso sexual y el acoso por razón de sexo se pueden dar en cualquier grupo de edad, profesión, ámbito laboral o grupo profesional. En base al análisis práctico de los diagnósticos de distintas empresas y la información emanada de las Instituciones preocupadas por la materia, la mayoría de las personas que padecen este tipo de acoso son mujeres y dentro de éstas, los grupos que podríamos calificar como «más vulnerables», sobre los que el diagnóstico previo ha de prestar mayor atención, son:

- Mujeres que acceden por primera vez a sectores profesionales o categorías tradicionalmente masculinas o que ocupan puestos de trabajo que tradicionalmente se han considerado destinados a los hombres.
- Mujeres jóvenes que acaban de conseguir su primer trabajo.
- Mujeres solas con responsabilidades familiares (madres solteras, viudas, separadas y divorciadas).
- Mujeres con discapacidad.
- Mujeres inmigrantes y/o que pertenecen a minorías étnicas.
- Mujeres con contratos eventuales y temporales o en régimen de subcontratación.
- Personas homosexuales, etc.

A efectos de cumplimiento normativo asociado al plan de igualdad, ¿es suficiente con contar y aplicar el protocolo para la prevención y el tratamiento del acoso sexual y/o por razón de sexo?

El Real Decreto 901/2020, de 13 de octubre, hace referencia a la necesidad de sensibilización de la plantilla, lo que se traduce en la necesidad de informar a las personas trabajadoras de aspectos como:

- Las características del acoso sexual para que conozcan sus distintas vertientes o la diferencia con otras figuras.
- Las posibles consecuencias del acoso para actuar de forma disuasoria.
- A quién o a qué personas es necesario dirigirse en caso de considerar que se está siendo objeto de acoso sexual o por razón de sexo.
- Con la intención de dotar de transparencia del proceso, los pasos a seguir, la investigación, personas que intervendrán, etc.
- Las garantías de confidencialidad.

JURISPRUDENCIA

STS, rec. 2304/2008, de 26 de mayo de 2009, ECLI:ES:TS:2009:4395

«(...) la propia normativa laboral parte de la diferente posición del trabajador frente al empresario en esta materia, pues no es el trabajador quien debe organizar el tra-

bajo y se atribuye en exclusiva al empresario la 'dirección y control de la actividad laboral' (art. 20 del ET), imponiendo a éste el cumplimiento del 'deber de protección' mediante el que deberá garantizar la seguridad y salud de los trabajadores a su servicio en todos los aspectos relacionados con el trabajo, — e incluso, aunque concierte con entidades especializadas en prevención complementaria, ello no le exime 'del cumplimiento de su deber en esta materia, sin perjuicio de las acciones que pueda ejercitar, en su caso, contra cualquier otra persona' (arts. 14.2 y 4 del LPRL)— y, en suma, preceptuarse que "la efectividad de las medidas preventivas deberá prever las distracciones o imprudencias no temerarias que pudiera cometer el trabajador" (art. 15.4 de la LPRL)", que "es el empresario el que tiene la posición de garante ("empresario garante") del cumplimiento de las normas de prevención (arts. 19.1 del ET y 14 de la LPRL)" y que "el trabajador tiene también sus obligaciones, pero más matizadas y menos enérgicas: debe observar en su trabajo las medidas legales y reglamentarias de seguridad (art. 19.2 del ET), pero "según sus posibilidades", como dice expresamente el art. 29.1 LPRL. Tiene que utilizar correctamente los medios de protección proporcionados por el empresario, pero el trabajador no tiene la obligación de aportar estos medios, ni de organizar la prestación de trabajo de una manera adecuada».

CUESTIÓN

Una empresa con 200 empleados tiene un protocolo general frente al acoso y la violencia en el lugar de trabajo. Con la entrada en vigor del Real Decreto 1026/2024, ¿cumple con las nuevas obligaciones en materia de igualdad y no discriminación de las personas LGTBI? ¿Necesita negociar un protocolo de actuación frente al acoso y la violencia contra las personas LGTBI independiente?

La obligación de contar con un protocolo de actuación frente al acoso y la violencia contra las personas LGTBI establecida en el art. 15 de la Ley 4/2023, de 28 de febrero y el Real Decreto 1026/2024, de 8 de octubre podrá entenderse cumplida cuando la empresa cuente con un protocolo general frente al acoso y violencia que prevea medidas para las personas LGTBI o bien lo amplíe específicamente para incluirlas.

En el supuesto planteado, la empresa puede optar por tres vías para cumplir con estas obligaciones (art. 8 del Real Decreto 1026/2024, de 8 de octubre):

1. Protocolo general con especificaciones concretas frente al acoso y la violencia contra las personas LGTBI o adaptar el protocolo para la prevención y el tratamiento del acoso.

- Si la empresa ya dispone de un protocolo general frente al acoso y la violencia y este protocolo prevé medidas específicas para la protección de las personas LGTBI. En este caso la obligación se entenderá cumplida, sin perjuicio de su adaptación a la nueva normativa cuando corresponda en los aspectos no contemplados.
- Si la empresa ya dispone de un protocolo general frente al acoso y la violencia pero este protocolo no prevé medidas específicas para la protección de las personas LGTBI. Esto implica un deber de ampliación de forma clara y detallada, incorporando prácticas preventivas, mecanismos de detección y actuación, y medidas disciplinarias específicas para los casos de acoso y violencia hacia las personas LGTBI.

2. Nuevo protocolo de actuación frente al acoso y la violencia contra las personas LGTBI. Alternativamente, la empresa puede optar por negociar un nuevo texto específico cumpliendo los requisitos del Real Decreto 1026/2024, de 8 de octubre.

En ambos casos, el objetivo es garantizar un entorno laboral inclusivo y libre de discriminación, cumpliendo con las nuevas obligaciones legales establecidas en el Real Decreto 1026/2024.

4.7. Medidas dentro de un plan de igualdad de empresa relativas a la infrarrepresentación femenina

Mediante las medidas y acciones englobadas en este punto se pretende conseguir una mayor representación de las mujeres en aquellas categorías profesionales en que se hallan infrarrepresentadas, de forma que se consiga o se mantenga la paridad entre hombres y mujeres y se elimine la feminización o masculinización de determinados grupos o categorías profesionales.

Recomendaciones:

- Asegurar la ausencia de procedimientos o políticas discriminatorias por razón de sexo en materia de selección, contratación, promoción y retribución salarial, etc.
- Fomentar la promoción de las trabajadoras a todas las categorías y funciones en las que estén infrarrepresentadas.

Concepto de infrarrepresentación femenina en los planes de igualdad

Una de las novedades impulsadas en su momento por el RD 6/2019, de 1 de marzo, fue la incorporación de la infrarrepresentación femenina entre las materias análisis obligatorio en el diagnóstico previo a los planes de igualdad, imponiéndose de esta manera la necesidad de implantar medidas para combatirla.

El empleo precario, la segregación ocupacional y la concentración en determinadas ramas de actividad son características de una parte del empleo femenino. Mediante las medidas y acciones englobadas en este punto se pretende conseguir una **mayor representación de las mujeres en aquellas categorías profesionales en que se hallan infrarrepresentadas**, de forma que se consiga o se mantenga la paridad entre mujeres y hombres y se elimine la feminización o masculinización de determinados grupos o categorías profesionales.

Una vez identificada la existencia de infrarrepresentación femenina en la fase de diagnóstico, el PI ha de poner en práctica mediadas para logar la corrección de esta situación que aseguren el equilibrio de plantilla y una mayor equiparación de los sexos en los distintos departamentos y grupos, de modo que, a condiciones equivalentes de idoneidad y competencia, acceda la persona del sexo menos representado. Para ello, las empresas podrán establecer **medidas de acción positiva** con el fin de eliminar la segregación ocupacional de las mujeres tanto horizontal como vertical, cumpliendo así el objetivo de igualdad de la Ley Orgánica 3/2007, de 22 de marzo, de conformidad con lo previsto en su artículo 11 y en el artículo 17.4 del Estatuto de los Trabajadores (apdo. 4, art. 7 del Real Decreto 901/2020, de 13 de octubre).

A TENER EN CUENTA. A los efectos de la LOI, se entenderá por composición equilibrada la presencia de mujeres y hombres de forma que, en el conjunto a que se refiera, las personas de cada sexo no superen el 60 por 100 ni sean menos del 40 por 100.

El **diagnóstico** (Anexo Real Decreto 901/2020, de 13 de octubre) deberá informar sobre la distribución de la plantilla en de los puestos de distinto nivel de responsabilidad en función del sexo para identificar la existencia, en su caso, de una infrarrepresentación de mujeres de en los puestos intermedios o superiores (segregación vertical). Para ello se analizará:

- La participación de mujeres y hombres en los distintos niveles jerárquicos, grupos y subgrupos profesionales y su evolución en los cuatro años anteriores a la elaboración del diagnóstico.
- La correspondencia entre los grupos y subgrupos profesionales y el nivel formativo y experiencia de las trabajadoras y trabajadores.
- En su caso, la presencia de mujeres y hombres en la representación legal de las trabajadoras y trabajadores y en el órgano de seguimiento de los planes de igualdad.

En este apartado se analizará también la **distribución de la plantilla en la empresa**, midiendo el grado de masculinización o feminización que caracteriza a cada departamento o área (segregación horizontal). A estos efectos, se recogerá en el diagnóstico el número total de hombres y mujeres en la empresa, así como en cada grupo profesional, categoría profesional y puestos, con el fin de conocer el grado de infrarrepresentación ocupacional femenina.

Dada la relación de este punto con el proceso de selección, contratación, formación y promoción profesional, para este análisis se tendrán en cuenta datos como [apdos. b), c), d) y e) del anexo del Real Decreto 901/2020, de 13 de octubre):

a) Criterios y canales de información y/o comunicación utilizados en los procesos de selección, contratación, formación y promoción profesional.

b) Criterios, métodos y/o procesos utilizados para la descripción de perfiles profesionales y puestos de trabajo, así como para la selección de personal, promoción profesional, gestión y la retención del talento.

c) Lenguaje y contenido de las ofertas de empleo y de los formularios de solicitud para participar en procesos de selección, formación y promoción.

d) Perfil de las personas que intervienen en los procesos de selección, gestión y retención del talento y, en su caso, sobre su formación en materia de igualdad y sesgos inconscientes de género.

¿Qué se analiza para conocer la existencia de infrarrepresentación femenina?

Áreas de análisis	Parámetros de análisis (diferencias entre mujeres y hombres)
Nivel de paridad y equilibrio entre sexos en la distribución global de la plantilla.	Personal en plantilla en contraste con la existencia de una infra o supra representación de un determinado sexo.
Equilibrio o desequilibrio en la distribución por niveles y presencia de segregaciones horizontal o vertical.	Personal en plantilla en contraste con la existencia de una infra o supra representación por Departamentos, categoría y puesto de trabajo.

Posibles discriminaciones generacionales.	Personal en plantilla en contraste con el nivel de diversidad generacional (edad) entre sexos.
Antigüedad.	Estabilidad de la plantilla o por el contrario nivel de rotación atendiendo a una perspectiva de género.

«Suelo pegajoso» y «techo de cristal»

Dentro de la lucha contra la infrarrepresentación femenina en el sector privado, el análisis con perspectiva de género identificará fenómenos de actualidad en el sistema laboral como el «suelo pegajoso» o el «techo de cristal».

La expresión «suelo pegajoso», hace referencia a las circunstancias sociales y culturales, que impiden que las mujeres despeguen y puedan desarrollar un proyecto de vida, «agrupa las fuerzas que mantienen a tantas mujeres atrapadas en la base de la pirámide económica» (Gallego Mendez, M. T., «Feminismo y política: sobre el criterio de paridad»), circunstancias tales como el trabajo maternal y las responsabilidades familiares y domésticas, actúan como una superficie pegajosa que impide que las mujeres surjan y se realicen conforme a su proyecto personal. Del mismo modo, el suelo pegajoso también conforma todas aquellas profesiones feminizadas y que, por ello, pierden valor y disminuye también su salario.

Es decir, las tareas domésticas, la maternidad, el cuidado de hijos, adultos mayores, impiden a las mujeres desprenderse de esa superficie pegajosa y cuando lo hacen, la mayoría choca con el «techo de cristal», entendido como la imposibilidad de las mujeres de llegar a puestos de responsabilidad y de dirección en igualdad de condiciones que los hombres.

Todo P.I ha de incluir entre sus objetivos medidas relacionadas con la promoción y el desarrollo personal como:

- Garantizar que en las promociones de libre designación solo se tendrán criterios de mérito y capacidad, asegurando que en todos los procesos se tienen en cuenta los criterios de equilibrio entre personas de distinto sexo y que los resultados acercan la situación previa a la paridad en cada una de las categorías/grupos profesionales y niveles de responsabilidad.
- Adoptar la medida de acción positiva de «a igualdad de condiciones y competencias» tenga preferencia el género en el ascenso a puestos o grupos profesionales.
- Impulsar dentro de las empresas el desarrollo de carreras profesionales, mediante formación, *mentoring*, etc., para equilibrar la distribución de hombres y mujeres en todas las posiciones.

A modo de **ejemplo**:

Dentro de las medidas y acciones para fomentar la promoción de las trabajadoras a todas las categorías y funciones en las que estén infrarrepresentadas, a la hora de confeccionar el Plan de Igualdad —y siempre en función del diagnóstico en cada caso—, como **ejemplo**, vamos a reflejar objetivos junto con las posibles medidas a implementar (correspondiendo otros parámetros como el calendario o ámbito temporal, la determinación de las personas responsables, el presupuesto o recursos, los destinatarios, los indicadores asociados, el responsable de la implantación o la fecha de puesta en marcha de las medidas a la decisión tomada en cada caso):

Objetivo: promover la integración de la perspectiva de género en las distintas categorías profesionales.

Medidas:

1. Realizar cursos de formación orientados a los procesos de promoción interna.
2. Implantar una evaluación del desempeño de trabajo que permita definir objetivos de mejora, detectar necesidades formativas y valorar posibles promociones.
3. Mantener un sistema retributivo equilibrado e igualitario para todo el personal.
4. Establecer acciones específicas para la selección/promoción de mujeres en puestos en los que están infrarrepresentadas.
5. Realizar acciones positivas para la cobertura de aquellos puestos con infrarrepresentación de mujeres y hombres en la empresa con el objetivo de equilibrar la presencia de mujeres y hombres siguiendo los principios de igualdad, mérito y capacidad.

Algunos **indicadores** para control de los objetivos y medidas en la materia podrían ser:

- Número ascensos utilizando discriminación positiva.
- Número de puestos donde la subrepresentación se haya corregido.
- Estadísticas de ascensos desagregadas por sexo.
- Estadísticas de procesos de promoción desagregados por sexo.

Presencia o composición equilibrada

La LOI contiene diversos apartados en los que hace referencia a la presencia equilibrada de mujeres y hombres, referidos, entre otras materias, a:

- Participación en las candidaturas electorales y en la toma de decisiones (art. 14.4 de la LOI).
- Nombramiento y designación de cargos de responsabilidad (art. 16 de la LOI).
- Órganos de dirección y distintos grupos profesionales en la empresa, como requisito para otorgar el distintivo empresarial en materia de igualdad (art. 50 de la LOI).
- Órganos de selección y valoración de personal [art. 51 d) de la LOI].
- Órganos directivos de la Administración General del Estado (art. 52 de la LOI).

- Tribunales y órganos de selección del personal de la Administración General del Estado y de los organismos públicos vinculados o dependientes (art. 53 de la LOI).
- Representación de la Administración del Estado en órganos colegiados (art. 54 de la LOI).

Completando lo anterior, se regula en el art. 75 de la LOI la **«Participación de las mujeres en los Consejos de administración de las sociedades mercantiles»** fijando que las sociedades obligadas a presentar cuenta de pérdidas y ganancias no abreviada «procurarán» incluir en su Consejo de administración un número de mujeres que permita alcanzar una presencia equilibrada de mujeres y hombres en un plazo de ocho años a partir de la entrada en vigor de esta Ley.

A TENER EN CUENTA. La expresión «procurarán», supone una difícil interpretación de este artículo, dudándose si establece una obligación o, por el contrario, una recomendación y suponiendo dudas sobre la posibilidad de que un posible incumplimiento (lo que en la práctica sucede) conllevara sanciones, quedando a la voluntad de las empresas asumirlo o no como parte de su política empresarial, donde el Plan de Igualdad tomaría, por lo tanto, un matiz trascendental.

La D.A 1.ª de la LOI, concreta lo que el legislador entiende como presencia o composición equilibrada, concepto que, a pesar de haber sido ya referencias a lo largo de la obra, por su importancia, merece la pena volver a citar: «A los efectos de esta Ley, se entenderá por composición equilibrada la presencia de mujeres y hombres de forma que, en el conjunto a que se refiera, las personas de cada sexo no superen el sesenta por ciento ni sean menos del cuarenta por ciento».

Recientemente, la Ley de Paridad **(Ley Orgánica 2/2024, de 1 de agosto)**, ha incidido directamente sobre la representación femenina en diferentes ámbitos laborales y organizativos de las grandes empresas y sector público **endureciendo los porcentajes de representación femenina necesarios en los órganos de dirección**. De esta forma (sujeta a distintos periodos de aplicación) se establece que las **sociedades cotizadas y entidades de interés público** deberán asegurar una representación equilibrada en sus consejos de administración y alta dirección, estableciendo la obligación de **contar con un 40 % de miembros del sexo menos representado**. El incumplimiento de estas normas conlleva la posibilidad de sanciones, reguladas en el art. 292 de la Ley 6/2023, de 17 de marzo.

También se establece la exigencia genérica de representación paritaria y presencia equilibrada entre mujeres y hombres en los órganos de representación, gobierno y administración de las asociaciones empresariales para la negociación de convenios de grupo de empresas y pluralidad de empresas, convenios colectivos sectoriales y convenios de ámbito estatal siguiendo lo establecido en el art. 87 del ET.

CUESTIONES

1. ¿Qué empresas están obligadas según el art. 75 LOI a incluir en su Consejo de administración un número de mujeres que permita alcanzar una presencia equilibrada?

Las empresas a las que hace referencia este artículo están contempladas en el art. 258 del Real Decreto Legislativo 1/2010, de 2 de julio, por el que se aprueba el texto refundido de la Ley de Sociedades de Capital.

2. ¿Cuándo resulta exigible el cumplimiento del deber de presencia equilibrada de mujeres y hombres establecido por la Ley de Paridad?

El cumplimiento del deber de presencia equilibrada de mujeres y hombres se sujeta a diferentes fechas (D.T. 1.ª de la Ley de Paridad):

- Compañías que pertenezcan al Ibex 35: 30 de junio de 2026. [Apdos. 3 y siguientes, del art. 529 bis de la Ley de Sociedades de Capital (Real Decreto Legislativo 1/2010, de 2 de julio)].
- Resto de sociedades cotizadas: 30 de junio de 2027. [Apdos. 3 y siguientes, del art. 529 bis de la Ley de Sociedades de Capital (Real Decreto Legislativo 1/2010, de 2 de julio)].
- Colegios profesionales: 30 de junio de 2029. (Apdo. 2 del artículo 15 de la Ley 2/1974, de 13 de febrero).
- Consejos de Administración de las entidades de interés público [D.A. 16.ª de la Ley de Sociedades de Capital (Real Decreto Legislativo 1/2010, de 2 de julio]:
  - » Porcentaje del 33 % de representación femenina: 30 de junio de 2026.
  - » Para alcanzar el 40 %: 30 de junio de 2029.
- Sindicatos, asociaciones empresariales, fundaciones, organizaciones del Tercer Sector de acción social y entidades de la economía social: 30 de junio de 2028.

A modo de **ejemplo**:

Dentro de la presencia de mujeres en puestos de responsabilidad, a la hora de confeccionar el Plan de Igualdad —y siempre en función del diagnóstico en cada caso— como **ejemplo** vamos a reflejar objetivos junto con las posibles medidas a implementar (correspondiendo otros parámetros como el calendario o ámbito temporal, la determinación de las personas responsables, el presupuesto o recursos, los destinatarios, los indicadores asociados, el responsable de la implantación o la fecha de puesta en marcha de las medidas a la decisión tomada en cada caso):

Objetivo: garantizar la igualdad de trato y oportunidades de mujeres y hombres en la promoción y ascenso, en base a criterios objetivos, cuantificables, públicos y transparentes.

Medidas:

1. Informar con transparencia y puntualidad a toda la plantilla, de las vacantes para la promoción, haciéndolas públicas y accesibles e incluyendo en la publicación los requisitos y criterios de conocimientos y competencias, para el desempeño del puesto vacante, por los medios de comunicación habituales de la empresa o creando unos medios nuevos que lo faciliten.
2. Actualizar anualmente el registro que permita conocer el nivel de estudios y formación de la plantilla, desagregado por sexo y puesto de trabajo.
3. Realización de un seguimiento anual de las promociones desagregadas por sexo, indicando grupo profesional y puesto funcional de origen y de destino, tipo de contrato, modalidad de jornada, y el tipo de promoción para su traslado a la Comisión de seguimiento.

4. Para la cobertura de las vacantes para los puestos de responsabilidad y dirección con promoción interna, y en caso de condiciones equivalentes de idoneidad y competencias para el puesto de trabajo, se priorizarán las candidaturas internas.
5. Realizar un seguimiento específico de las promociones de personas con tiempo parcial o jornada reducida.
6. Disponer de información estadística y realizar un seguimiento periódico de la proporción de mujeres que ocupan altos cargos, niveles directivos y mandos intermedios.
7. Establecer convenios o colaboraciones con Universidades, escuelas de negocio u otros organismos que se dediquen a la formación especializada, para la selección de candidaturas destinados a los puestos del grupo profesional de mandos.
8. Se informará a la Comisión de Seguimiento de los criterios establecidos para la promoción a cada puesto (perfil profesional, requisitos del puesto, formación, conocimientos, etc.).
9. Analizar las políticas de personal y las prácticas de promoción vigentes en la empresa, con el fin de detectar barreras que dificulten la plena igualdad entre mujeres y hombres.

Objetivo: Fomentar la promoción profesional en la empresa hasta alcanzar una presencia equilibrada de hombres y mujeres en los puestos de coordinación y mando.

Medidas:

1. Implementar acciones positivas para incentivar la movilidad y el ascenso de las trabajadoras a puestos de trabajo y grupos profesionales de mayor responsabilidad.
2. Potenciar la presencia de mujeres en los procesos de promoción para puestos en los que las mujeres estén subrepresentadas.
3. Difundir internamente las promociones al grupo de mando de forma transparente y especificando acciones de discriminación positiva.

Algunos **indicadores** para control de los objetivos y medidas en la materia podrían ser:

- Número de personas incorporadas en los distintos grupos profesionales desagregadas por sexo.
- Número de colaboraciones/convenios.
- Número de mandos seleccionados desagregados por sexo.
- Número de nuevas fuentes de reclutamiento utilizadas.

4.8. Medidas dentro de un plan de igualdad de empresa relativas a la salud laboral

Dentro del área de salud laboral los PI fijarán medidas concretas en relación a la exposición a riesgos laborales y sus posteriores efectos en la salud de trabajadores y trabajadoras.

Salud laboral con perspectiva de género en los planes de igualdad

La experiencia y el análisis de múltiples planes publicados evidencian una tendencia a implantar medidas concretas (producto de haber detectado deficiencias previas en estos campos en el diagnóstico) en materias que, a pesar de poder incardinarse en otras ya analizadas, están ocupando un puesto significativo actualmente como la **salud laboral con perspectiva de género**.

En esta materia el objetivo básico es integrar en la gestión de la prevención de riesgos laborales (seguridad, ergonomía, condiciones ambientales, etc.) el principio de igualdad de trato desde la perspectiva de género, así como y dar una protección eficaz a las situaciones de embarazo y lactancia.

El apdo. 7 del art. 4 de la LPRL, reconoce expresamente que «todas aquellas características del trabajo, incluidas las relativas a su organización y ordenación» son susceptibles de producir daños y, por lo tanto, objeto de actividad preventiva. La Ley pone de manifiesto que el daño en la salud también puede proceder de la organización del trabajo.

En el art. 15 de la LPRL se plantea cómo actuar ante los riesgos psicosociales, exigiendo:

- Una evaluación de los riesgos y que la adopción de medidas preventivas se haga en primer término en el origen, es decir, cambiando los aspectos nocivos de la organización del trabajo.
- La adaptación del trabajo a la persona reduciendo el trabajo monótono y repetitivo, a partir de cambios organizativos en la concepción de los puestos de trabajo, en la elección de los equipos y en los métodos de trabajo y de producción.

Por lo general será difícil que una corporación aporte datos acerca de la salud laboral con perspectiva de género, por lo que el análisis de este parámetro suele realizarse sobre los datos referidos a las bajas por enfermedad de mujeres y hombres durante los años de comparación de los que se disponen datos. **La normativa citada en prevención de riesgos laborales (arts. 4 y 15 de la LPRL), al igual que la LOI, no aclara como afrontar una evaluación de riesgos desde la perspectiva de género**, por lo que si en el campo de la Salud Laboral, no encontraremos medidas concretas relacionadas con las mujeres, el futuro PI, ha de plantear objetivos como:

- Implementar la perspectiva de género en la salud laboral y la prevención de riesgos dentro de la empresa.

- Establecer las medidas necesarias para combatir el acoso sexual y acoso por razón de sexo en el ámbito laboral de la corporación.

Por consiguiente, el plan de igualdad, en estrecha relación con la evaluación de riesgos laborales, por un lado, ha de valorar los puestos, sectores, o categorías donde la presencia femenina es mayor y desgranar la existencia —siempre con perspectiva de género— de posibles factores y riesgos psicosociales, por otro lado, valorará la correcta aplicación de las previsiones preventivas en relación con el embarazo y la lactancia [a) identificación de los peligros (agentes físicos, químicos y biológicos; procedimientos industriales; movimientos y posturas; fatiga mental y física; otras cargas físicas y mentales); b) identificación de las categorías de trabajadoras (trabajadoras embarazadas, que hayan dado a luz recientemente o en período de lactancia); c) evaluación cualitativa y cuantitativa de los riesgos].

CUESTIONES

1. ¿Qué es la perspectiva de género?

La perspectiva de género se refiere a un enfoque analítico que toma en cuenta las diferencias y desigualdades que existen entre hombres y mujeres en todos los ámbitos de la vida social, económica, política y laboral. Este enfoque busca identificar y abordar las necesidades específicas de cada género, promoviendo la igualdad entre ambos. En el contexto de la salud laboral, la perspectiva de género implica reconocer que los riesgos laborales pueden afectar de manera diferente a hombres y mujeres, y que es necesario adaptar las políticas y medidas preventivas para garantizar una protección equitativa y eficaz de ambos.

2. ¿Qué supone la obligación de una integración de la perspectiva de género en la prevención de riesgos laborales?

La normativa, con carácter general, obliga a las empresas a realizar una integración real de la perspectiva de género en la prevención de riesgos laborales. «Ello supone tomar en cuenta en esta gestión la evidencia de que los riesgos laborales afectan de una manera diferente a las trabajadoras y a los trabajadores, y que, bajo una misma denominación del puesto, los hombres y las mujeres pueden realizar distintas actividades o presentar diferencias sustanciales en la dedicación a las tareas, lo que condiciona su nivel de exposición a los riesgos; y todo lo cual, de forma muy razonable, ha de especificarse en la evaluación de riesgos». (SJS-Guadalajara, rec. 49/2022, de 17 de septiembre de 2022, ECLI:ES:JSO:2022:1832).

3. ¿Qué plazo existe para sanciones relacionadas con la deficiente consideración preventiva de la salud laboral por parte de la empresa?

En materia de prevención de riesgos laborales, las infracciones prescribirán: al año las leves, a los tres años las graves y a los cinco años las muy graves, contados desde la fecha de la infracción. (art. 4 de la LISOS).

El primer paso que debemos dar para aplicar la prevención de riesgos laborales desde una perspectiva de género es evitar la realización del análisis de los riesgos a nivel de «puesto de trabajo» o de «categoría ocupacional». En este sentido es importante reflejar en la evaluación de riesgos el análisis actividad real de trabajo, comprobando si los hombres y mujeres que trabajan en un mismo puesto desarrollan las mismas tareas y de la misma manera. Es decir, usar un enfoque de género en salud laboral supone prestar atención a las posibles diferencias de salud, tanto debidas al sexo, como motivadas por factores y relaciones de género, que pueden resultar discriminatorias y ser injustas y evitables, entre las que encontramos:

|| Riesgos psicosociales

El art. 4 de la LRPL define el riesgo laboral como «la posibilidad de que un trabajador sufra un determinado daño derivado de su trabajo». Las condiciones de trabajo incluyen cualquier característica que este pueda tener una influencia significativa en la generación de riesgos para la seguridad y salud de la persona trabajadora. Desde esta perspectiva, los **riesgos psicosociales** son contextos laborales que habitualmente dañan la salud en el trabajador de forma importante, aunque en cada trabajador o trabajadora los efectos puedan ser diferentes. Podemos definirlos como aquellas características de la tarea, de la organización, o de las relaciones interpersonales en el lugar de trabajo, que pueden adoptar valores adversos o desfavorables sobre la salud y seguridad de la población trabajadora, así como al desarrollo del trabajo.

No hay una clasificación legal de las condiciones psicosociales, si bien se consideran fundamentales:

| Conflicto familia-trabajo. La doble presencia

El conflicto familia-trabajo aparece cuando las presiones de la familia y el trabajo son incompatibles. El conflicto entre las dos esferas lo han diferenciado en dos tipos (conflicto familia-trabajo y conflicto trabajo-familia), según la direccionalidad del conflicto. La importancia que en los últimos años se está dando a la conciliación familiar y laboral ha generado un aumento de este tipo de estudios, sobre todo en cuanto al conflicto trabajo-familia.

Las condiciones actuales del mercado parecen haber agudizado este conflicto, ya que se han producido, y se están produciendo, cambios en la organización del trabajo en un doble sentido, aumento de la flexibilidad de los tiempos de trabajo en función de los tiempos de la demanda, e intensificación de las jornadas de trabajo, aspectos que dificultan más la conciliación.

La **doble presencia** es la situación que se origina cuando una misma persona se ve obligada a atender obligaciones del ámbito familiar y obligaciones del ámbito laboral. Por lo tanto, la denominada «doble presencia» aparece como riesgo para la salud ante la dificultad para responder a las demandas del trabajo realizado fuera del hogar y el trabajo doméstico cuando aparecen de manera simultánea.

La preocupación por el problema de la conciliación quedo reflejada en el apdo.1 del art 44 de la LOI «los derechos de conciliación de la vida personal, familiar y laboral se reconocerán a los trabajadores y trabajadoras en forma que fomenten la asunción equilibrada de las responsabilidades familiares, evitando toda discriminación basada en su ejercicio».

La actividad preventiva de la empresa —mediante la evaluación de riesgos— ha de identificar y valorar las posibles consecuencias del riesgo sobre la salud de la plantilla. Y que por lo tanto debe ser controlado en la fase de planificación preventiva aportando las medidas necesarias para ello.

Estrés laboral

El estrés es la respuesta fisiológica, psicológica y de comportamiento de un individuo que intenta adaptarse y ajustarse a presiones internas y externas.

El estrés laboral surge cuando se da un desajuste entre la persona, el puesto de trabajo y la propia organización. La persona percibe que no dispone de recursos suficientes para afrontar la problemática laboral y aparece el estrés, que se convierte en un riesgo para la seguridad y la salud cuando es prolongado y desemboca en enfermedades físicas y psicológicas.

3. Mobbing o acoso moral

Los datos indican que el acoso psicológico tiene claros efectos sobre la salud de los trabajadores, y que, en general, las consecuencias de este riesgo psicosocial son amplias e inciden en la práctica de los profesionales afectados en forma muy variada.

Por *mobbing* o acoso moral hemos de entender la situación en la que una persona o un grupo de personas ejercen una violencia psicológica extrema, de forma sistemática (al menos, una vez por semana), durante un tiempo prolongado (más de 6 meses), sobre otra persona en el lugar de trabajo, según definición de H. Leymann.

En este punto hemos de remitirnos a la conveniencia de contar con un protocolo para la prevención y el tratamiento del acoso sexual y/o por razón de sexo dentro de un plan de igualdad.

Síndrome del trabajador quemado

El síndrome de burnout o desgaste profesional consiste en el resultado de un proceso de estrés crónico laboral y organizacional que termina en un estado de agotamiento emocional y de fatiga desmotivante para las tareas laborales.

La exposición a factores de riesgo psicosocial, a fuentes de estrés en dosis nocivas y a variables como carga de trabajo, falta de control y autonomía, ambigüedad y conflicto de rol, malas relaciones en el trabajo, falta de apoyo social, falta de formación para desempeñar las tareas, descompensación entre responsabilidad-recursos-autonomía, etc., cuando se produce en trabajos en los que su contenido tiene unas demandas emocionales importantes y de prestación de servicios humanos, puede dar lugar a la aparición de un proceso de estrés crónico que desemboque en un daño para la salud del trabajador, el síndrome del trabajador quemado.

Acoso sexual

La NTP 507: Acoso sexual en el trabajo del INSST, aborda la problemática del acoso sexual en el lugar de trabajo. Siguiendo las recomendaciones de la Organización Internacional del Trabajo (OIT) y la Comisión Europea sobre esta materia se ofrece una definición y clasificación del acoso sexual y se propone una serie de medidas preventivas y de actuación.

Inseguridad contractual

La inseguridad laboral se define como una preocupación general acerca de la existencia del trabajo en el futuro, y también como una amenaza percibida de características de trabajo diferentes, tales como la posición dentro de una organización o las oportunidades de carrera. Y es uno de los riesgos laborales más importantes.

El tipo de contrato parece ser uno de los indicadores más importantes de la inseguridad laboral. Así, el contrato temporal es el que está asociado a mayor inseguridad.

CUESTIONES

1. ¿Por qué es necesaria una evaluación de riesgo psicosocial?

La necesidad de la evaluación deriva de la alta probabilidad de este tipo de riesgos de afectar a la salud de los trabajadores, son multicausales y sus consecuencias suelen ser importantes.

Toda la información de la que se dispone indica que los costes de los riesgos psicosociales son excesivamente altos, y lo que es peor, minan el desarrollo futuro de la organización, la calidad de vida de los trabajadores y la misma productividad individual y global de la empresa, incluso desde una perspectiva economicista. De conformidad con lo establecido en el artículo 16 de la Ley 31/1995 de Prevención de Riesgos Laborales, una evaluación de riesgos psicosociales en el lugar de trabajo puede ser necesaria a partir de diferentes situaciones. Algunas de ellas:

- Constatación de una serie de anomalías o disfunciones que hagan sospechar que existen problemas de índole psicosocial (cúmulo de quejas, absentismo elevado, baja productividad, etc.).
- Situación que se puede dar en una sección o departamento de la empresa, o tener un carácter más amplio.
- Existencia de requisitos legales que ayuden a detectar los posibles riesgos psicosociales existentes.
- Comprobación de que las medidas preventivas existentes son las adecuadas.
- Evaluación global anterior.
- Introducción de innovación en el lugar de trabajo, nuevo proceso de producción, nuevos equipos materiales o humanos, modificación de la organización del trabajo, etc., que alteren significativamente la situación actual.

2. ¿Cómo es posible evitar la doble presencia?

Para evitar la doble presencia es necesario implantar medidas asociadas a la corresponsabilidad real de hombres y mujeres tanto en el ámbito de la realización de las tareas domésticas como en el del cuidado de las personas dependientes, además de una organización del trabajo que permita conciliar la vida laboral y familiar. En este aspecto, la evaluación de riesgos al abordar los riesgos psicosociales y la negociación de los planes de igualdad resultarán herramientas válidas, para lo que pueden estandarizarse:

a) Utilización del **método CoPSOQ-ISTA21 para la evaluación de riesgos psicosociales en la empresa.**

b) Implantación de medidas correctoras mediante el P.I para el fomento de la corresponsabilidad, de distribución y control de los tiempos de trabajo.

Riesgos músculo-esqueléticos asociados a los trabajos feminizados

Diferentes encuestas realizadas por el INSST sobre las condiciones de trabajo señalan que las lesiones músculo-esqueléticas son más frecuentes entre las mujeres. El tipo de tareas asignadas y realizadas por las mujeres, sobre todo en las que existe infrarrepresentación masculina, implican factores de riesgos músculo-esqueléticos asociados a estas.

Riesgos específicos asociados a embarazo o lactancia

La prevención persigue la protección tanto de la mujer embarazada como del feto o el recién nacido/a. Dado que la práctica totalidad de agentes, procedimientos o condiciones de trabajo son susceptibles de producir riesgos físicos, químicos, biológicos, ambientales, psicosociales o ergonómicos sobre los procesos biológicos asociados a la maternidad, es imprescindible adaptar los puestos de trabajo con perspectiva de género a la situación y medidas preventivas específicas que se requieran, siempre con respeto a la normativa preventiva referida al embarazo y la maternidad [art. 26 de la Ley 31/1995, de 8 de noviembre, de Prevención de Riesgos Laborales; arts. 188 - 189 de la Ley General de la Seguridad Social; art. 45.1 d) y 48.5 del Estatuto de los Trabajadores; Real Decreto 295/2009, de 6 de marzo; D.A. 11.ª de la LOI (apdo. 7), etc.].

CUESTIÓN

¿Cómo podemos combatir los riesgos relacionados con la maternidad desde la perspectiva de género?

Los riesgos detectados en la evaluación deben segregarse por género, de esta forma, será posible actuar sobre los mismos valorando y distinguiendo la exposición de hombres y mujeres. Si la evaluación inicial de riesgos realiza esta distinción será posible controlar los riesgos para el embarazo y la lactancia actuando sobre ellos cuando se comunique la existencia de un proceso biológico concreto.

En caso, de no existir información con perspectiva de género, previa consulta a la representación legal de las personas trabajadoras, ante la comunicación a la empresa de la situación de riesgo de embarazo o lactancia, deberá evaluarse específicamente el puesto de trabajo y actuar en consecuencia con la mayor brevedad posible eliminando el riesgo. Si dicho riesgo no pudiera ser eliminado (art. 26 de la LPRL):

- Adaptando las condiciones o el tiempo de trabajo a la trabajadora.
- Cambio de manera temporal del puesto de trabajo, siempre manteniendo la misma retribución que en su puesto de trabajo de origen y siguiendo las directrices que se reflejan en el Estatuto de los Trabajadores o convenio.
- Suspensión del contrato de trabajo por riesgo durante el embarazo o lactancia, percibiendo la trabajadora una prestación de la Seguridad Social considerada como contingencia profesional gestionada por las mutuas de trabajo y enfermedades profesionales, en la que se percibe el 100 % de la base reguladora.

A modo de **ejemplo**:

Dentro de la salud laboral con perspectiva de género, a la hora de confeccionar el plan de igualdad —y siempre en función del diagnóstico en cada caso— como **ejemplo** vamos a reflejar objetivos junto con las posibles medidas a implementar (correspondiendo otros parámetros como el calendario o ámbito temporal, la determinación de las personas responsables, el presupuesto o recursos, los destinatarios, los indicadores asociados, el responsable de la implantación o la fecha de puesta en marcha de las medidas, a la decisión tomada en cada caso).

Objetivo: implementar la perspectiva de género en la salud laboral y la prevención de riesgos dentro de la empresa.

- **Acción 1**: valoración de puestos de trabajo anual incluyendo la perspectiva de género, diferenciando el riesgo para una y otro y haciendo hincapié en las trabajadoras embarazadas o realizando la lactancia materna.

- **Acción 2**: valoración de puestos de trabajo anual incluyendo la evaluación de riesgos psicosociales, dada la feminización de mujeres en puestos de trabajo donde la carga psicosocial es evidente y notoria para su salud (servicios sociales, atención residencial directa a personas, etc.).

- **Acción 3**: establecer un procedimiento para que desde el momento en el que una mujer esté embarazada se la informe acerca de la prestación por riesgo durante el embarazo y la lactancia, para todas las trabajadoras de la corporación, adaptando la información a la naturaleza del desempeño del trabajo.

Indicadores: la realización de las acciones planteadas o no. N.º de mujeres informadas y n.º de mujeres susceptibles de haberlo sido.

Objetivo: realizar acciones de divulgación y sensibilización a toda la plantilla sobre la existencia del protocolo de actuación de acoso sexual y por razón de sexo y de sus consecuencias.

- **Acción 1**: realizar acciones de divulgación y sensibilización a toda la plantilla sobre la existencia del protocolo y de sus consecuencias.

Indicadores: la realización de las acciones planteadas o no. N.º de personas trabajadoras informadas frente al n.º de personas trabajadoras susceptibles de haberlo sido.

Objetivo: mejorar la protección de la salud de trabajadoras y trabajadores.

- **Acción 1**: realizar una evaluación de los riesgos psicosociales de todos los puestos de trabajo y profundizar en la prevención de los riesgos asociados a los puestos de trabajo de oficinas.

Indicadores: n.º de puestos de trabajo que cuentan con evaluación de riesgos psicosociales según tipo de puesto, número de mujeres y hombres que los ocupan y porcentaje sobre el total de puestos.

Como sentencias de interés en este apartado hay que destacar:

STJUE n.º C-531/15, de 19 de octubre de 2017. Analizando la necesidad de evaluación de riesgos actualizada al estado biológico de la trabajadora

«(...) Dado que la condición de mujer en período de lactancia está estrechamente ligada a la maternidad y, en particular, "al embarazo o al permiso por maternidad", las trabajadoras en período de lactancia deben tener la misma protección que las trabajadoras embarazadas o que han dado a luz.

En consecuencia, el trato menos favorable a una trabajadora debido a su condición de mujer en período de lactancia debe considerarse incluido en el ámbito de aplicación del artículo 2, apartado 2, letra c), de la Directiva 2006/54 y, por lo tanto, constituye una discriminación directa por razón de sexo.

En este marco, procede señalar que, por lo que se refiere a la protección del embarazo y la maternidad, el Tribunal de Justicia ha declarado reiteradamente que, al reservar a los Estados miembros el derecho a mantener o a adoptar disposiciones destinadas a garantizar dicha protección, el artículo 2, apartado 2, de la Directiva 2006/54 reconoce la legitimidad, en relación con el principio de igualdad de trato entre los sexos, de la protección de la condición biológica de la mujer durante su embarazo y después del mismo, por una parte, y de la protección de las particulares relaciones entre la mujer y su hijo durante el período que sigue al embarazo y al parto, por otra (STJUE de 30 de septiembre de 2010,C-104/09. ECLI:EU:C:2010:561, apartado 27 y jurisprudencia citada)».

En esta sentencia se declara finalmente en respuesta a las cuestiones prejudiciales planteadas que: «El artículo 19, apartado 1, de la Directiva 2006/54/CE del Parlamento Europeo y del Consejo, de 5 de julio de 2006, relativa a la aplicación del principio de igualdad de oportunidades e igualdad de trato entre hombres y mujeres en asuntos de empleo y ocupación, debe interpretarse en el sentido de que se aplica a una situación como la controvertida en el litigio principal, en la que una trabajadora en período de lactancia impugna ante un órgano jurisdiccional nacional u otro órgano competente del Estado miembro de que se trate la evaluación de los riesgos que presenta su puesto de trabajo por no haberse llevado a cabo con arreglo a lo dispuesto en el artículo 4, apartado 1, de la Directiva 92/85/CEE del Consejo, de 19 de octubre de 1992, relativa a la aplicación de medidas para promover la mejora de la seguridad y de la salud en el trabajo de la trabajadora embarazada, que haya dado a luz o en período de lactancia».

STSJ Canarias n.º 860/2019, de 17 de diciembre de 2019, ECLI:ES:TSJICAN:2019:2578

Recurriendo a la integración de la perspectiva de género y la perspectiva del niño/a (lactante), el TSJ Canarias reconoce el derecho de una trabajadora (animadora sociocultural en un centro de atención al discapacitado) a las prestaciones por riesgo durante la lactancia. El caso resulta de interés no sólo por la aplicación del «interés superior del menor», sino por las repercusiones que tiene para el caso la ausencia de una evaluación de riesgos de forma individualizada, actualizada en base a los peligros específicos derivados del nuevo estado biológico de la trabajadora en periodo de lactancia o las especificaciones relativas a la carga de prueba con base a jurisprudencia europea.

4.9. Medidas dentro de un plan de igualdad relativas al lenguaje y comunicación no sexista

Un objetivo habitual en los planes de igualdad es fomento de la utilización de un lenguaje libre de sexismo en la empresa.

Dentro de un plan de igualdad ha de reflejarse que las acciones de comunicación tanto internas como externas de la compañía deben realizarse desde un plano de igualdad de género, evitando estereotipos, utilizando un lenguaje neutro y sin contenido sexista. Como condiciones generales de los diagnósticos, el anexo del Real Decreto 901/2020, de 13 de octubre, fija el uso del lenguaje no sexista. Es recomendable la implantación de un código sencillo de buenas prácticas internas en el Organismo para fomentar el uso del lenguaje neutro.

En este sentido, el apdo. 11 del artículo 14 de la LOI, con base en el artículo 14 de la Constitución Española, estableció una serie de criterios generales de actuación de los poderes públicos para la implantación de un lenguaje no sexista en el ámbito administrativo.

Por otra parte, el Título III —«Igualdad y medios de comunicación»— de la misma ley (arts. 36-41) indica que los medios tienen que velar por la transmisión de una imagen igualitaria, plural y no estereotipada de mujeres y hombres en la sociedad, y promover el conocimiento y la difusión del principio de igualdad entre mujeres y hombres.

En este punto el diagnóstico ha de definir y analizar no solo los canales de comunicación interna usados con la plantilla (tablón de anuncios, correo electrónico, reuniones, intranet, formularios de solicitud, etc.), sino también las comunicaciones externas (web, publicaciones en periódicos o boletines oficiales, redes sociales, etc.), buscando cualquier deficiencia en el tratamiento de imágenes, de estereotipos de género, del lenguaje inclusivo o uso no sexista de la lengua, y desde la perspectiva del mensaje del compromiso con el principio de igualdad y contra la violencia de género.

A TENER EN CUENTA. Para facilitar la utilización de un lenguaje no sexistas, distintas organizaciones han publicado guías, recomendaciones y herramientas de trabajo clarificadoras y útiles que permiten revisar y redactar los documentos administrativos incorporando un lenguaje igualitario. Es recomendable la revisión y corrección del lenguaje y las imágenes sexistas tanto en las comunicaciones internas como externas para que no contengan términos o imágenes sexistas ni estereotipadas.

¿Qué es un lenguaje no sexista?

En 2008 el Parlamento Europeo aprobaba el Informe sobre el lenguaje no sexista, con un anexo («Orientaciones específicas para el español») para que fuera aplicado en su trabajo por los funcionarios de esta institución representativa fundamentalmente a efectos de traducciones, fijando como finalidad del lenguaje no sexista —o lenguaje neutral en cuanto al género— la de evitar opciones léxicas que puedan interpretarse como sesgadas, discriminatorias o degradantes al implicar que uno de los sexos es superior al otro, ya que en la mayoría de los contextos el sexo de las personas es, o debe ser, irrelevante.

¿Qué son los usos sexistas del lenguaje?

Dentro del ámbito de un plan de igualdad se implantarán medidas para intentar limitar o erradicar de las comunicaciones a nivel interno o externo aspectos como:

- Uso indiscriminado del masculino (A modo de ejemplo: «los trabajadores de [NOMBRE EMPRESA]»).
- Uso del masculino como genérico y en el mismo contexto, más adelante, utilizarlo como específico (A modo de ejemplo: «los trabajadores de [NOMBRE EMPRESA] utilizan las salas de formación y, en el caso de las chicas, utilizan las instalaciones para usos múltiples»).
- Uso arbitrario del orden de aparición (A modo de ejemplo: «el Sr. [NOMBRE] y la Sra. [NOMBRE] presidieron la reunión»).
- Hacer diferencias en el tratamiento de personas que tienen una misma jerarquía en función del sexo (A modo de ejemplo: «el señor [NOMBRE] y la señorita [NOMBRE]»).
- Uso de la palabra «mujer» innecesariamente (A modo de ejemplo: «el [PORCENTAJE]% de los trabajadores son mujeres» en lugar de «El [PORCENTAJE]% son trabajadoras»).
- Usar denominaciones dobles, en masculino y en femenino, y no sólo en masculino (A modo de ejemplo: «los candidatos» en lugar de «Los candidatos y candidatas»).

En la práctica, los distintos diagnósticos suelen detectar la ausencia en las empresas de formación dirigida al personal en materia de lenguaje inclusivo o sobre el tratamiento de imágenes sexistas, pero las distintas encuestas o test cualitativos al personal suelen evidenciar su impresión sobre una correcta utilización de un lenguaje inclusivo. A pesar de la posible percepción por parte de la plantilla, **el PI ha de fomentar un criterio unificado a la hora de redactar documentos en lenguaje no sexista, sin que dependa su uso del conocimiento, predisposición, voluntad o sensibilización en materia de igualdad de la persona escribiente**.

Siguiendo la Guía práctica de comunicación incluyente del Instituto de las Mujeres, las claves para la utilización de una comunicación incluyente son:

1. Evitar el uso del masculino genérico.

2. Personalizar el mensaje cuando se sabe a quién va dirigido.
3. Nombrar el cargo o profesión en vez de la persona.
4. Limitar el uso de desdoblamientos y barras (a/o).
5. Nombrar de forma alternativa a mujeres y hombres y cambiar el orden de precedencia.
6. Hacer referencia a «las mujeres» no a «la mujer». Hay que tener en cuenta que no hay una sola mujer, ni un solo modelo de mujer.
7. Representar de forma equilibra equilibrada a mujeres y hombres en las imágenes.
8. Incluir imágenes que contribuyan a romper los estereotipos de género.
9. Nombrar a mujeres y hombres en acciones formativas y presentaciones desde la preparación de estas.
10. Ser consciente del valor y la capacidad transformadora del lenguaje.

Como referencia reciente, encontramos dentro de la *Guía para el uso del lenguaje inclusivo en el INSST. Marzo 2021*, una serie de pautas para el uso del lenguaje inclusivo:

1. Usar genéricos, palabras abstractas y/o términos colectivos.
2. Utilizar las denominaciones de cargos, profesiones y titulaciones en femenino. Es importante recordar que la lengua castellana tiene marca de género por lo que los cargos ocupados por mujeres deben recogerse en femenino.
3. Los documentos administrativos que se dirigen a la ciudadanía deberán incluir fórmulas que nombren específicamente a las mujeres cuando se conoce su sexo.
4. Cuando se desconoce quién será la persona destinataria, es decir, en los documentos abiertos o dirigidos a grupos, se usarán fórmulas que engloben a ambos sexos, evitando el uso del masculino genérico.
5. La utilización de formas impersonales, reflexivas (estructura con «se») y la anteposición de la palabra persona a la expresión sexista.
6. El uso de dobletes mediante barras queda limitado a los formularios de carácter abierto y a determinados encabezamientos, no utilizándose de forma preferente en otro tipo de redactados.
7. No es recomendable el uso de la @ al no ser un símbolo lingüístico.
8. Realizar un tratamiento simétrico y equivalente de mujeres y hombres

CUESTIÓN

¿Qué claves debemos tener presente para una comunicación incluyente?

- Evitar el uso del masculino genérico.
- Personalizar el mensaje cuando se sabe a quién va dirigido.
- Nombrar el cargo o profesión en vez de la persona.
- Limitar el uso de desdoblamientos y barras (a/o).

- Nombrar de forma alternativa a mujeres y hombres y cambiar el orden de precedencia.
- Representar de forma equilibrada a mujeres y hombres en las imágenes.
- Incluir imágenes que contribuyan a romper los estereotipos de género.

A modo de **ejemplo**:

Dentro de la utilización de comunicación y lenguaje no sexista, a la hora de confeccionar el plan de igualdad —y siempre en función del diagnóstico en cada caso—, como **ejemplo**, vamos a reflejar objetivos junto con las posibles medidas a implementar (correspondiendo otros parámetros como la persona y persona responsable, el calendario o la determinación de presupuesto, a la decisión tomada en cada caso):

Área: comunicación.

Objetivo: informar y sensibilizar a toda la plantilla respecto al lenguaje no sexista.

- **Acción 1**: revisión y corrección del lenguaje y las imágenes sexistas tanto en las comunicaciones internas como externas para que no contengan términos o imágenes sexistas ni estereotipadas.
- **Acción 2**: formar y sensibilizar al personal encargado de la comunicación en la empresa en materia de igualdad y utilización de un lenguaje inclusivo.
- **Acción 3**: realizar y difundir una guía de lenguaje inclusivo y difusión en toda la empresa.

Indicadores: lenguaje e imágenes corregidos. Guía de lenguaje inclusivo y n.º de persona que reciben la Guía por sexo.

Área: selección de personal.

Objetivo: eliminar el lenguaje sexista.

- **Acción 1**: utilizar un lenguaje no sexista en las ofertas de empleo. Para ello, previa la publicación de las mismas, la persona encargada supervisará que estén redactadas en lenguaje no sexista.
- **Acción 2**: adoptar un lenguaje no sexista en todos los escritos de la empresa.
- **Acción 3**: elaboración de un documento sobre uso y normalización del lenguaje no sexista.

Indicadores: aplicación o no del lenguaje sexista. Revisión de las publicaciones/escritos emitidos en comparación con las incidencias detectadas. Elaboración del documento sobre uso y normalización del lenguaje no sexista.

Área: comunicaciones.

Objetivo: fomentar la utilización de un lenguaje y unas imágenes incluyentes en todas las comunicaciones municipales.

- **Acción 1**: informar y publicitar de forma periódica y reiterada de la existencia de la instrucción y de la obligación de aplicación.

- **Acción 2**: poner en marcha mecanismos para la revisión y corrección con un lenguaje incluyente de toda la documentación municipal (instancias, formularios, webs, etc.).

Indicadores: porcentaje de la plantilla al que se ha difundido la Instrucción. Características de las actuaciones puestas en marcha y listado de la documentación revisada. Existencia de documentos/entradas web en los que se ha detectado un lenguaje no incluyente.

4.10. Medidas contra la violencia de género en el plan de igualdad

En el contexto de un plan de igualdad, se pueden implementar diversas medidas para luchar contra la violencia de género, enfocadas en la protección y apoyo a las trabajadoras víctimas de esta violencia.

Reiteradamente se ha puesto de manifiesto la íntima relación existente entre la situación de discriminación de la mujer en la sociedad y la violencia de género. La vigencia de estereotipos vinculados a la socialización diferencial de mujeres y hombres, así como a la división sexual del trabajo, hace que las mujeres en el entorno laboral, todavía hoy, sean más vulnerables que los hombres.

Las situaciones de violencia que darán lugar al reconocimiento de los derechos y medidas a adoptar se acreditarán con la orden de protección a favor de la víctima. Si existiera informe del Ministerio Fiscal indicando la existencia de indicios de que la demandante es víctima de violencia de género, sería válido también hasta tanto se dicte la orden de protección (art. 23 de la Ley Orgánica 1/2004, de 28 de diciembre).

Atendiendo al art. 21 de la Ley Orgánica 1/2004, de 28 de diciembre, referido a los «Derechos laborales y de Seguridad Social» y a la regulación de Estatuto de los Trabajadores, los derechos laborales de las víctimas de violencia de género son:

- **Interrupción del contrato**. Los contratos en prácticas y de formación, así como el período de prueba pueden interrumpirse ante situaciones de violencia de género, lo que garantiza que no se vea afectada la antigüedad y otros derechos laborales (artículos 11 y 14 del ET).
- **Derecho a reducción de jornada**. Las trabajadoras tienen derecho a reducir su jornada laboral o adaptar su horario, lo que permite buscar una mejor conciliación de su situación personal (artículo 37 del ET).
- **Movilidad y traslados**. Las trabajadoras tienen un derecho preferente a ocupar un puesto vacante en otro centro de trabajo en caso de que deban abandonar su lugar de trabajo habitual para garantizar su seguridad (artículo 40 del ET).
- **Suspensión y extinción del contrato**. La decisión de una trabajadora de abandonar su empleo debido a la violencia de género puede llevar

a la suspensión o extinción del contrato, con garantías adicionales para asegurar que esta decisión no perjudique su situación laboral (artículos 45 y 49 del ET).

- **Protección ante despidos.** Además, el ET establece que los despidos de trabajadoras que sean víctimas de violencia de género se consideran nulos si se producen por razón de su situación. Esta protección está claramente especificada en los artículos que abordan la nulidad del despido (artículos 53 y 55 del ET).

Respetando el obligado cumplimiento de las medidas citadas y cualquier otra fijada por convenio (a modo de ej.: art. 33 del convenio colectivo de sector industria del metal del Principado de Asturias), **los PI suelen incluir medidas de sensibilización sobre violencia de género**, de formación específica para el personal de recursos humanos sobre los derechos de las víctimas de la violencia de género, términos más favorables que los descritos para el ejercicio de los derechos de reducción de jornada, reordenación del tiempo de trabajo, aplicación de horario flexible u otras formas de ordenación del tiempo de trabajo, proporcionar el asesoramiento o apoyo profesional psicológico y/o médico, la incorporación de medidas adicionales a las que contempla la normativa vigente como la consideración como justificadas de las ausencias o faltas de puntualidad al trabajo motivadas por la situación física o psicológica derivada de la violencia de género, etc.

A TENER EN CUENTA. El protocolo contra el acoso laboral o por razón de sexo puede implementar medidas concretas de protección para las mujeres que sufren violencia de género.

A modo de **ejemplo**:

Área: violencia de género

Objetivo: mejorar las medidas establecidas por la Ley Orgánica 1/2004, de 28 de diciembre, de Medidas de Protección Integral contra la Violencia de Género y otras normas autonómicas de aplicación, y que las plantillas las conozcan y la empresa las aplique.

- **Medida 1**: integrar en el plan de formación de empresa cursos específicos sobre igualdad de trato y oportunidades entre mujeres y hombres, y sobre violencia de género.
- **Medida 2**: que la acreditación de la situación de víctima de violencia de género en la empresa se pueda dar por diferentes medios: sentencia judicial, denuncia, orden de protección, atestado de las fuerzas y cuerpos de seguridad del Estado, informe médico o psicológico elaborado por un profesional colegiado, informe de los servicios públicos (servicios sociales, sanitarios, centros de salud mental, equipos de atención integral a la víctima, etc.) o el informe de los servicios de acogida entre otros.
- **Medida 3**: facilitar la adaptación de la jornada, el cambio de turno y el traslado de centro, así como la flexibilidad horaria a las mujeres víctimas de violencia de género.

Indicadores: información trasladada o número de veces que se aplican las medidas implantadas.

Área: violencia de género

Objetivo: sensibilizar a la plantilla y llevar a cabo acciones de colaboración en campañas contra la violencia de género.

- **Medida 1**: sensibilizar en la campaña especial del Día Internacional contra la Violencia de Género.
- **Medida 2**: colaborar con el Instituto de la Mujer u organismo competente en su momento, en las distintas campañas.
- **Medida 3**: establecer colaboraciones con asociaciones, ayuntamientos, etc., para la contratación de mujeres víctimas de violencia de género.
- **Medida 4**: informar a la plantilla a través de los medios de comunicación interna de los derechos reconocidos a las mujeres víctimas de violencia de género y de las mejoras que pudieran existir por aplicación de los convenios colectivos y/o incluidas en el Plan de Igualdad.
- **Medida 5**: difundir el protocolo de actuación para la prevención e intervención frente al acoso sexual y por razón de sexo.

Indicadores: colaboraciones establecidas.

4.11. Medidas dentro del plan de igualdad de empresa para el personal perteneciente al colectivo LGTBI

El art. 15.1 de la Ley 4/2023, de 28 de febrero, obligación de que las **empresas de más de cincuenta personas trabajadoras** cuenten con un conjunto planificado de medidas y recursos para alcanzar la igualdad real y efectiva de las personas LGTBI, que incluya un protocolo de actuación para la atención del acoso o la violencia contra las personas LGTBI. En el citado artículo se anuda la determinación del alcance y contenido de estas medidas al desarrollo reglamentario y se explicita la necesidad de que las medidas sean pactadas mediante la negociación colectiva y acordadas con los representantes de las personas trabajadoras

En cumplimiento de esa previsión el Real Decreto 1026/2024, de 8 de octubre, por el que se desarrolla el conjunto planificado de las medidas para la igualdad y no discriminación de las personas LGTBI en las empresas, contiene el desarrollo reglamentario de la obligación empresarial de contar con un conjunto planificado de medidas y recursos para alcanzar la igualdad real y efectiva de las personas LGTBI.

Desde el 02/03/2024 (12 meses desde la publicación de la Ley 4/2023, de 28 de febrero) las empresas de más de 50 personas trabajadoras deberán contar con un protocolo de actuación para la atención del acoso o la violencia contra las personas LGTBI, el art. 15 de la Ley 4/2023, de 28 de febrero, establece la obligación de contar con un protocolo de actuación negociado con la RLT para la atención del acoso o la violencia contra las personas LGTBI, pero nada nos indica la obligación de implantarlo mediante el PI (la norma solo hace referencia a la necesidad de analizar este colectivo) de forma independiente.

A pesar de que el deber de negociar medidas planificadas en esta materia se articulará a través de la negociación colectiva, dentro del PI —como mínimo— este colectivo debería quedar protegido y tratado, del mismo modo, el plan podría impulsar la negociación de un protocolo para la prevención y el tratamiento del acoso con indecencia de que si la empresa tenga 51 o más personas en plantilla.

A TENER EN CUENTA. La negociación de las medidas planificadas en esta materia, con carácter general, se realizará mediante la negociación colectiva prevista en el art. 87 del Estatuto de los Trabajadores con las especificaciones establecidas por el art. 6 del Real Decreto 1026/2024, de 8 de octubre.

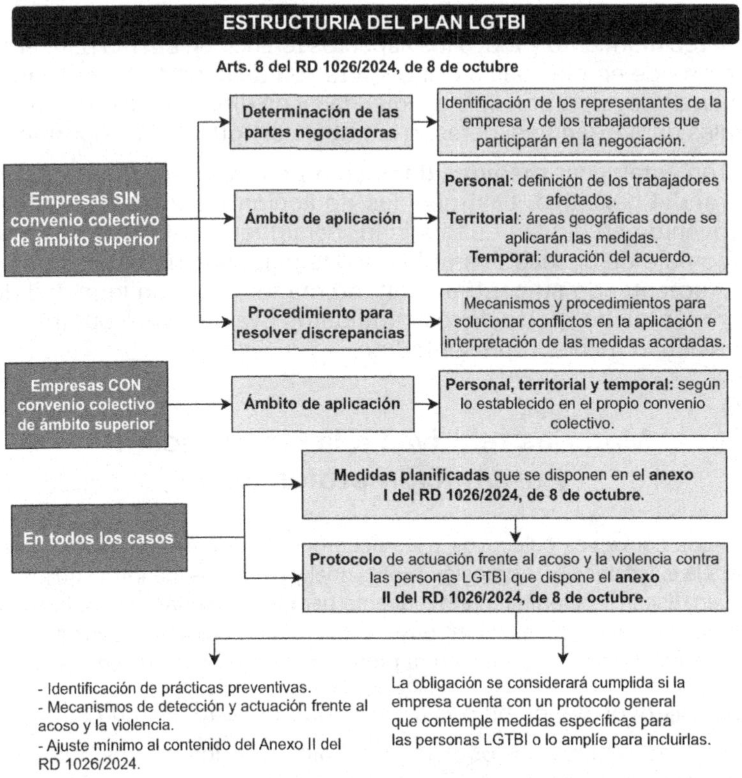

Esta nueva obligación supone la necesidad de adaptar el contenido de ciertas áreas de los PI a pesar de que la reglamentación se orienta fundamentalmente a la implantación de medidas en los convenios colectivos y los acuerdos de empresa (anexo I del Real Decreto 1026/2024, de 8 de octubre):

Materias relativas al acceso al empleo y a la eliminación de la infrarrepresentación

> «Las empresas contribuirán a través de las medidas establecidas en su caso en los convenios colectivos a erradicar estereotipos en el acceso al empleo de las personas LGTBI, en especial a través de la formación adecuada de las personas que participan en los procesos de selección.
>
> Para ello es preciso establecer criterios claros y concretos para garantizar un adecuado proceso de selección y contratación que priorice la formación o idoneidad de la persona para el puesto de trabajo, independientemente de su orientación e identidad sexual o su expresión de género, con especial atención a las personas trans como colectivo especialmente vulnerable».

Asegurar **la igualdad en el acceso** a un puesto de trabajo [art. 46 de la LOI, apdo. 2, y art. 7 del Real Decreto 901/2020, de 13 de octubre, apartado 1.a)]. El proceso de reclutamiento y todos los aspectos tenidos en cuenta para el mismo, desde la oferta de empleo hasta la incorporación de la persona trabajadora a la plantilla, han de seguir el principio de igualdad y no discriminación en las relaciones laborales garantizando el derecho al trabajo en igualdad de oportunidades.

Se podrán establecer **medidas de acción positiva** para favorecer la inserción laboral del colectivo. Las medidas de acción positiva, de conformidad con lo convenido en el plan de igualdad, persiguen el objetivo de incrementar el porcentaje de acceso al empleo de las personas pertenecientes a este colectivo, fomentando su contratación, de manera que, en igualdad de condiciones y méritos por parte de los candidatos evaluados se optará por contratar al colectivo menos representado.

Materias relativas a la clasificación y promoción profesional

> «Los convenios colectivos y los acuerdos de empresa regularán criterios para la clasificación, promoción profesional y ascensos, de forma que no conlleven discriminación directa o indirecta para las personas LGTBI, basándose en elementos objetivos, entre otros los de cualificación y capacidad, garantizando el desarrollo de su carrera profesional en igualdad de condiciones».

Algunos objetivos de los planes de igualdad en esta materia serían:

- Uso de términos neutros para la definición de los grupos profesionales, eliminando las denominaciones masculinas o femeninas utilizando términos neutros en la denominación de la clasificación profesional

- Eliminar cualquier criterio discriminatorio asociado a la identidad de género.
- Corregir las situaciones en las que se detecte una minusvaloración del trabajo de las personas LGTBI.
- Conseguir el acceso de las mujeres y personas LGTBI a todos los grupos, categorías y puestos donde estén subrepresentadas.
- Adoptar la medida de acción positiva de que, en condiciones equivalentes de idoneidad y competencia para el puesto de trabajo, accedan mujeres y personas LGTBI a las vacantes de puestos en los que estén subrepresentadas, incluyendo puestos de dirección y mandos responsables.

Materias relativas a la formación, sensibilización y lenguaje y comunicación no sexista

«Las empresas integrarán en sus planes de formación módulos específicos sobre los derechos de las personas LGTBI en el ámbito laboral, con especial incidencia en la igualdad de trato y oportunidades y en la no discriminación. La formación irá dirigida a toda la plantilla, incluyendo a los mandos intermedios, puestos directivos y personas trabajadoras con responsabilidad en la dirección de personal y recursos humanos. Los aspectos mínimos que deberán contener son:

Conocimiento general y difusión del conjunto de medidas planificadas LGTBI recogidas en el o los convenios colectivos de aplicación en la empresa o los acuerdos de empresa en su caso, así como su alcance y contenido.

Conocimiento de las definiciones y conceptos básicos sobre diversidad sexual, familiar y de género contenidas en la Ley 4/2023, de 28 de febrero, para la igualdad real y efectiva de las personas trans y para la garantía de los derechos de las personas LGTBI.

Conocimiento y difusión del protocolo de acompañamiento a las personas trans en el empleo, en caso de que se disponga del mismo.

Conocimiento y difusión del protocolo para la prevención, detección y actuación frente al acoso discriminatorio o violencia por razón de orientación e identidad sexual, expresión de género y características sexuales.

Se fomentarán medidas para garantizar la utilización de un lenguaje respetuoso con la diversidad».

Un objetivo habitual en los planes de igualdad es fomento de la utilización de un lenguaje libre de sexismo en la empresa, como medidas posibles:

» Adecuar a la diversidad la documentación e identificaciones internas (carnet de la empresa, correos de acceso, etc.).

» Procurar la implantación de uniformes unisex, y/o facilitar la opción de elegir el más coherente con el género auto-percibido de la persona trabajadora.

Medidas relativas a las retribuciones

El principio de igualdad de retribución lleva implícito que los trabajadores y las trabajadoras a los que se aplica deben encontrarse en una situación idéntica o comparable entendiéndose la necesidad de igualdad de retribución por un trabajo de igual valor (art. 51 de la LOI).

Medidas para evitar delitos y conductas contra la libertad sexual y la integridad moral

> «Se promoverá la heterogeneidad de las plantillas para lograr entornos laborales diversos, inclusivos y seguros. Para ello se garantizará la protección contra comportamientos LGTBIfóbicos, especialmente, a través de los protocolos frente al acoso y la violencia en el trabajo».

Todas las empresas, con independencia de su tamaño tienen la obligación legal de establecer medidas de actuación, protección y prevención frente al acoso sexual y por razón de sexo, cuyo incumplimiento supone una infracción del ordenamiento jurídico (ET, EBEP, art. 48 de la LOI, LPRL, arts. 40 y 46 de la LISOS, 148 del CP, Real Decreto 901/2020, de 13 de octubre y art. 12 de la Ley Orgánica 10/2022, de 6 de septiembre). La inclusión de referencias a incumplimientos relativos a la protección de la dignidad del personal perteneciente al colectivo LGTBI será una nueva tendencia.

Medidas relativas a la jornada de trabajo, permisos y beneficios sociales

> «Los convenios o acuerdos colectivos deberán atender a la realidad de las familias diversas, cónyuges y parejas de hecho LGTBI, garantizando el acceso a los permisos, beneficios sociales y derechos sin discriminación por razón de orientación e identidad sexual y expresión de género.
>
> En este sentido se garantizará a todas las personas trabajadoras el disfrute en condiciones de igualdad de los permisos que, en su caso, establezcan los convenios o acuerdos colectivos para la asistencia a consultas médicas o trámites legales, con especial atención a las personas trans».

Este deber puede reflejarse en los planes de igualdad en medidas como la disposición del tiempo necesario para el proceso de transición de la persona trans, siendo dicho tiempo no retribuido o recuperable.

Medidas relativas a las prendas y lugares de trabajo

Mediante el PI pueden implantarse medidas que garanticen la no discriminación a la hora de utilizar baños o vestuarios. Algunas buenas prácticas que podrían implantarse son:

- Implantación de uniformes de trabajo neutros.

- La empresa facilitará la opción de utilizar los baños o vestuarios acorde al género sentido o expresado según las indicaciones de la persona trabajadora al Dpto. de RR. HH.
- Así mismo dispondrá de cabinas individuales en ambos vestuarios para salvaguardar la intimidad de todas las personas trabajadoras que así lo deseen. (Convenio colectivo del sector de panadería de la comunidad de Madrid. 21/09/2024).

Medidas relativas a permisos y beneficios sociales

La tendencia de los planes de igualdad es garantizar los mismos derechos para todas las personas trabajadores. En este campo encontramos la implantación de medidas como (convenio colectivo del sector de panadería de la comunidad de Madrid. 21/09/2024):

- Garantizar que todas las personas trabajadoras con independencia del sexo, orientación sexual, expresión y/o identidad de género y diversidad sexo genérica o familiar puedan disfrutar de cualquier permiso o beneficio en igualdad de condiciones.
- Las personas trabajadoras que requieran (y así lo manifiesten) la asistencia a consultas médicas por motivos de reafirmación de género de sí mismas o de su pareja de hecho o parientes hasta el segundo grado por consanguineidad o afinidad, incluido el familiar consanguíneo de la pareja de hecho, así como de cualquier otra persona distinta de las anteriores, que conviva con la persona trabajadora en el mismo domicilio, dispondrán del tiempo indispensable retribuido para la asistencia a consultas médicas, sin que dichos tiempos cuenten para los porcentajes de índice de absentismo, y sin que se tengan en cuenta para disminuir el pago de primas, bonus, incentivos o similares, existentes en la empresa.
- Las personas trabajadoras tendrán derecho al tiempo indispensable, retribuido y sin que este cuente en los índices de absentismo, para la asistencia de sí mismas, o de sus hijos/hijas para la asistencia o acompañamiento de todos los trámites administrativos necesarios para el cambio registral de sexo y nombre y sin que dichos tiempos cuenten para los porcentajes de índice de absentismo, y sin que se tengan en cuenta para disminuir el pago de primas, bonus, incentivos o similares, existentes en la empresa.

CUESTIONES

1. Desde el 02/03/2024 (12 meses desde la publicación de la Ley 4/2023, de 28 de febrero) las empresas de más de 50 personas trabajadoras deberán contar con un protocolo de actuación para la atención del acoso o la violencia contra las personas LGTBI, ¿puede negociarse e implantarse mediante el plan de igualdad?

El deber de negociar medidas planificadas en esta materia se regula en el art. 4 del Real Decreto 1026/2024, de 8 de octubre. El art. 15 de la Ley 4/2023, de 28 de febrero, establece la obligación de contar con un protocolo de actuación negociado con la RLT para la atención del acoso o la violencia contra las personas LGTBI para las empresas de más de 50 personas trabajadoras, nada nos indica la obligación de implantarlo mediante el PI (la norma solo hace referencia a la necesidad de analizar este colectivo) de forma independiente, pero —como mínimo— este colectivo debería quedar protegido y tratado tanto en el PI como por un protocolo para la prevención y el tratamiento del acoso si la empresa tiene 51 o más personas en plantilla.

2. Si en la elaboración del diagnóstico previo al PI la empresa no tiene constancia de la existencia en la plantilla de ninguna persona trans, ¿deben negociarse o implantar medidas específicas?

Sí. Por imperativo legal las empresas de más de 50 personas trabajadoras deberán contar con medidas y recursos para alcanzar la igualdad real y efectiva de las personas LGTBI. El protocolo de actuación para la atención del acoso o la violencia contra las personas LGTBI es obligatorio, aún sin que la empresa tenga constancia de la presencia del colectivo analizado en la plantilla.

También es importante recordar, como diferencia la normativa, que el plan de igualdad es obligatorio para las **empresas de 50 o más empleados**, en el caso del protocolo LGTBI, la norma concreta el umbral de «más de cincuenta personas trabajadoras». Es decir, con 50 personas trabajadoras el PI sería suficiente para cumplir con la normativa, pero con 51 personas trabajadoras en plantilla, la norma obliga a introducir medidas para la igualdad y no discriminación LGTBI en el plan de igualdad y a contar con un protocolo de actuación negociado con la RLT para la atención del acoso o la violencia contra las personas LGTBI.

3. Si la empresa dispone de tarjetas de acceso, identificativas, correos electrónicos, etc. ¿cómo puede el PI evitar la discriminación?

Si la empresa dispone de tarjetas de acceso, identificativas, correos electrónicos, cuadrantes de turno o cualquier otro tipo de documento que no sea de carácter legal, la empresa utilizará en todos sus registros el nombre sentido según las indicaciones de la persona trabajadora al Dpto. de RR. HH.

La dirección de la empresa, así como las personas trabajadoras, se dirigirán a la persona trans/intersexual no binaria o fluida con el nombre sentido en cualquier tipo de comunicación, tanto oral como escrita.

4. En el contexto de un plan de igualdad de empresa, ¿qué medidas específicas para la prevención del acoso por razón de orientación sexual y a favor del colectivo LGTBI pueden establecerse?

Las medidas pueden incluir:

- **Protocolos de actuación**: desarrollar un protocolo específico para abordar situaciones de acoso que afecten a personas LGTBI, asegurando que se incluyan denuncias, quejas y un procedimiento claro de actuación.
- **Códigos de conducta**: promulgar un código de conducta que prohíba expresamente cualquier forma de discriminación y acoso hacia las personas del colectivo LGTBI.
- **Formación y sensibilización**: impartir formación específica a todos los empleados sobre la diversidad sexual, la importancia del respeto hacia la identidad de género y la orientación sexual, así como sobre los efectos dañinos del acoso.
- **Campañas informativas**: organizar campañas que fomenten un ambiente inclusivo y de respeto hacia todas las identidades, informando sobre los recursos y canales de denuncia disponibles.

- **Formación de equipos**: preparar y formar a los responsables de recursos humanos y de gestión de personal en la identificación y respuesta a posibles situaciones de acoso y discriminación.
- **Aclaración de derechos**: garantizar que todos los trabajadores estén informados sobre sus derechos laborales en relación a la igualdad y la no discriminación, incluyendo derechos específicos para empleados del colectivo LGTBI.
- **Apoyo psicológico**: provisionar apoyo psicológico y servicios de asesoramiento para aquellas personas que experimenten acoso o discriminación, asegurándose de que sea accesible y confidencial.

Estas medidas no solo deben implementarse, sino también ser objeto de evaluación y mejora continua, para asegurar su efectividad en la creación de un entorno laboral seguro y respetuoso para el colectivo LGTBI.

5.
DISTINTIVO «IGUALDAD EN LA EMPRESA»

El distintivo de igualdad en la empresa (DIE) es una distinción honorífica que reconoce la excelencia y las buenas prácticas acreditadas en materia de igualdad por parte de las empresas y entidades que realizan su actividad en territorio español. La concesión de este distintivo es regulada por el Real Decreto 1615/2009, el cual establece los procedimientos de control sobre el mantenimiento de las condiciones y políticas necesarias para su concesión, así como el procedimiento de retirada del mismo en caso de incumplimiento de las mismas.

Siguiendo el mandato del art. 50 de la LOI, el Real Decreto 1615/2009, de 26 de octubre, por el que se regula la concesión y utilización del distintivo «Igualdad en la Empresa», regula reglamentariamente su denominación, el procedimiento y las condiciones para su concesión, las facultades derivadas de su obtención, las condiciones de difusión institucional de las empresas que lo obtengan y de las políticas de igualdad aplicadas por ellas, así como los procedimientos de control sobre el mantenimiento de las condiciones y políticas que justifiquen su concesión, y los procedimientos de retirada del mismo en caso de incumplimiento de aquéllas por parte de las empresas.

CUESTIONES

1. ¿Qué es el distintivo «Igualdad en la Empresa»?

A través del distintivo «Igualdad en la empresa» se reconoce la excelencia y las buenas prácticas acreditadas en materia de igualdad por parte de las empresas y otros tipos de entidades que ejerzan su actividad en territorio español. Asimismo, y de acuerdo con la normativa que regula esta distinción, la valoración de las candidaturas de las pequeñas y medianas empresas se hará de manera separada de las valoraciones de las grandes empresas, dada la gran diferencia existente entre los medios humanos y materiales entre ambas.

A pesar de que la concesión de este distintivo «Igualdad en la Empresa» simplemente supone para la empresa que lo ostenta un reconocimiento a nivel honorífico sin dotación económica de ningún tipo, la Ley de Contratos del Sector Público (art. 127 de la Ley 9/2017, 8 de noviembre), establece la posibilidad de que cuando un Órgano de contratación tengan la intención de adquirir obras, suministros o servicios con características específicas de tipo medioambiental, social u otro, pueda exigir, en las prescripciones técnicas, en los criterios de adjudicación o en las condiciones de ejecución del contrato, una etiqueta específica como medio de prueba de que las obras, los servicios o los suministros cumplen las características exigidas. Lo que supondría en caso de poseer este distintivo, una «etiqueta» de tipo social relacionada con la igualdad de género.

2. ¿Quién puede solicitar el distintivo?

Cualquier entidad o empresa (apdo. 2, art. 1 del ET), de capital público o privado, que ejerza su actividad en territorio español.

Quedan excluidas de la posibilidad de presentar candidatura las administraciones públicas, entendiendo por tales las relacionadas en el art. 3.2 de la Ley 9/2017, de 8 de noviembre, de Contratos del Sector Público.

Las entidades o empresas candidatas se diferenciarán en dos grupos en función de la obligatoriedad de elaborar y aplicar un plan de igualdad:

- Empresas o entidades que tienen la obligación de elaborar y aplicar un plan de igualdad.
- Empresas o entidades que no tienen la obligación de elaborar y aplicar un plan de igualdad.

3. ¿Cuándo se puede solicitar? ¿Quién controla que las candidatas cumplan lo establecido? ¿Por cuánto tiempo se reconoce?

Mediante orden de la persona titular del Ministerio de Igualdad se procederá a convocar el procedimiento para la concesión del distintivo «Igualdad en la Empresa», que tendrá como mínimo un carácter bienal. La orden se publicará en el BOE y establecerá las bases de cada convocatoria con arreglo a las disposiciones establecidas en el presente capítulo.

Corresponde al Ministerio de Igualdad, a través del Instituto de las Mujeres O.A., realizar el seguimiento del mantenimiento de los requisitos que hayan justificado la concesión del distintivo. Para ello, las entidades o empresas están obligadas a notificar cualquier modificación de las circunstancias que dieron lugar a dicha concesión.

La concesión del distintivo tendrá una vigencia inicial de cinco años, entendiéndose que la primera anualidad se cumplirá el último día hábil del mes de marzo siguiente debiendo haber transcurrido al menos un año desde la publicación de su concesión en el BOE (art. 15 del Real Decreto 1615/2009, de 26 de octubre).

En cuanto a la prórroga (art. 15), suspensión (art. 17), revocación (art. 18) y renuncia (art. 19) del distintivo se estará a lo previsto en el capítulo IV del Real Decreto 1615/2009, de 26 de octubre.

5.1. Requisitos para conseguir la certificación

El art. 4.3 del Real Decreto 1615/2009, de 26 de octubre, establece los requisitos generales de las entidades candidatas a obtener el distintivo.

Los **requisitos obligatorios por parte de las entidades candidatas de carácter formal** serán:

- Estar inscrita en el correspondiente régimen de la Seguridad Social y, cuando proceda, encontrarse formalmente constituida e inscrita en el registro público que corresponda.

- Encontrarse al corriente en el cumplimiento de las obligaciones en materia tributaria y de Seguridad Social.
- o haber sido sancionada con carácter firme, por infracciones graves o muy graves en materia de igualdad y no discriminación, en los tres años anteriores a la fecha de finalización del plazo de presentación de candidaturas, de acuerdo con lo dispuesto en la LISOS.
- No haber sido sancionada con carácter firme, por infracciones graves o muy graves en materia de igualdad y no discriminación en el acceso a los bienes y servicios, en los tres años anteriores a la fecha de finalización del plazo de presentación de candidaturas, de acuerdo con lo establecido en el texto refundido de la Ley General para la Defensa de los Consumidores y Usuarios y otras leyes complementarias (Real Decreto Legislativo 1/2007, de 16 de noviembre).
- No haber sido sancionada con carácter firme, por infracciones graves o muy graves en materia de igualdad de oportunidades, no discriminación y accesibilidad universal de las personas con discapacidad, en los tres años anteriores a la fecha de finalización del plazo de presentación de candidaturas, de acuerdo con lo dispuesto en el texto refundido de la Ley General de Derechos de las Personas con Discapacidad y de su Inclusión Social (Real Decreto Legislativo 1/2013, de 16 de noviembre).
- Presentar una declaración de apoyo a la candidatura, firmada por la mayoría de la representación legal de las personas trabajadoras cuando exista en la entidad o empresa o, en su defecto, por la mayoría de la plantilla.
- Disponer de un procedimiento específico para la prevención del acoso sexual y acoso por razón de sexo (arts. 48 de la LOI y 12 de la Ley Orgánica 10/2022, de 6 de septiembre).
- Disponer del registro retributivo (arts. 28 del Estatuto de los Trabajadores y arts. 5 y 6 del Real Decreto 902/2020, de 13 de octubre).

Además de reunir los requisitos citados, las entidades o empresas candidatas deberán, en el momento de la presentación de su candidatura, cumplir ciertas características de los planes de igualdad (cuando resulten obligatorias) o medidas para la igualdad:

Las empresas **CON OBLIGACIÓN de elaborar y aplicar un plan de igualdad** (art. 45 de la LOI):

- Tener vigente y registrado un plan de igualdad, que incluya una auditoría retributiva, conforme a la normativa aplicable.
- Haber realizado el correspondiente informe de seguimiento del plan de igualdad, durante un periodo mínimo de dos años. La concurrencia de este requisito se acreditará mediante un informe de seguimiento del plan de igualdad correspondiente a un periodo mínimo de dos años, que tendrá que incluir a su vez al menos un año de los dos años naturales inmediatamente anteriores a la convocatoria.

- Las sociedades que no puedan formular una cuenta de pérdidas y ganancias abreviada (art. 258 del Real Decreto Legislativo 1/2010, de 2 de julio), y que cuenten con consejo de administración, deberán acreditar una presencia equilibrada de mujeres y hombres en su consejo de administración, de forma que las personas de cada sexo no superen el sesenta por ciento ni sean menos del cuarenta por ciento.

Las entidades o empresas candidatas que **NO TENGAN OBLIGACIÓN de elaborar y aplicar un plan de igualdad** (art. 45 de la LOI):

- Tener medidas de igualdad depositadas en el registro y depósito de convenios y acuerdos colectivos de trabajo y planes de igualdad, o, en su caso, contar con un plan de igualdad voluntario (arts. 45 y 46 de la LOI).
- Haber implantado medidas de igualdad durante un periodo mínimo de dos años. La concurrencia de este requisito se acreditará mediante un informe de seguimiento de las medidas de igualdad implantadas o, en su caso, del plan de igualdad voluntario, correspondiente a un periodo mínimo de dos años, que tendrá que incluir a su vez al menos un año de los dos años naturales inmediatamente anteriores a la convocatoria.»

5.2. Criterios de valoración del Ministerio de Igualdad

El art. 10 del Real Decreto 1615/2009, de 26 de octubre, establece los criterios de valoración, tenidos en cuenta por la Comisión constituida al efecto por el Ministerio de Sanidad, Servicios Sociales e Igualdad para la concesión del distintivo.

La evaluación se realizará diferenciando si las empresas o entidades tienen la obligación de elaborar y aplicar un plan de igualdad, y además se atenderá a la dimensión de las empresas y entidades, específicamente, a las especiales características de las pequeñas y medianas, así como al sector de actividad de las mismas.

A TENER EN CUENTA. Para la calificación de las entidades por su tamaño se atenderá a su dimensión de acuerdo con los criterios establecidos en la Recomendación 2003/361/CE de la Comisión, de 6 de mayo de 2003, sobre la definición de microempresas, pequeñas y medianas empresas (DOUE 124 de 20-05-2003), siendo calificadas de «grandes empresas» aquellas que no cumplan los criterios establecidos en la citada Recomendación.

En la evaluación se atenderá, fundamentalmente, a los siguientes aspectos:

a) Implantación, seguimiento, resultados y evaluación de las políticas y medidas de igualdad.

1. Aplicación de criterios adecuados al principio de igualdad entre mujeres y hombres, en los procesos de selección, contratación del personal y promoción profesional.

2. Aplicación de sistemas de clasificación profesional que cumplan con los parámetros de publicidad, objetividad y transparencia y fomenten el principio de igualdad entre mujeres y hombres.
3. Implantación de planes o acciones de formación con perspectiva de género.
4. Promoción de los derechos de conciliación de la vida personal, familiar y laboral y de su ejercicio corresponsable.
5. Establecimiento y seguimiento de una política retributiva que cumpla con los parámetros de publicidad, objetividad y transparencia, y con el principio de igual retribución por trabajos de igual valor, de conformidad con lo establecido en el Real Decreto 902/2020, de 13 de octubre.
6. Establecimiento de medidas de responsabilidad social que mejoren la calidad de vida de las personas trabajadoras.
7. Establecimiento de medidas de formación, sensibilización y seguimiento de las medidas implantadas para prevenir, detectar y erradicar el acoso sexual y el acoso por razón de sexo.
8. Integración de la perspectiva de género en la prevención de riesgos laborales.
9. Contratación de mujeres con mayores dificultades y/o en riesgo de exclusión social, especialmente mujeres que se enfrentan a discriminación múltiple e interseccional y mujeres víctimas de violencia de género y demás formas de violencia contra las mujeres.
10. Colaboración en proyectos que impulsen la inserción laboral de mujeres en riesgo de exclusión.
11. Información, sensibilización y formación a la plantilla en materia de igualdad entre mujeres y hombres.
12. Comunicación interna y externa incluyente y lenguaje no sexista; publicidad no sexista e incluyente.
13. Incorporación del enfoque de género en sus procesos, y en su oferta de productos y servicios.
14. Integración del compromiso con la igualdad de género en sus relaciones con terceros (clientela, proveedores, contratistas, subcontratistas, entre otros).
15. Adecuación de las materias que integren el plan de igualdad o las medidas de igualdad al resultado del diagnóstico realizado, con particular atención al equilibrio entre los objetivos, los recursos y los plazos establecidos.
16. Implicación de la representación legal de las personas trabajadoras y de la plantilla en la implantación y evaluación de las medidas de igualdad.
17. Idoneidad del sistema de seguimiento y evaluación del plan de igualdad y las medidas de igualdad.

18. Implicación de la plantilla en la difusión e implantación del protocolo contra el acoso sexual y por razón de sexo.
19. Cualesquiera otros aspectos que contribuyan especialmente a la consecución de la igualdad efectiva entre mujeres y hombres.

b) Evolución y grado de implantación de las medidas de igualdad y de la situación de las mujeres y los hombres en la plantilla teniéndose en cuenta en particular, entre otros.

1. Antigüedad del primer plan de igualdad o de las medidas de igualdad según se trate de empresas o entidades obligadas o no a tener plan de igualdad.
2. Situación y evolución de la contratación indefinida y a tiempo completo de mujeres y hombres.
3. Segregación horizontal, entendida como la concentración de mujeres y hombres en sectores y ocupaciones específicas, y su evolución.
4. Segregación vertical, entendida como la concentración de mujeres y de hombres en grados y niveles específicos de responsabilidad o de puestos, y su evolución.
5. Presencia actual y la evolución reciente de mujeres en puestos directivos, comités de dirección y consejos de administración.
6. Brecha salarial entre mujeres y hombres, en todos los puestos y ocupaciones, incluidos los puestos de responsabilidad y su evolución.
7. Medidas para facilitar los derechos de conciliación de la vida personal, familiar y laboral y promover su ejercicio corresponsable.
8. Contratación de mujeres víctimas de violencia de género y otras formas de violencia sobre las mujeres.

5.3. Obligaciones derivadas de la obtención del distintivo «Igualdad en la Empresa»

El art. 12 del Real Decreto 1615/2009, de 26 de octubre, por el que se regula la concesión y utilización del distintivo «Igualdad en la Empresa», regula las obligaciones generales para las empresas distinguidas en materia de igualdad.

Las empresas que obtengan el distintivo empresarial en materia de igualdad deberán promover activamente la igualdad efectiva de mujeres y hombres, especialmente en el cumplimiento y mejora de las medidas que integran el Plan de Igualdad, o las Políticas de Igualdad, que justifiquen la concesión de su distintivo.

A TENER EN CUENTA. Las empresas o entidades distinguidas están obligadas a comunicar al Ministerio de Igualdad, a través del Instituto de las Mujeres O.A., cualquier modificación de las circunstancias que dieron lugar a la concesión del distintivo, así como cualquier incumplimiento de la normativa en materia de igualdad entre mujeres y hombres, o cualquier litigio en que se encuentre inmersa relacionado con posibles infracciones graves o muy graves en materia de igualdad y no discriminación entre mujeres y hombres, y el resultado del mismo, que pueda dar lugar a la suspensión o revocación del distintivo (arts. 12, 17 y 18 de la Real Decreto 1615/2009, de 26 de octubre).

El uso del distintivo empresarial está sujeto al cumplimiento de las siguientes obligaciones:

- El distintivo deberá reproducir con exactitud el logotipo que figura en la orden ministerial.
- El distintivo deberá ir asociado, en todo caso, al nombre de la empresa o entidad distinguida con indicación del año de la concesión.
- El distintivo podrá reproducirse en cualquier tipo de soporte, a título enunciativo y no limitativo, en soportes electrónicos, sobre papel, textil, superficies metálicas, plásticas, metacrilatos o maderas, siempre que reproduzcan fielmente el logotipo original.
- Las empresas o entidades que hayan obtenido el distintivo deberán observar las especificaciones que, en cuanto a la forma de representación gráfica o reproducción, pueda aprobar el Ministerio de Igualdad.
- El uso del distintivo «Igualdad en la Empresa» deberá ajustarse a los límites temporales de vigencia inicial, prórroga, suspensión, revocación de la concesión, o renuncia a la misma.
- En todo caso, el uso del distintivo empresarial «Igualdad en la Empresa» estará sujeto a la plena observancia de la normativa aplicable, en particular, en materia de publicidad.

CUESTIONES

1. El hecho de que una empresa haya obtenido el distintivo de «Igualdad en la Empresa, ¿la excluye de una práctica discriminatoria?

La STS n.º 335/2022, de 8 de abril de 2022, ECLI:ES:TS:2022:1632 analiza esta cuestión. El hecho de que una empresa tenga el distintivo de «Igualdad en la Empresa» no excluye que haya incurrido en una práctica discriminatoria.

2. Además del distintivo «Igualdad en la Empresa», ¿existe algún otro?

Sí, existe el certificado EFR, o modelo de gestión de la conciliación, promovido por la Fundación «Másfamilia» y avalado por el Ministerio de Sanidad, Consumo y Bienestar que reconoce las buenas prácticas en las empresas para la conciliación de la vida laboral y familiar, tendrá una duración de 3 años para las grandes y medianas empresas y de 2 para las pequeñas organizaciones.

6.
CONSECUENCIAS DEL INCUMPLIMIENTO DEL PLAN DE IGUALDAD

Teniendo presente la **posible existencia de sanciones derivadas de posibles conductas contrarias al principio de igualdad y no discriminación** [arts. 45 de la LOI y 4.2.c) del ET], tres son los supuestos de incumplimiento que se repiten en torno a los planes de igualdad:

a) La no adopción de un plan de igualdad (siendo obligatorio).

b) La adopción de un plan de igualdad irregular en su contenido o en relación a las partes negociadoras.

c) La no aplicación del plan de igualdad o la aplicación de sus medidas en términos distintos de los pactados. (SAN n.° 94/2019, de 22 de julio, ECLI:ES:AN:2019:2940 y STSJ Galicia rec. 4352/2019, de 11 de noviembre, ECLI:ES:TSJGAL:2019:6109).

> **A TENER EN CUENTA.** La principal regulación sancionadora la encontramos en el apdo. 13 del art. 7 de la LISOS y en el apdo. 17 del art. 8 de la LISOS. El apdo. 2 del artículo 46 bis de la LISOS regula la sustitución de sanciones por la elaboración y aplicación de un plan de igualdad en la empresa.

Algunos **pronunciamientos judiciales de interés**:

- **AAN, rec. 27/2016, de 8 de junio de 2017, ECLI:ES:AN:2017:648A.** Se impone un apremio pecuniario de 300 euros diarios desde el día siguiente a la notificación del Auto hasta que se cumplimente la medida quinta del plan de igualdad donde se había pactado que se realizará una comisión de seguimiento semestral en la que se detallarán los procesos de selección realizados durante ese tiempo y el porcentaje de cada género incorporado, con el objetivo de evaluar el cumplimiento de incorporación del sexo menos favorecido en cada área.
- **AAN n.° 52/2018, de 24 de julio, ECLI:ES:AN:2018:1532A.** Al auto de la AN de 24 de julio de 2018 declara que el plan de igualdad lo habían suscrito la empresa y los sindicatos, pero la empleadora incumplió el deber de aportar a la comisión cierta información, al omi-

tir la comunicación de un listado, segregado por sexos, categorías y grupos profesionales, con las medidas acordadas en cada caso, y tampoco justificó este incumplimiento; esta conducta contumaz se sancionó con la obligación de abonar 300 euros diarios hasta el cumplimiento definitivo.

- **SAN n.º 159/2017, de 10 noviembre, ECLI:ES:AN:2017:4211**. En un proceso de conflicto colectivo se estima en parte la demanda formulada por la RLT, en relación con el derecho a obtener información sobre el cumplimento del plan de igualdad pactado. Declara el derecho del sindicato demandante a recibir la información solicitada relativa a la aplicación en la empresa del derecho de igualdad de trato y de oportunidades entre mujeres y hombres, establecidas en el plan de igualdad.
- **SJS - Toledo n.º 428/2018, de 21 de septiembre, ECLI:ES:JSO:2018:5431**. Los hechos imputados, en síntesis, consisten en no haber procedido la mercantil, a pesar de elaborar en diciembre de 2011 un plan de igualdad, con una serie de objetivos para favorecer la incorporación de la mujer a la empresa, la promoción y formación de la misma, a realizar actuaciones tendentes a lograr dichos objetivos sin que, hasta septiembre de 2016, una vez iniciadas las actuaciones inspectoras. El Juzgado de lo Social sanciona a la empresa por incumplimiento del plan de igualdad durante cinco años. No se multa por el fracaso de los objetivos marcados, sino porque, a pesar de elaborar un plan de igualdad concreto en diciembre de 2011, no se han realizado las actuaciones previstas, existiendo una escasa presencia de la mujer en la empresa y especialmente en puestos de trabajo superiores o de más reconocimiento y de mayor salario.
- **SJS - Barcelona, rec. 38/2021, de 25 de abril de 2022, ECLI:ES:JSO:2022:1814**. Se establece una sanción de 15.000 euros por una infracción muy grave (arts. 8 y 17 de la LISOS), impuesta en grado mínimo y cuantía media por aplicación del agravante previsto en el art. 39.2 de la LISOS, ante «(...) incumplimiento del artículo 4.2.c) ET, en relación con los artículos 45 y 46 de la Ley Orgánica 3/2007, para la igualdad efectiva de hombres y mujeres imputándole no elaborar o no aplicar el plan de igualdad e incumplir los términos del previsto así como el incumplimiento requerimiento de la IT dirigido a implementar medidas para incrementar la contratación femenina (...)».
- **SJS - Madrid n.º 108/2022, de 31 de marzo de 2022, ECLI:ES:JSO:2022:44**. Se establece la existencia de discriminación salarial por razón de sexo, «(...) declarando la nulidad de tal comportamiento empresarial por discriminatorio y contrario al principio de igualdad; condenando a la empresa demandada a reconocer el derecho de la demandante a percibir un salario anual en la misma cuantía que su compañero de trabajo varón. Condenando a la demandada a estar y pasar por dicha declaración, así como a abonar a la actora la indemnización de 13.000 euros por el concepto de los daños morales sufridos por tal comportamiento empresarial».

6.1. Tipos de infracciones

Cuando la empresa venga obligada a elaborar un plan de igualdad, se incurría en dos posibles incumplimientos que terminarán en la imposición de sanciones siguiendo los criterios de graduación fijados en el art. 39 de la LISOS:

- **Infracción grave en materia de relaciones laborales individuales y colectivas**, al no cumplir las obligaciones que en materia de planes y medidas de igualdad establecen la Ley Orgánica 3/2007, de 22 de marzo, para la igualdad efectiva de mujeres y hombres, el Estatuto de los Trabajadores o el convenio colectivo que sea de aplicación (art. 7.13 de la LISOS).
- **Infracción muy grave en materia de relaciones laborales individuales y colectivas** (art. 8.17 de la LISOS), de considerarse que no se ha elaborado o no se aplica el plan de igualdad, o hacerlo incumpliendo manifiestamente los términos previstos, cuando la obligación de realizar dicho plan responda a lo establecido en el apartado 2 del artículo 46 bis de la LISOS (sustitución de sanciones por la elaboración y aplicación de un plan de igualdad en la empresa).

En paralelo existen otras sanciones también relacionadas con la igualdad:

- La LISOS tipifica como **infracción muy grave** (art. 8.13 y 8.13 bis de la LISOS) el **acoso sexual, por razón de sexo y el acoso por razón de origen racial o étnico, religión o convicciones, discapacidad, edad y orientación sexual.**
- **La existencia de discriminación** que pudiera derivar de la ausencia de estos documentos supondría **infracción muy grave en materia de relaciones laborales individuales y colectivas** (art. 8.12 de la LISOS):

  > «Las decisiones unilaterales de la empresa que impliquen discriminaciones directas o indirectas desfavorables por razón de edad o discapacidad o favorables o adversas en materia de retribuciones, jornadas, formación, promoción y demás condiciones de trabajo, por circunstancias de sexo, origen, incluido el racial o étnico, estado civil, condición social, religión o convicciones, ideas políticas, orientación sexual, adhesión o no a sindicatos y a sus acuerdos, vínculos de parentesco con otros trabajadores en la empresa o lengua dentro del Estado español, así como las decisiones del empresario que supongan un trato desfavorable de los trabajadores como reacción ante una reclamación efectuada en la empresa o ante una acción administrativa o judicial destinada a exigir el cumplimiento del principio de igualdad de trato y no discriminación».

- El art. 71 de la Ley 9/2017, de 8 de noviembre, de Contratos del Sector Público, prohíbe contratar con la administración pública a empresas de 50 o más trabajadores que no cumplan con la obligación de contar con un plan de igualdad inscrito en el registro laboral correspondiente conforme a lo dispuesto en el artículo 45 de la Ley Orgánica 3/2007, de 22 de marzo.

CUESTIÓN

¿Existen sanciones específicas relacionadas con los posibles incumplimientos de las obligaciones relativas al registro retributivo?

Se considerará **infracción leve en materia de relaciones laborales individuales y colectivas** (art. 6.6 de la LISOS) no cumplir con las obligaciones meramente formales o documentales cuando no exista RLT. En caso de transgresión de los derechos de información, audiencia y consulta de los representantes de los trabajadores y de los delegados sindicales, en los términos en que legal o convencionalmente estuvieren establecidos, la **infracción pasaría a considerarse grave** (art. 7.7 de la LISOS).

La ausencia de registro retributivo o auditoría (cuando fuese obligatoria) se incardina dentro de las **infracciones graves en materia de relaciones laborales individuales y colectivas** (art. 7.13 de la LISOS).

Del mismo modo, la existencia de discriminación que pudiera derivas de la ausencia de estos documentos supondría **infracción muy grave en materia de relaciones laborales individuales y colectivas** (art. 8.12 de la LISOS).

6.2. Sanciones

Las infracciones en materia de relaciones laborales y empleo se sancionarán (art. 40 de la LISOS):

- Las **leves**, en su grado mínimo, con multas de 70 a 150 euros; en su grado medio, de 151 a 370 euros; y en su grado máximo, de 371 a 750 euros.
- Las **graves** con multa, en su grado mínimo, de 751 a 1.500 euros, en su grado medio de 1.501 a 3.750 euros; y en su grado máximo de 3.751 a 7.500 euros.
- Las **muy graves** con multa, en su grado mínimo, de 7.501 a 30.000 euros; en su grado medio de 30.001 a 120.005 euros; y en su grado máximo de 120.006 euros a 225.018 euros.

En otro contexto, la nueva **Ley de Contratos públicos** —vigente desde el pasado 9 de marzo de 2018— refuerza la obligación de elaborar un plan de igualdad entre sexos, al establecer que toda aquella corporación que no tengan un plan de igualdad de ser obligatorio, o que no lo cumpla, **no podrá contratar con entidades del sector público**.

6.3. Sanciones accesorias

El art. 46 bis de la LISOS, establece que los empresarios que hayan cometido las infracciones muy graves tipificadas en los apdos. 12, 13 y 13 bis) del art. 8 y en el art. 16.2 de la LISOS, serán sancionados —sin perjuicio de las sanciones económicas—, con las siguientes sanciones accesorias:

- Pérdida automática de las ayudas, bonificaciones y, en general, de los beneficios derivados de la aplicación de los programas de empleo, con efectos desde la fecha en que se cometió la infracción.

- Exclusión automática del acceso a tales beneficios durante seis meses.

No obstante, el citado art. 46 bis, en su apdo. 2, establece la **posibilidad de sustitución de las sanciones accesorias citadas por la elaboración y aplicación de un plan de igualdad en la empresa**:

- En el caso de las infracciones muy graves tipificadas en el apdo. 12 art. 8 y apdo. 2 art. 16 de la LISOS —referidas a los supuestos de discriminación directa o indirecta por razón de sexo—, las sanciones accesorias a las que se refiere el apartado anterior podrán ser sustituidas por la elaboración y aplicación de un plan de igualdad en la empresa, si así se determina por la autoridad laboral competente previa solicitud de la empresa e informe preceptivo de la Inspección de Trabajo y Seguridad Social, en los términos que se establezcan reglamentariamente, suspendiéndose el plazo de prescripción de dichas sanciones accesorias.
- En el supuesto de que no se elabore o no se aplique el plan de igualdad o se haga incumpliendo manifiestamente los términos establecidos en la resolución de la autoridad laboral, ésta, a propuesta de la Inspección de Trabajo y Seguridad Social, sin perjuicio de la imposición de la sanción que corresponda por la comisión de la infracción tipificada en el apartado 17 del artículo 8, dejará sin efecto la sustitución de las sanciones accesorias, que se aplicarán de la siguiente forma:
  - » La pérdida automática de las ayudas, bonificaciones y beneficios se aplicará con efectos desde la fecha en que se cometió la infracción.
  - » La exclusión del acceso a tales beneficios será durante seis meses a contar desde la fecha de la resolución de la autoridad laboral por la que se acuerda dejar sin efecto la suspensión y aplicar las sanciones accesorias.

6.4. La actividad inspectora en materia de igualdad y no discriminación por razón de sexo: Instrucción ITSS 3/2011

En paralelo a la actuación reactiva en caso de denuncias o solicitud de informes por las administraciones o juzgados, la Instrucción 3/2011, fija una serie de actuaciones de la inspección de trabajo en materia de igualdad centradas en:

- Obligaciones de la LOI (incluidas las relacionadas con los planes de igualdad).
- Discriminación en la relación laboral.
- Discriminación salarial.
- Prevención de riesgos laborales con un enfoque de género.

- Acoso sexual y por razón de sexo.
- Discriminación en la negociación colectiva.
- Discriminación en el acceso al empleo.
- Derechos sobre conciliación de la vida familiar y laboral.
- Medidas y planes de igualdad.

Siguiendo el Informe Anual de la Inspección de Trabajo y Seguridad Social, en los próximos años no solo se mantendrá la actividad programada, sino que también se incrementará el número de actuaciones selectivas con el fin de comprobar **la existencia de plan de igualdad en las empresas obligadas, así como el cumpliendo con la obligación de análisis sobre la brecha salarial (registro retributivo y auditoría retributiva).**

CUESTIÓN

¿A partir de cuándo es obligatorio contar con registro retributivo?

Todas las empresas conforme al artículo 28.2 del Estatuto de los Trabajadores, con independencia de su tamaño, están obligadas a elaborar un registro retributivo. Esta obligación existe desde el 08/03/2019, (fecha de entrada en vigor de las modificaciones realizadas por el Real Decreto-ley 6/2019, de 1 de marzo sobre el Estatuto de los Trabajadores. No obstante, desde el 14/04/2021 (seis meses desde la publicación del Real Decreto 902/2020, de 13 de octubre, de igualdad retributiva entre mujeres y hombres), el contenido debe coincidir con lo fijado por el art. 5 del Real Decreto 902/2020, de 13 de octubre.

Made in United States
North Haven, CT
05 November 2026

21766167R00122